国家出版基金项目
NATIONAL PUBLICATION FOUNDATION

「禮學新論」叢書／楊華　主編

兄終弟及：君位繼承與禮學論爭

許穎　著

武漢大學出版社
WUHAN UNIVERSITY PRESS

本叢書爲國家社會科學基金重大項目
"中國傳統禮儀文化通史研究"（18ZDA021）階段性成果

目　　録

緒　論

一、研究緣由

"父死子繼"和"兄終弟及"，是中國古代君位繼承最主要的兩種基本形式。其中，"兄終弟及"出現得更早。恩格斯認爲，兄終弟及源於母權制社會。他在《家庭、私有制與國家的起源》中指出：

> 根據母權制……氏族成員死亡以後起初是由他的同氏族親屬繼承的。財産必須留在氏族以内。……男性死者的子女並不屬於死者的氏族，而是屬於他們的母親的氏族……他們不能繼承自己的父親，因爲他們不屬於父親的氏族，而父親的財産應該留在父親自己的氏族内。所以，畜群的占有者死亡以後，他的畜群首先應當轉歸他的兄弟姊妹和他的姊妹的子女，或者轉歸他母親的姊妹的後代。他自己的子女則被剥奪了繼承權。[1]

王國維在《殷周制度論》中指出，商代以前没有嫡庶之制，其君位繼承就是"以弟及爲主而以子繼輔之，無弟然後傳子"[2]。他認爲，周代制度與商代的主要不同有三：立子立嫡之制、廟數之制、同姓不婚之制。其中，立子立嫡是周代在繼承制度上的一大重要變革。從這個制度，又衍生出了宗法與喪服之制、封建子弟之制和君天子臣諸侯之制。

即便在確立了立子立嫡制度之後，兄終弟及仍然是王位繼承制中不可少的一種方式。其涉及的宗法、服制與廟制問題，是周代制禮不可忽視的環節。《儀禮》中關於兄終弟及的禮制規定和《春秋》等文獻中關於兄弟相繼承的實例，

---

① 《馬克思恩格斯全集》第 28 卷，人民出版社，2018 年，第 71 頁。
② 王國維：《觀堂集林》卷一〇《史林二·殷周制度論》，彭林整理，河北教育出版社，2001 年，第 232 頁。

都成爲後世君位兄終弟及時所參考的主要素材。

根據譚平《中國古代皇位嫡長子繼承制的計量分析》一文統計，在中國的歷史上，由於皇后無子、嫡長子早夭、權力鬥爭等種種原因，嫡長子繼承在歷代皇位繼承中只占了不到一半。15 個繼位皇帝在 6 位以上的朝代，非嫡長子繼承占 59.2%。① 許多朝代的王位繼承，都存在兄終弟及的情況。隨着社會的發展變化和經學闡釋學的發展，作爲兄弟的君位繼承者，對自己所繼承之人的身份，有了與經典文獻不同的理解。他們與堅守經傳注疏的經學家及禮官之間，產生了一系列的矛盾。由於中國歷來崇尚以禮治國，君主不能直接否定禮官的意見，也不能直接改變自古以來的行禮慣例。以皇帝爲代表的政治權威和以經學家、禮官爲代表的學術權威，在禮儀的具體實施細則方面，進行了反復的爭辯，最終對相關的禮儀做了權變。

這種繼承與權變不僅發生在朝堂之上，也深入民間禮俗之中；不僅發生在國內，也延伸到了受儒家文化影響的鄰國的禮治體系之內。朝鮮等儒家文化圈中的國家，在處理兄終弟及問題時，依據的也都是中國的禮書和史書。

兄終弟及的繼承方式，涉及“君臣之義”“父子之親”和“長幼之序”三重關係。本書的研究有三個主要目的：其一是梳理和復原中國歷代君位“兄終弟及”的具體情況，包括繼位原因、前君廟制、喪服喪期、親屬稱謂、本親追崇等具體內容。其二是釐清歷史上以“兄終弟及”方式繼承君位的君主，在上述三重關係的處理上，分別遇到了哪些困境。其三是探究這些困境與儒家經典文獻的闡釋之間，具有何種互動關係；換言之，爲了紓解君位繼承的困境，是如何援引或曲解儒家經典的，此種援引或曲解在當朝和後世的影響何在。

綜合研究“兄終弟及”問題，主要的意義有以下三點：

第一，有助於推動繼承制度研究的深入。

對“兄終弟及”這一古老的繼承方式的研究，有助於全面認識中國古代的繼承制度。目前，學界大多將“兄終弟及”作爲對嫡長子繼承制度的補充，專門的研究不多。本書對於“兄終弟及”進行全面的研究，將從深度和廣度上推動對於中國古代繼承制度的研究。

第二，有助於理解經學、禮學與政治的互動。

對“兄終弟及”這一古老的繼承方式的研究，有助於理性地看待經學與政

---

① 譚平：《中國古代皇位嫡長子繼承制的計量分析》，《成都大學學報》(社會科學版) 1998 年第 4 期。

治的互動關係。兄終弟及的繼承方式始於遠古，在經典文獻出現之前，它的發展和消亡，都是由社會歷史規律決定的。但是在周禮出現之後，這種繼承方式的應用，便受到了禮學的影響。許多禮學家本身也是朝廷的權臣，圍繞着"兄終弟及"展開的禮學爭論，並不是沉默的、孤立的注疏寫作，而是激烈的、針鋒相對的朝堂辯論。本書希望能夠還原這種爭論的場景和發展過程，條分縷析，找出爭論的核心問題，展現經學和政治相互影響的過程。

第三，有助於推動當代社會制度建設。

對"兄終弟及"這一古老的繼承方式的研究，有助於推動當代法治社會與禮儀文明和諧共生的進程。由於社會制度和階級的巨大變化，象徵着特權的爵位已經在當代中國消失，傳統的宗法制度也由於人口結構的變化漸漸淡出了人們的視野。當代社會的繼承主要是財產繼承，配偶、子女、父母成爲第一順位遺產繼承人，兄弟只是第二順位遺產繼承人之一。然而在實際生活中，被繼承人的兄弟仍然被期待可以起到類似於古代社會中"宗子"的作用，在贍養老人、扶助幼兒方面，對上述的第一順位繼承人進行照顧。這是中國傳統宗族觀念的遺存，也是扶傾濟弱的傳統美德。

由於中國社會的發展程度並不一致，許多地區仍然存留了宗祠、家祠等祠堂建築，也有很多家族保留下來了相對完整的家譜，單姓村或大姓爲主的村仍然存在。在宗祠祭祀、家譜修訂、村民自治建設等方面，本書對於"兄終弟及"的研究，可以起到一定的幫助作用。這也是本書的社會、文化意義之所在。

二、晚清以來"兄終弟及"問題研究綜述

由於需要從經學與歷史兩方面綜合考察，本書的研究時間範圍，主要從春秋魯僖公繼承魯閔公開始，至清代德宗光緒皇帝繼承清穆宗同治皇帝止，兼有一些對於商朝兄終弟及的討論。主要的研究對象，是以兄終弟及方式繼位的皇帝、國王和史料中有詳細記載的士大夫，兼及弟終兄及、堂兄弟相及與叔侄相及等非"父死子繼"的情況。

晚清以降，對於"兄終弟及"等繼承方式的研究，成果頗爲豐富，但是也較爲分散，不夠深入。下文將從經學和歷史兩個方面綜述這些研究的內容。

（一）學界對經學史上"兄終弟及"問題的研究

"兄終弟及"問題引起的禮學爭論，有三個相對獨立的起源。其一是《春秋》中的"躋僖公"問題，引發了後世對於昭穆問題的討論；其二是《公羊傳》中

的"爲人後者爲之子"問題,引發了後世對於繼統繼嗣問題的討論;其三是《儀禮》中"爲人後者"的喪服問題,引發了後世對於是否服三年之喪問題的討論。下文將分別就這些經學問題,綜述目前的學術研究情況。

1. "躋僖公"問題

《春秋》文公二年的"躋僖公"問題,是歷代對於兄終弟及問題討論的焦點。《史記·魯世家》認爲閔公是兄,僖公是弟。《漢書·五行志》則認爲僖公是閔公的庶兄。陳戍國在《中國禮制史》中指出,宗廟享祀之位當以繼位先後爲順序,如同殷商周祭一樣。他認爲:"僖公繼閔公之後,禮當享祀在後,這是宗法規定了的。"①

賈公彦在《周禮》的疏中認爲,閔公爲昭,僖公爲穆,"躋僖公"就是升僖公於閔公之上,僖公爲昭,閔公爲穆。楊伯峻在《春秋左傳注》中認爲"其義或然"。而孔穎達對《左傳》的疏,認爲僖公、閔公同爲穆,楊伯峻認爲"恐不合《魯語》之義"。楊伯峻引曾廉"天子諸侯由旁支入繼大統者,皆當定爲昭穆,雖諸父、諸祖父亦然。蓋親親、尊尊之義兩不相蒙,故服制天子絶旁期,無緣復敘親屬"之語,認爲"此語蓋得古昭穆之真諦"。② 由此看來,楊伯峻是認同兄弟相繼異昭穆的。

與楊伯峻的意見相反,李衡眉認爲賈公彦對於兄弟昭穆次序問題的理解是錯誤的。他有《兄弟相繼爲君的昭穆異同問題》《魯國昭穆制度蠡測》等論文和《昭穆制度研究》一書,都論證了閔公和僖公應該是相同昭穆。③

馬清源《"躋僖公"三傳闡釋考》從經、傳、注、疏四個維度展示了"躋僖公"問題的各家解釋邏輯。他認爲,經學家們討論的起點是"臣子一例",對其肯定與否定,形成了歷史上討論"躋僖公"問題的脈絡。而在疏的時代之後,"躋僖公"問題的討論焦點則變爲了由此引申出的兄弟昭穆異同問題。④

陳筱芳《春秋"躋僖公"新解》認爲,"躋僖公"是將僖公神主置於魯君所有祖神之前,這與傳統的經學家的意見都不相同。該文認爲,"《左傳》和《國語》都以子孫不先於父祖乃至始祖來評價此事,就再明確不過地表明躋僖公是將僖

---

① 陳戍國:《中國禮制史》(先秦卷),湖南教育出版社,2011 年,第 265 頁。
② 楊伯峻:《春秋左傳注》,中華書局,2009 年,第 523 頁。
③ 李衡眉:《兄弟相繼爲君的昭穆異同問題》,《史學集刊》1992 年第 4 期;《魯國昭穆制度蠡測》,《河南大學學報》2000 年第 4 期;《昭穆制度研究》,齊魯書社,1996 年。
④ 馬清源:《"躋僖公"三傳闡釋考》,《北大史學》第 19 輯,北京大學出版社,2004 年。

公神位置於衆多祖神之前"。而歷代經學家錯誤的根源，則是諸書之注疏。①

許子濱在《〈春秋〉"躋僖公"解》一文中首先指出，春秋時昭穆只按世次而非君次排列。② 而商周以至春秋之時，"不單廟無定數，諸廟也不必共在一處。……自然也無所謂按昭穆序次之事了"③。他認爲，不能把"躋僖公"與僖公之神主按禮應該怎樣放置混爲一談："所謂逆祀確實是改變了閔僖的昭穆位置。至於按照常理來説，閔僖的昭穆應該是一樣還是不同，卻是另一回事。"④

2. "爲人後"問題

"爲人後者爲之子"的原則，最早出自《公羊傳》：

> 公孫嬰齊，則曷謂之仲嬰齊？爲兄後也。爲兄後，則曷謂之仲嬰齊？爲人後者，爲之子也。爲人後者，爲其子，則其稱仲何？孫以王父字爲氏也。然則嬰齊孰後？後歸父也。……魯人徐傷歸父之無後也。於是使嬰齊後之也。⑤

據《春秋》成公十五年記載："三月。乙巳，仲嬰齊卒。"仲嬰齊活着的時候，《春秋》經文中無任何記載。對這個人物，《左傳》沒有作解釋。《公羊傳》指出："仲嬰齊者何？公孫嬰齊也。"《穀梁傳》也指出："此公孫也。"《公羊傳》《穀梁傳》都認爲仲嬰齊也是"公孫嬰齊"，但是由於和他同時存在另一個公孫嬰齊，有的經學家和研究者，誤以爲《公羊傳》的作者混淆了這兩個人，引起了不小的混亂。例如李衡眉、張世響引用了唐人啖助的説法"二傳不知時有叔肸子公孫嬰齊，此故稱仲以別之之義，故妄説爾"，認爲《公羊傳》的作者不分青紅皂白，將兩個嬰齊誤認爲一"。⑥ 梅桐生的《春秋公羊傳

---

① 陳筱芳：《春秋"躋僖公"新解》，《西南民族大學學報》（人文社會科學版）2010 年第 3 期。

② 許子濱：《〈春秋〉"躋僖公"解》，見氏著《〈春秋〉〈左傳〉禮制研究》，上海古籍出版社，2012 年，第 443 頁。

③ 許子濱：《〈春秋〉"躋僖公"解》，見氏著《〈春秋〉〈左傳〉禮制研究》，第 457 頁。本書所引圖書類文獻，僅在第一次引用時標全版本信息，再次引用時僅標注文獻作者、文獻名稱和頁碼。

④ 許子濱：《〈春秋〉"躋僖公"解》，見氏著《〈春秋〉〈左傳〉禮制研究》，第 465 頁。

⑤ 《春秋公羊傳注疏》，（清）阮元校刻《十三經注疏》本，中華書局，1980 年，第 2296 頁。後文凡引自《十三經注疏》的文獻，皆爲此版本，不再標注版本信息。

⑥ 李衡眉、張世響：《從一條錯誤的禮學理論所引起的混亂説起——"禮，爲人後者爲之子"緣起剖析》，《史學集刊》2000 年第 4 期。

全譯》則直接將仲嬰齊解釋爲叔肸的兒子子叔聲伯。① 這都是不符合《公羊傳》的記載的。另一個公孫嬰齊，是叔肸的兒子，又稱爲子叔聲伯。他於成公二年和季孫行父、臧孫許、叔孫僑如一起帥師，與晉國的郤克、衛孫良夫、曹公子首會盟，同齊侯戰於鞌。他於成公六年出使晉國，成公八年出使莒國，成公十七年卒於貍脤。楊伯峻《春秋左傳注》將其解釋爲仲嬰齊，顯然也值得商榷。②

反對"爲人後者爲之子"的清儒主要認爲"仲"是生前賜氏。③ 許子濱指出："視'仲'爲以王父字爲氏之説固不可取，也沒有必要假設'賜氏'才造成這種現象。"④

李衡眉《昭穆制度與宗法制度關係論略》一文分析了昭穆制度和宗法制度的異同，並對"孫以王父字爲氏"做出了解釋。他認爲："孫以王父字爲氏"即"祖孫連名"與昭穆制度有關，而"子以父字爲氏"的情況，則與宗法制度有關。⑤

"爲人後"的問題，漸漸地發展成爲"繼統"和"繼嗣"的矛盾。程朱理學的觀念中，"繼嗣"是"繼統"的前提。張壽安在《十八世紀禮學考證的思想活力——禮教論争與禮秩重省》一書中，指出了清儒和明儒在處理這個問題上存在的差別。她指出，清人任啓運對於"孫以王父字爲氏"的論證，動搖了爲人後者必然爲之子的命題，指向了"爲人後者不必爲之子"⑥。而清儒朱筠論證了古有"間代立後"的做法，"立後未必爲父子"。⑦ 她認爲，段玉裁是在毛奇齡之後，對明代大禮議進行反思最全面的學者。段玉裁認爲，"爲人後"是針對"絶嗣"而言，明世宗拒絶爲後，就是"中絶祖道"。張壽安指出，將"爲人後"當作一種禮學的身份，是清儒最大的貢獻。⑧

---

① 梅桐生：《春秋公羊傳全譯》，貴州人民出版社，1998 年，第 338 頁。
② 楊伯峻：《春秋左傳注》，第 785 頁。
③ 也有人認爲"仲"並非生而賜氏，例如陳衍《石遺室文集·爲人後者爲之子辨》指出"仲非字，乃伯仲也"。
④ 許子濱：《〈春秋〉〈左傳〉禮制研究》，第 451 頁。
⑤ 李衡眉：《昭穆制度與宗法制度關係論略》，《歷史研究》1996 年第 2 期。
⑥ 張壽安：《十八世紀禮學考證的思想活力——禮教論争與禮秩重省》，北京大學出版社，2005 年，第 173 頁。
⑦ 張壽安：《十八世紀禮學考證的思想活力——禮教論争與禮秩重省》，第 174 頁。
⑧ 張壽安：《十八世紀禮學考證的思想活力——禮教論争與禮秩重省》，第 175～179 頁。

3. “三年喪”問題

《儀禮·喪服》篇中，“爲人後者”需要爲所後之父服三年之喪。兄終弟及算不算“爲人後”，也是禮學家們爭論的核心問題之一。可惜的是，目前並沒有對此問題的專門研究。

范志軍的博士學位論文《漢代喪禮研究》，列舉了先秦禮文獻中爲人後者的服喪情況，也記載了《儀禮·喪服》所記矛盾之處和漢人的討論。他指出，在整個漢代，“兄弟不相爲後”這一原則得到了貫徹：“兩漢時期一般都是‘立嗣必子’，當大宗無子的情況下也都是‘擇支子孫賢者爲嗣’，除非有特殊情況，一般不實行兄終弟繼。”而整個漢代，爲人後者爲所後之父服三年喪，也是得到貫徹了的。①

而張煥君的博士學位論文《魏晉南北朝喪服制度研究》則指出，魏晉南北朝時期，“爲人後”之事發生了變化。他指出，漢代一般認爲“大宗不可絶”，而魏晉南北朝時期，小宗亦不可絶漸漸成爲共識。以兄弟之子爲後的情況漸漸增多。但此文並沒有提及兄弟是否可以彼此爲後。②

4. “大人世及以爲禮”與魯國“一繼一及”問題

《禮記·禮運》篇中記載：“大人世及以爲禮。”其中，“世”表示父死子繼，“及”表示兄終弟及。《公羊傳》中，叔牙爲了讓慶父可以登上王位，提出“魯一生一及”（《史記》中作“一繼一及”）。按照西周魯國世系，確實存在着父死子繼和兄終弟及交替的情形。究竟兄終弟及是對父死子繼的補充，還是存在一個“一繼一及”的階段，學界有着不同的認識。

王恩田在《從魯國繼承制度看嫡長制的形成》一文中，將中國嫡長制的形成過程歸納爲四個階段：“1. 傳甥傳弟制；2. 弟及爲主制；3. 一繼一及制；4. 嫡長制。”他認爲，“西周各國大都像魯國那樣奉行子繼與弟及並行的繼承制度”，“以弟及爲主的制度和一繼一及制都屬於子繼與弟及並行的制度，只是發展階段不同而已，因此它們又可以統稱爲‘世及’制，也就是《禮記》所説夏、商、周三代的‘大人世及以爲禮’”。③

與王恩田意見相仿的還有尉博博、王向輝的《春秋魯國“一繼一及，魯之常也”辨》。此文認爲，夏以來父子相繼和兄弟相及的鬥爭爲魯國實行“一繼一及”制度提供了可能條件，周公個人政治作爲爲魯國“一繼一及”制度提供了必

① 范志軍：《漢代喪禮研究》，鄭州大學博士學位論文，2006 年。
② 張煥君：《魏晉南北朝喪服制度研究》，清華大學博士學位論文，2005 年。
③ 王恩田：《從魯國繼承制度看嫡長制的形成》，《東嶽論叢》1980 年第 3 期。

然條件，而魯國的政治氣候和治國方略爲"一繼一及"奠定了心理基礎。①

持反對意見的也不少，如楊朝明《魯國一繼一及繼承現象再考》認爲"一繼一及"現象是嫡長子繼承制確立過程中發生的動蕩，而提出"一繼一及"僅僅是違制者的藉口。②

錢杭的《魯國繼承制度的一繼一及問題》認爲："魯國宗法在注重父子關係的同時，又兼重母子和兄弟關係，兄弟關係在魯國被提到相當高的程度，這就使後人在看到魯國公室繼承系列時，作出了'一繼一及魯之常'的規律性總結。"③

李衡眉、梁方健在《"一繼一及"非"魯之常"説》一文中認爲"一繼一及"只是一種現象："在楚國君位繼承上，以弟繼兄僅有六例，除兩次顯然屬於楚君無子，以弟爲後的正常嬗遞外，其餘四次都是在刀光劍影的争奪中以弟繼兄位的。"此文認爲，魯國實行的是"以'父死子繼，兄死弟及'爲範圍，在'嫡長子繼承制'原則下，實行'擇賢''立長''以人'等多種方式的選擇繼承制"④。

5. "親親"與"尊尊"問題

關於"親親"和"尊尊"，《禮記》有如下記載：

> 親親，尊尊，長長，男女之有別，人道之大者也。（《禮記・喪服小記》）
>
> 服術有六：一曰親親，二曰尊尊，三曰名，四曰出入，五曰長幼，六曰從服。（《禮記・大傳》）
>
> 上治祖禰，尊尊也，下治子孫，親親也……人道竭矣。（《禮記・大傳》）

何休在《春秋公羊傳注》中指出："質家親親先立娣，文家尊尊先立侄。嫡子有孫而死，質家親親先立弟，文家尊尊先立孫。其雙生也，質家據見立先生，文家據本意立後生，皆所以防愛争。"

劉舫在《古代禮學"尊尊"觀念釋義》一文中指出："這裏'親親'的意思是

---

① 尉博博、王向輝：《春秋魯國"一繼一及，魯之常也"辨》，《社會科學論壇》2010年第 10 期。

② 楊朝明：《魯國一繼一及繼承現象再考》，《東嶽論叢》1990 年第 5 期。

③ 錢杭：《魯國繼承制度的一繼一及問題》，《史林》1990 年第 6 期。

④ 李衡眉、梁方健：《"一繼一及"非"魯之常"説》，《齊魯學刊》1999 年第 6 期。

指‘兄終弟及’的君主繼位方式，側重於同輩之間的血緣遠近，而‘尊尊’則指‘父子相繼’的君主繼位方式，側重於嫡庶之分。這兩種不同的繼位方式，不僅是古代社會尊卑觀念形成的兩種依據，而且也是歷代學者從延續政治和家族生命的角度來詮釋‘尊尊’的濫觴。”①

張壽安的《十八世紀禮學考證的思想活力——禮教論爭與禮秩重省》一書，在“‘親親尊尊’二系並列的情理結構”一章，分析了“親親”“尊尊”觀念史的發展脈絡。她指出，宋明理學獨尊“尊尊”，禮學理學化，導致了其後的皇權獨大。而清儒通過考證，提高了“親親”的地位，恢復了“親親尊尊”二系並列的禮秩理念。②

(二)學界對歷代“兄終弟及”君主相關問題的研究

李衡眉在《昭穆制度研究》一書中，對歷代宗廟和昭穆排列狀況做了分析，但是並沒有特意對兄終弟及的情況做專門的研究。③ 沈睿文在《西漢帝陵陵地秩序》一文中，對兄弟相繼爲君的昭穆問題進行了總結：“自西周以降，除春秋、戰國、秦朝、三國時期、北朝時期、隋朝、五代、遼朝以及明朝等朝代史無明文記載兄弟相繼爲君的昭穆異同問題外，兩漢、兩晉、南朝之齊朝、金朝和元朝等朝代的史志和禮書都明確載有兄弟相繼爲君、昭穆相異的史實。只有在唐、宋、清三朝中，兩種意見爭論不下，其宗廟中的昭穆排列次序時而以兄弟相繼爲君昭穆異位，時而又昭穆同位，遊移不定。”④

1. 周代的兄終弟及問題

周代的兄終弟及，除了上文提及的“躋僖公”之外，尚有多例。陳成國《中國禮制史》(先秦卷)有詳細的考證，茲簡要介紹如下：西周王朝共十二王，十一世。共王死，其子懿王立，懿王死後，共王之弟立，爲孝王。這不算是嚴格的兄終弟及。東周在春秋時期共十四王，十三世。平王傳孫恒王，中間缺了一世，匡王傳定王、悼王傳敬王都是兄終弟及。戰國時期，周王室共十一王，只有八世，思王和考王都是殺兄自立，顯王繼承烈王是兄終弟及。

周代的諸侯，以兄終弟及方式即位的也頗多。西周春秋時期，楚國共二十

① 劉舫：《古代禮學“尊尊”觀念釋義》，《雲南大學學報》(社會科學版)2012 年第 3 期。
② 張壽安：《十八世紀禮學考證的思想活力——禮教論爭與禮秩重省》。
③ 李衡眉：《昭穆制度研究》，齊魯書社，1996 年。
④ 沈睿文：《西漢帝陵陵地秩序》，《文博》2001 年第 3 期。

世三十王，兄終弟及的有七世九王。陳戍國認爲："楚靈王之前立嫡立長的觀念漸趨鞏固，到平王之後即真正實行，直到戰國末年楚之滅亡。"①

宋國、齊國、秦國等異姓諸侯，也有不少以兄終弟及的方式即位。但是，宋殤公、宋閔公都是因爲被弒而弟立，齊國以弟即位的也都是因亂而起。秦國真正意義上的兄終弟及不過三世。所以，並不能認爲在春秋時期，宋國、齊國、秦國等異姓諸侯存在明確的兄終弟及制度，弟及只是對嫡長繼承的補充。陳戍國指出："宋爲殷商之後，承襲殷禮，其初確有兄終弟及遺制，入春秋五世之後，遂以立嫡立長爲常。"②

除此之外，陳戍國還對春秋時期各諸侯國把持政權的大夫的傳承制度進行了研究。他舉了《左傳》中馹偃本有子、父兄卻以其弟子瑕後之的例子，説明了當時的大夫立弟爲後而不立子，被認爲"不順"。③

杜正勝在《從爵制論商鞅變法所形成的社會》一文中指出，秦穆公以前，頗有兄終弟及的趨勢，或許和他們拓殖的歷史相關。他認爲，經學史上有秦國"匿嫡之名"的問題，秦伯書名的只有秦穆公任好、康公罃和共公稻，這可能是因爲"嫡長子不能保證必勇猛，故不必一定繼位爲君，自然不能通令其名於四境了。按禮記内則世子命名之禮，閭史書其名爲二，'其一藏諸閭府，其一獻諸州史，州史獻諸州伯，州伯命藏諸州府'。此制秦所未行。宫廷檔案不録，名字自然無從稽"④。

季旭昇在《〈上博二・昔者君老〉簡文探究及其與〈尚書・顧命〉的相關問題》一文中也研究了周代的兄終弟及問題。他認爲，商代的兄終弟及在周代基本上被揚棄了。《昔者君老》一篇中，太子的叔叔即"君之母弟"的地位非常尷尬，"太子既希望藉助他的力量安然渡過政權轉移，又怕他會篡位。表現在禮上的，既要賦予他很親的地位，又要限制他的地位"⑤。

2. 漢代的兄終弟及問題

漢代的兄終弟及，涉及兩個問題：一是立後問題，二是昭穆問題。

《漢書・高帝紀》記載了劉邦對於繼承問題的觀點："人之至親，莫親於父

---

① 陳戍國：《中國禮制史》（先秦卷），第 266 頁。
② 陳戍國：《中國禮制史》（先秦卷），第 267 頁。
③ 陳戍國：《中國禮制史》（先秦卷），第 268 頁。
④ 杜正勝：《從爵制論商鞅變法所形成的社會》，《"中央研究院"歷史語言研究所集刊》第 56 本第 3 分，1985 年。
⑤ 季旭昇：《〈上博二・昔者君老〉簡文探究及其與〈尚書・顧命〉的相關問題》，《中國文哲研究集刊》第 24 期，2004 年。

子，故父有天下傳歸於子，子有天下尊歸於父，此人道之極也。"其中，"傳歸於子"就是漢代確立的立後原則。陳戌國在《中國禮制史》中，列舉了景帝欲傳位於梁孝王而被竇嬰制止以及許負爲周亞夫看相兩個未成功的兄終弟及之事，指出："無論對於帝王之家來說，還是對列侯來說，'傳歸於子'確爲原則之一。"①

成帝時，因爲無嗣，召衆大臣商議中山王、定陶王誰應該爲嗣。中山王是成帝之弟，定陶王是成帝弟之子。按照親疏關係，中山王與成帝更親，按照禮，則"昆弟之子猶子"。在兄終弟及還是傳位於侄的選擇中，成帝最終以"兄弟不相入廟"的理由，立了定陶王爲太子。陳戌國指出："'兄弟不相入廟'是漢人對先秦宗法制度的補充，先秦並無此種觀念。"

漢文帝是漢惠帝的異母弟，漢平帝是漢哀帝的堂弟，他們即位都屬於"兄終弟及"。學界對於這一繼承涉及的禮制問題，關注點主要在於昭穆異同。

漢代建立之初，並沒有按照周代的禮儀設立宗廟，而是令各個諸侯國都在王都設立太上皇廟。其後，惠帝時尊高帝廟爲太祖廟，景帝時尊孝文廟爲太宗廟，宣帝時尊孝武廟爲世宗廟，這些宗廟都不是只設置於京師，而是凡行所巡狩之郡國皆立。漢初也沒有宗廟迭毀的制度，直到永光五年（前39），元帝下詔議宗廟禮制，才有了宗廟迭毀的討論。按照元帝的想法，立太祖、太宗、世宗與四親廟，正好與"天子七廟"之禮相合。然而韋玄成等四十四人奏議認爲，應當設五廟。而太上皇、孝惠、孝文、孝景廟皆親盡宜毀。由於當時"宗廟異處，昭穆不序"，探究西漢前期的昭穆問題，必須與陵寢的昭穆問題相結合。而平帝之康陵是王莽所立，對其進行研究，也可以看出兩漢之際對於"兄終弟及"昭穆問題的看法。

按照漢朝的世系，目前存在的昭穆排法，主要有兩種意見。高鳳、徐衛民的《秦漢帝陵制度研究綜述（1949—2012）》曾經對與帝陵相關的研究做過詳細的綜述，在此不再贅述。② 結合該綜述與相關研究，茲將主要的昭穆排法列舉如下。

其一：

左昭	高祖	文帝	武帝	宣帝	成帝	平帝	太上皇
右穆	惠帝	景帝	昭帝	元帝	哀帝		

---

① 陳戌國：《中國禮制史》（秦漢卷），湖南教育出版社，2011年，第79~80頁。
② 高鳳、徐衛民：《秦漢帝陵制度研究綜述（1949—2012）》，《秦漢研究》第7輯，陝西人民出版社，2013年。

第一種排法是以太上皇爲始祖，高祖爲昭，惠帝、文帝昭穆異位的排法。持這種觀點的，是沈睿文的《西漢帝陵陵地秩序》一文。該文認爲："兄弟昭穆同位的原則在中國歷史上最先得到中央皇權的認可是在唐代，是在經歷了反復不斷的討論後在唐宣宗時才確定下來的。西漢早期實行的也應該是兄弟昭穆異位，即惠帝與文帝昭穆異位。"同時沈睿文認爲，西漢帝陵的昭穆問題存在誤區："這兩種觀點考慮的都只是十一座西漢帝陵，忽視了漢太上皇萬年陵，没有把萬年陵納入西漢帝陵的系統進行研究。"①將漢太上皇萬年陵納入考慮之後，結合"五音昭穆葬"的方法，沈睿文認爲："如果以東北角的萬年陵爲祖穴，便可以發現上述昭穆組合中除了第一組、第二組、第四組不是嚴格按照這個葬式入葬的之外，其他的幾個組合都是遵守宫姓昭穆葬的模式，且絲毫不爽。其實，第二組、第四組從根本上來説還是遵循左昭右穆的基本原則。"其中第一組指的是高祖長陵和惠帝安陵，第二組指的是文帝霸陵和景帝陽陵。按照每組一昭一穆的分法，惠帝和文帝昭穆相異，哀帝和平帝昭穆也相異。

其二：

左昭　景帝　昭帝　宣帝　成帝
高祖(始祖)(昭)
右穆　惠帝、文帝　武帝　元帝　哀帝、平帝

持此種看法的文章，主要的根據是《漢書·韋賢傳》"今高皇帝爲太祖，孝文皇帝爲太宗，孝景皇帝爲昭，孝武皇帝爲穆，孝昭皇帝與孝宣皇帝俱爲昭"的説法。李毓芳《西漢帝陵分佈的考察——兼談西漢帝陵的昭穆制度》一文指出："從對西漢帝陵分佈的考察可以看出，在咸陽原漢陵區中，屬於同一輩分者，因其昭穆序位相同而一般不能進入同一陵區。如惠帝和文帝，均爲高祖之子，都屬於穆位。惠帝死後葬於長陵之右，文帝只能另辟陵區。不屬於同一輩分，孫繼祖位者，因其昭穆序位相同，祖孫一體，也不能進入同一陵區。如宣帝係昭帝堂孫，二人均爲昭位。劉詢繼昭帝之後即位，宣帝爲'初陵'就不能在咸陽原上，只好在杜東原另辟塋地。"②

---

① 沈睿文：《西漢帝陵陵地秩序》，《文博》2001 年第 3 期。
② 李毓芳：《西漢帝陵分佈的考察——兼談西漢帝陵的昭穆制度》，《考古與文物》1989 年第 3 期。

雷百景、李雯的《西漢帝陵昭穆制度再探討》也認爲：“處於左側（東）的始祖位劉邦長陵即是‘左昭’位，右側（西）的惠帝（劉邦子）安陵則是‘右穆’位，始祖位左側（東）的景帝（劉邦孫）陽陵復爲昭位，恰符合古人‘父爲昭，子爲穆，孫復爲昭’的制度。”①

東漢劉秀即位之後，起初以元、成、哀、平四廟爲四親廟，由於哀帝、平帝是兄弟，《後漢書》中范曄和司馬彪的記載存在衝突。司馬彪的《續漢書·禮儀志》中記載：“立平帝、哀帝、成帝、元帝廟，代今親廟。”②范曄則在《後漢書·張曹鄭列傳》中記載：“宜以宣、元、成、哀、平五帝四世代今親廟。”③郭善兵在《東漢皇帝宗廟禮制考論》中，認爲司馬彪的記法更符合當時的情況。他指出：“司馬氏、范氏記載之所以存在歧異，則是受兄弟相繼爲君究竟是同世還是異世觀念影響所致。”而他認爲之所以范曄會加上昭帝廟，大概是受到了西漢末年劉歆以及東晉初年賀循的有關論述的影響。④

3. 兩晉的兄終弟及問題

西晉懷帝繼承惠帝是兄終弟及，東晉的君位繼承關係則更爲混亂，十一代帝王只有四世。東晉成帝傳康帝、穆帝傳哀帝及廢帝、安帝傳恭帝都是兄終弟及，廢帝傳簡文帝則是堂侄孫傳叔祖父。

陳戍國在《中國禮制史》中指出晉朝最先設立“皇太弟”：“晉朝帝室的兄終弟及與殷商前期的兄終弟及是大體不同的（晉廷唯成帝傳位康帝一例與殷商之兄終弟及相似），後者爲其時傳承制度，前者只是父死子繼制度的補充而已。但是，從另一方面來說，漢代‘兄弟不相爲後’的傳承制度（不包括喪服與祭祀制度）晉朝亦未採用；傳位於弟，晉朝畢竟不曾忌諱。”⑤

鄒遠志的博士學位論文《經典與社會的互動——兩晉禮學議題研究》對兩晉的宗廟體制進行了研究。他認爲：“東晉廟制中兄弟相繼或異代相繼不爲後，而西晉則兄弟相繼爲後，故懷帝繼承惠帝皇位，權力直接來源於惠帝，而

① 雷百景、李雯：《西漢帝陵昭穆制度再探討》，《文博》2008年第2期。
② （晉）司馬彪：《續漢書·禮儀志》，與（南朝宋）范曄《後漢書》合刊，中華書局，1965年，第3193頁。
③ （南朝宋）范曄：《後漢書》，（唐）李賢等注，宋雲彬點校，中華書局，1965年，第1194頁。
④ 郭善兵：《東漢皇帝宗廟禮制考論》，《華東師範大學學報》（哲學社會科學版）2004年第3期。
⑤ 陳戍國：《中國禮制史》（魏晉南北朝卷），湖南教育出版社，2011年，第83頁。

不是武帝。"①

4. 唐代的兄終弟及問題

唐代的兄終弟及情況出現了三次，分別是睿宗繼承中宗，敬宗、文宗、武宗三兄弟相及，昭宗繼承僖宗。其昭穆的排列基本與東晉相同。李衡眉《唐朝廟制及其昭穆次序述評》一文列舉了各次繼承的廟制情況，並指出："在唐朝的宗廟史上，既出現過把兄弟相繼爲君異昭穆列爲兩代人的現象，也出現過把兄弟相繼爲君同昭穆列爲一代人的現象。"他認爲，兄弟相繼應是同昭穆，所以唐代晚期將敬宗、文宗、武宗視爲一代，而神主分藏三世的做法，才是得禮之真諦。②

張華的碩士學位論文《唐代太廟禘祫祭祀相關問題研究》中指出了唐代一度將兄弟相繼視爲不同昭穆的來源："將神主之數看做昭穆之數的觀念首先來自顏真卿，以後的錯誤做法都是沿襲他的這一觀念。"此文認爲，宣宗之時，完成了對此前錯誤的祔廟方法的更正。宣宗、懿宗相繼去世之後，由於宣宗與穆宗同輩，懿宗與敬宗、文宗、武宗同輩，都不應該有遷毀，因此在僖宗時應有九代十三室，哀帝時應有九代十四室，可是這與史實並不相符。此文認爲："出現這一情況的原因只能是沒有將宣宗與穆宗並列，也沒有將懿宗與敬、文、武三帝並列，而是依然按一遷一祔的原則，在後面依次祔入宣、懿二帝，而將代宗、德宗遷出。雖然保持了十一室之制，卻只餘下二昭二穆四世親廟，加上不遷的一祖二宗，實際成了七廟之制。"③

朱溢《唐至北宋時期的太廟禘祫禮儀》一文，指出了唐宋時期宗廟禮儀與前代的不同之處："唐至北宋時期的禘祫禮儀在很大程度上擺脱了魏晉以來禮制和禮學的束縛：尊崇正統、體現名分的功能有所淡化，敬奉祖先、着眼本宗的考量不斷凸顯；漢魏禮學家對儒家經典的解釋已經無法左右禮制的調整，現實需要和經典的當下解讀才是決定性的。"④

5. 宋代的兄終弟及問題

郝怡的碩士學位論文《宋代帝室中兄終弟及服制研究》詳細地介紹了宋代

---

① 鄒遠志：《經典與社會的互動——兩晉禮學議題研究》，湖南大學博士學位論文，2010 年。

② 李衡眉：《唐朝廟制及其昭穆次序述評》，《人文雜志》1993 年第 1 期。

③ 張華：《唐代太廟禘祫祭祀相關問題研究》，陝西師範大學碩士學位論文，2010 年。

④ 朱溢：《唐至北宋時期的太廟禘祫禮儀》，《復旦學報》(社會科學版) 2012 年第 1 期。

太宗繼承太祖、徽宗繼承哲宗和高宗繼承欽宗等三次兄終弟及的服制情況。此文認爲，宋太宗爲太祖服三年之喪，只是作爲穩定民心的手段。所服三年並不是正服，而是義服。實際上三年並未服滿，對內只服了期年。而宋徽宗由於是庶子，希望通過爲哲宗服三年喪的方式來確立自己的合法性。而出於政治的考慮，高宗對欽宗服對外斬衰三年，對內則是以日易月。①

唐俊傑《南宋太廟研究》一文對南宋太廟的設置過程和形制進行了研究。此文指出：“太廟大殿原爲七楹，分十三室，紹興十六年增建六楹，共十三楹，以每楹爲一室，東西兩楹爲夾室，咸淳元年添置理宗室，共十四室，每室祭祀一帝神位，以西爲上，神位兩旁配置當時的功臣。”②由此可見，南宋太廟並沒有按照太祖—昭穆方式設置，而是順次排開。

柳立言《南宋政治初探——高宗陰影下的孝宗》③一文，指出了北宋兄終弟及的問題對南宋孝宗造成的消極影響。他指出：“問題是，如何才能在兄終弟及或過繼入統等等特殊的情況下，維持皇室的穩固，不讓外臣有可乘之機。對這個宋代特有的危機，高宗的一個對策就是强化‘孝’的道德規範作用，把它變成一種具有相當控制力量的意識形態。與他前後的帝皇相比較，高宗是做得相當成功的，但其結果卻分割了孝宗的皇權。”結果就是，“宋人似乎逐漸接受以整個皇室而不是以皇帝個人作爲一國元首的象徵。這就無怪乎孝宗爲慶祝太上皇的生辰而拜舞，平日向他報告重要朝政以取旨，卻都沒有引起大臣的反對”。

宋代的重要問題還有“濮議”。從表面上看，它只是宋英宗父親的身份與稱號問題，實質上，它也是“兄終弟及”問題的變體，與下文將討論的“大禮議”類似。

相關的研究也已經有許多，如王才中《司馬光與濮議》指出：“司馬光和臺諫官站在維護北宋宗廟社立場，反映了整個地主階級的意志。英宗和韓、歐雖然憑藉着政權的力量，能夠罷退臺諫官，卻不敢堅持自己的主張。”④

王雲雲在《北宋禮學的轉向——以濮議爲中心》中指出了宋代禮學論證的新特點：“概而言之，司馬光和歐陽修雖分屬對立雙方，但從論爭內容來看，

---

① 郝怡：《宋代帝室中兄終弟及服制研究》，山西師範大學碩士學位論文，2014 年。
② 唐俊傑：《南宋太廟研究》，《文博》1999 年第 5 期。
③ 柳立言：《南宋政治初探——高宗陰影下的孝宗》，《“中央研究院”歷史語言研究所集刊》第 57 本第 3 分，1986 年。
④ 王才中：《司馬光與濮議》，《晉陽學刊》1988 年第 5 期。

他們始終以禮儀的宗法内容及精神實質爲論争焦點，所代表的是傳統儒學思維模式；相比之下，程頤賦予論争的理學特色，代表着宋代新儒學發展的獨特致思模式，反映了禮學在宋代的發展趨勢——禮學與理學的交融合流。"①他還在《王夫之禮學思想的特色——以"濮議"論爲中心》一文中，通過分析王夫之的禮學思想與宋儒的差異性和一致性，指出："王夫之可以提出'敝屣天下'以解決英宗内心的矛盾，又指出及早'正名'可以避免英宗的兩難處境，使其禮學思想在人之性情與政治規範之間獲得了巨大的活動空間。"②

郭艷麗《從濮議之争看北宋對傳統禮制的承傳與變通》指出，以司馬光、王珪爲首的"臺諫派"的論辯，體現了他們對於傳統禮制的傳承，而以韓琦、歐陽修等爲代表的"中書派"，則重在對禮制進行變通。③

丁功誼的《人情與禮制的衝突——濮議中的歐陽修》則以歐陽修爲核心，通過梳理"濮議"的過程，分析了歐陽修在"濮議"之中發揮的作用和受到的影響。他認爲，歐陽修等人的出發點，是對英宗全心全意的擁護，因此不惜和"臺諫派"發生争執。④

張鈺翰《北宋中期士大夫集團的分化：以濮議爲中心》一文對王雲雲的《北宋禮學的轉向——以濮議爲中心》作出了回應。他認爲："在本質上，歐陽修與程頤於同一陣營，都在強調禮制背後的義理或者説聖人之意，只不過歐陽修認爲禮的根本基礎在人情（他認爲不承認父子關係是'絶人道而滅天理'，也透露出一絲人性即是天理的傾向），程頤則上升到天理的高度。相對的，司馬光的觀念基本局限於漢唐經學範圍内。作爲'天理'之反映的禮觀，在程頤此文中並無明顯反映，但確是程頤及理學家對禮的核心觀念。"此文還認爲，濮議加劇了北宋士大夫的分化，所以才導致其後的王安石變法"以強有力的政治手腕和高壓的政治權力，自上而下地企圖消除多元化造成的衝突，在朝野之中樹立起一種獨一無二，只准信仰服從、不得質疑違抗的

①　王雲雲：《北宋禮學的轉向——以濮議爲中心》，《安徽大學學報》（哲學社會科學版）2010 年第 2 期。

②　王雲雲：《王夫之禮學思想的特色——以"濮議"論爲中心》，《西北大學學報》（哲學社會科學版）2011 年第 1 期。

③　郭艷麗：《從濮議之争看北宋對傳統禮制的承傳與變通》，《綿陽師範學院學報》2012 年第 9 期。

④　丁功誼：《人情與禮制的衝突——濮議中的歐陽修》，《寧夏社會科學》2013 年第 3 期。

正統統治學説”①。

　　6. 明代的兄終弟及研究

　　明代著名的“大禮議”，實質上也是兄終弟及問題。由於明武宗無後，明世宗入繼皇位之後，面臨着“繼統”和“繼嗣”的矛盾。這引起了不小的禮學爭議，學界也已經有大量的研究成果。相關學位論文如東北師範大學陳超的碩士學位論文《明代“大禮議”前後的内閣體勢變化》(2003)、暨南大學李耀國的碩士學位論文《方獻夫與“大禮議”之争》(2013)等。相關期刊論文則以田澍的研究最多，有《張璁議禮思想述論——對張璁在大禮議中“迎合”世宗之説的批判》(1998)、《明代大禮議新探》(1998)、《大禮議與嘉靖政治新秩序的形成》(1999)、《大禮議與楊廷和閣權的畸變——明代閣權個案研究之一》(2000)、《明武宗拒絶立嗣與大禮議》(2003)、《大禮議與嘉靖朝的人事更迭》(2008)、《楊廷和與大禮議——中國歷史上人事成功更迭的典型案例》(2011)、《張璁與大禮議——大禮議新解》(2012)、《斷裂與重塑：大禮議的政治功能》(2014)、《楊廷和與武宗絶嗣危機——中國古代政治危機應對失敗的典型案例》(2015)、《“兄終弟及”下的皇權更迭——論〈武宗遺詔〉中的新舊之争》(2021)等，基本勾勒出了明代“大禮議”的情況。②

　　根據“武宗遺詔”，朱厚熜以興獻王長子的身份入繼大統。也就是説，“兄終弟及”並不發生在他本人身上，而是他的父親“弟及”了明孝宗之位。田澍在《明代大禮議新探》一文中指出：“武宗遺詔的頒發，從法律上正式宣告了孝—武帝系的徹底斷裂，並因此確立了朱祐杬、朱厚熜一系稱帝的合法地位。”他

---

①　張鈺翰：《北宋中期士大夫集團的分化：以濮議爲中心》，見姜東錫主編：《宋史研究論叢》，河北大學出版社，2013年。

②　田澍：《張璁議禮思想述論——對張璁在大禮議中“迎合”世宗之説的批判》，《西北師大學報》(社會科學版)1998年第1期；《明代大禮議新探》，《學習與探索》1998年第6期；《大禮議與嘉靖政治新秩序的形成》，《第七屆明史國際學術討論會論文集》，1999年；《大禮議與楊廷和閣權的畸變——明代閣權個案研究之一》，《西北師大學報》(社會科學版)2000年第1期；《明武宗拒絶立嗣與大禮議》，《西北師大學報》(社會科學版)2003年第6期；《大禮議與嘉靖朝的人事更迭》，《西北師大學報》(社會科學版)2008年第2期；《楊廷和與大禮議——中國歷史上人事成功更迭的典型案例》，《學習與探索》2011年第5期；《張璁與大禮議——大禮議新解》，《社會科學戰綫》2012年第9期；《斷裂與重塑：大禮議的政治功能》，《社會科學輯刊》2014年第3期；《楊廷和與武宗絶嗣危機——中國古代政治危機應對失敗的典型案例》，《西南大學學報》(社會科學版)2015年第2期；《“兄終弟及”下的皇權更迭——論〈武宗遺詔〉中的新舊之争》，《文化學刊》2021年第4期。

指出，認爲大禮議是"關於世宗之父興獻王尊號問題的禮議之爭"的看法並没有觸及該問題的本質。他認爲："大禮議的核心問題不是關於興獻王尊祀問題的争論，而是能不能按照當時的具體情况和武宗遺詔的明確規定承認世宗與興獻王的父子關係問題的争論。"[1]

吳鋭《論"大禮議"的核心問題及其影響》一文則認爲，"大禮議"的核心問題是争大宗、維護正統，而並非天理、人情之争。他認爲，"大禮議"的法典化，破壞了"君臣一體"的格局。[2]

李曉璇在《大禮議非禮——清代禮學家對於"昭穆不紊"的認識》一文中，梳理了嘉靖"大禮議"時期各方對於倫序安排問題的看法，也梳理了清儒段玉裁、毛奇齡、黃以周、曹元弼等人的認識，並將這些與宋儒陸佃、朱熹等人的看法進行了比較。他認爲："楊廷和派以世宗後孝宗、兄武宗，固然保留了世宗與武宗的自然倫序，同時也强調了繼統武宗的君臣之分，但這種試圖顧及兩端的努力恰恰不能將天子昭穆的第一原則——爵之尊——凸顯出來，因此無論是段玉裁、毛奇齡、曹元弼還是黃以周，在敬佩楊廷和德性的同時也毫不留情地對其倫序安排進行了批評。張璁一派'繼統武宗'的理論固然强調了武宗與世宗之間以重相授受的君臣之義，但'統嗣'分開的倫序安排則完全泯滅了太廟昭穆父子之親的意義，這樣尊親失衡，使太廟完全失去了親廟的意義。故張璁派的倫序安排非但没有滿足世宗尊崇本生的興趣，更導致了他在世宗以本生父配享明堂時在理論上毫無還手之力，令世宗得以本生父稱宗入廟纂明之大統。"[3]

7. 對朝鮮王朝兄終弟及問題的研究

朝鮮王朝自 1392 年太祖即位，至 1910 年純宗退位，共經歷了 21 世 27 位國王。其中兄終弟及、叔侄相繼的情况，都與中國的皇帝類似。《朝鮮王朝實録》對他們的即位、廟制、追崇等情况，都有詳細的記載。

彭林《朝鮮時代的禮訟與君統、宗法諸問題》一文對朝鮮王朝的相關問題關注得較早。在此文中，他對發生在仁祖朝的元宗追崇、顯宗朝的己亥禮訟以及孝宗的嫡庶身份進行了梳理。他也指出了禮訟的本質："禮訟每每緣起於學

①　田澍：《明代大禮議新探》，《學習與探索》1998 年第 6 期。

②　吳鋭：《論"大禮議"的核心問題及其影響》，《明史研究》第 13 輯，2013 年。

③　李曉璇：《大禮議非禮——清代禮學家對於"昭穆不紊"的認識》，《中國哲學史》2012 年第 4 期。

術上的不同見解，但是，由於朝鮮的政治背景中，黨争的色彩過於强烈，致使禮訟一發生，就迅速與黨争糾纏在一起，使學術争論惡變爲無聊的黨派鬥争，黨争因素掩蓋了學術因素。"①

　　趙旭《朝鮮王朝宗廟祭祀禮制研究》一文從宗廟制度的"辨方正位"、宗廟之所奉祀、王族家廟與祧遷等方面進行了論證，認爲："朝鮮王朝宗廟禮制起先是直接擇從明制，世宗時期已然在學理上綜彙了中國歷朝禮制傳統，完成了禮學思想的研討和取舍，尤其重視朱熹禮學思想的價值，並意欲做出適合本國情況的抉擇。"但是認爲燕山君的兄弟同昭穆算爲一世，是違背古禮的獨創之説，也顯然值得商榷。②

————————————

　　①　彭林：《朝鮮時代的禮訟與君統、宗法諸問題》，《中國文化研究》2003 年第 3 期。
　　②　趙旭：《朝鮮王朝宗廟祭祀禮制研究》，《延邊大學學報》(社會科學版)2015 年第 3 期。

第一章　兄終弟及現象的禮學
原則和經史故例

　　"兄終弟及"是一種古老的繼承方法。《禮記・禮運》篇中"大人世及以爲禮", "及"説的就是"兄終弟及"。世襲制度在夏代就已經確立, 直到清代。在君位繼承出現"兄終弟及"的情況時, 服喪、立廟、祭祀等都較爲特殊。商代王位的兄終弟及, 是有史籍記載以來最早的、最爲明確的兄終弟及現象。在此之後的周朝及春秋戰國時期的各諸侯國, 也出現過諸多次兄終弟及。其中, 由於《春秋》詳載魯國故事, "三傳"詳述的"躋僖公"事件以及《公羊傳》中記載的"爲人後者爲之子"原則在後世被頻繁援引、解釋, 成爲皇帝、禮官及其他朝臣進行禮制論爭的重要依據。本章將分別梳理殷周故例及"三禮"中的禮學原則, 釐清相關概念。

第一節　商周的兄終弟及和魯國的"一繼一及"

　　商自湯有天下之後, 實行的多是兄終弟及, 到了最後五代, 才確立了父死子繼的制度。周代天子和諸侯也都存在大量的兄終弟及情況。下文將梳理商代的兄終弟及、周天子的兄終弟及及魯國"一繼一及"的具體情況。

一、商代的兄終弟及

　　關於商代的兄終弟及, 學界已經有了大量的研究, 但迄今尚無定論。其中, 王國維 1917 年發表的《殷周制度論》是開先河之作。王國維認爲: "商之繼統法, 以弟及爲主而以子繼輔之, 無弟然後傳子。"[1]他指出, 自成湯至於帝

---

[1]　王國維:《觀堂集林》卷一〇《史林二・殷周制度論》, 第 232 頁。

辛，三十帝中有十四帝是以弟繼兄，而以子繼父者，也多是弟之子而非兄之子。

近百年來，經過胡厚宣、徐中舒、范文瀾、陳夢家、李學勤等諸多著名學者的討論，王國維"弟及爲主"的觀點，逐漸被"子繼爲主（常），弟及爲輔（變）"的觀點代替，並被學界廣泛承認。① 自 20 世紀 60 年代起，張光直提出了商王室由十干世系組成、王位傳甥、"乙—丁制"等觀點，引起了熱烈的討論，但是這些觀點並沒有被廣泛採納。②

商代以兄終弟及形式繼位的國王，在古代經學史中被廣爲討論和引用的有很多。其中，陽甲、盤庚、小辛、小乙兄弟四王是連續的兄終弟及。關於這四王的繼承與祭祀問題現分述如下：

1. "典祀無豐于昵"

"典祀無豐于昵"出自《尚書·高宗肜日》篇，原句爲："嗚呼！王司敬民，罔非天胤，典祀無豐于昵。"③高宗，即武丁。武丁是小乙之子，《高宗肜日》爲其子祖己所作。"肜日"是肜祭之日。《高宗肜日》記載的内容，依《大傳》《史記》《書序》等解，是武丁肜祭成湯，有雉雊飛到鼎耳之上，武丁認爲是不祥之兆，祖己趁機勸誡之事。宋人蔡沈開始對這一内容產生懷疑。從宋末金履祥開始，才猜測這一篇是祖庚肜祭武丁之事。元代鄒季友在其《書傳音釋》中也表達了這一觀點。此三人的觀點，與近代出土的甲骨卜辭上的内容暗合，而王國維經過對卜辭的研究，明確了這一觀點。④

祖庚肜祭武丁，爲何會因祭祀"豐于昵"受到祖己的勸誡呢？

這一内容因爲歷代解釋不一，存在着幾种大相徑庭的理解。分歧主要在

---

① 關於商代的繼統問題，學界的討論非常豐富，主要觀點可參見：胡厚宣《殷代婚姻家族宗法生育制度考》（《甲骨學商史論叢》初集第一册）、徐中舒《殷代兄終弟及爲貴族選舉制説》（《文史雜志》第 5 卷第 5、6 期合刊，1945 年）、范文瀾《中國通史簡編》（人民出版社 1955 年版）、陳夢家《殷墟卜辭綜述》（科學出版社 1956 年版）、李學勤《論殷代的親族制度》（《文史哲》1957 年第 11 期）、趙錫元《論商代的繼承制度》（《中國史研究》1980 年第 4 期）、裘錫圭《關於商代的宗族組織與貴族和平民兩個階級的初步研究》（《文史》第 17 輯，中華書局，1983 年）、楊升南《從殷墟卜辭的"示""宗"説到商代的宗法制度》（《中國史研究》1985 年第 9 期）。

② 張光直：《商王廟號新考》，《"中央研究院"民族學研究所集刊》第 15 期，1963 年，第 65~94 頁。

③ 《尚書正義》卷一〇《高宗肜日》，（清）阮元校刻《十三經注疏》本，第 374 頁。

④ 顧頡剛、劉起釪：《尚書校釋譯論》，中華書局，2005 年，第 1025 頁。

"豐"和"昵"的字義方面，這關係到"豐于昵"究竟是什麽樣的做法。

"豐"常同於"豊"（"禮"），因此，"典祀無豐于昵"又有"典祀無禮于昵"之解讀。司馬遷《史記》中，就引此句爲"常祀毋禮于棄道"。① 然而此處孔安國解爲"不當特豐於近也"，司馬貞解爲"無爲豐殺之禮於是以棄常道"，則又都是以"豐"字解之。② 章太炎指出，《史記》作"常祀無禮于棄道"，《尚書》作"豐"的版本則是因爲："典祀無豐于昵"不易解釋。他認爲，此處與《釋詁》和《春秋傳》"于"作"曰"解相同，應當斷句爲："典祀無豐，于尼。""于尼"解釋爲憎惡之意，全句則解釋爲"常祀無禮曰棄道"。③ 然而有雛雉飛到祭祀用的鼎上，很難説明此肜日之祭是合禮還是無禮，勸誡理由似不充分。顧頡剛、劉起釪《尚書校釋譯論》也認爲此處應作"豐"，並指出金文中有"豐"字，後人往往解釋爲"禮"，而郭沫若則將"大豐"解釋爲"大封"之禮。④

"昵"的解釋也有幾種，主要有"近"和"禰"二説。孔《傳》云："昵，近也。歟以感王入其言。王者主民，當敬民事。民事無非天所嗣常也。祭祀有常，不當特豐於近廟。欲王因異服罪改修之。"⑤陸德明則記録了馬融以"昵"爲"禰"的意見："昵，女乙反。《尸子》云：'不避遠昵。'昵，近也。又乃禮反，馬云：'昵，考也，謂禰廟也。'"孔穎達《疏》指出"昵"與"尼"同："郭璞引《尸子》曰'悦尼而來遠'，是尼爲近也。尼與昵音義同。"他還指出："天意欲令繼嗣行之所以爲常道也。祭祀有常，爲犧牲粢盛，尊彝俎豆之數禮有常法，不當特豐於近廟。謂犧牲禮物多也。祖己知高宗豐於近廟，欲王因此雛雉之異，服罪改修以從禮耳。其異不必由豐近而致之也。王肅亦云：'高宗豐於禰，故有雛雉升遠祖成湯廟鼎之異。'"

今文經學家則持《史記》中的"棄道"之説。孫星衍解釋爲：

> 盤庚尊禰廟，而廢嫡長前王之祀。高宗以子繼父，亦不改其道，是爲棄道。豐字形近"禮"或亦當爲"豊"也。《穀梁》《春秋》文二年："大事於

---

① （漢）司馬遷：《史記》卷三《殷本紀》，（南朝宋）裴駰集解、（唐）司馬貞索隱、（唐）張守節正義，中華書局，1982年，第103頁。

② （漢）司馬遷：《史記》卷三《殷本紀》，第103~104頁。

③ （清）章太炎：《太炎先生尚書説》，諸祖耿整理，中華書局，2013年，第97頁。

④ 顧頡剛、劉起釪：《尚書校釋譯論》，第1016~1017頁。

⑤ 《尚書正義》卷一〇《高宗肜日》，（清）阮元校刻《十三經注疏》本，第374頁。

太廟，躋僖公。"傳云："先親而後祖也，逆祀也。"范氏注云："高宗，殷之賢主，猶祭豐于禰，以致雉雊之變。然後率修常禮。"故史公以"豐于昵"爲"棄道"也。①

孫星衍認爲，陽甲是盤庚之兄，但盤庚在祭祀時尊禰廟而廢陽甲之廟，是失禮的行爲。而高宗未能更正這一錯誤，爲世父立廟祭祀，而只是"豐於昵"：

> 陽甲至小乙，皆兄弟相及。盤庚既不爲陽甲立廟，小辛繼世，又值殷衰，未能修復廟祀。高宗繼父小乙，居喪盡禮，其於父廟，祀亦必豐。而世父之廟不序，猶承盤庚之失。②

他認爲，武丁應當爲陽甲立廟，與盤庚、小辛、小乙共爲四室，昭穆相同。

顧頡剛、劉起釪在《關於武丁宗廟問題》中指出，前代禮學家看待這一問題，多根據周禮反推，實際上沒有了解到真實的殷朝制度：

> 過去注疏家對這個問題説了很多話，都是根據"周禮"來説"殷禮"，又根據高宗祭成湯或禰廟這一漢以後説法來立論，所以雖説了很多，而離開真實很遠。像《詩·商頌·常武》鄭箋，《通典》卷五一引賀循《議禮》，王夫之《尚書引義》，劉逢祿《書序述文》引莊述祖語，孫星衍《尚書今古文注疏》，以及魏源《書古微》等等，雖各就己見説得有條有理，然基本都是按照周代嫡庶之制、大宗小宗之制、昭穆之制等等，來議論武丁爲前人立廟的是非。既不是殷代制度，也不關祖庚祭武丁宗廟的事。③

顧、劉認爲，賀循所謂的"殷之盤庚不序陽甲之廟而上繼先君，以弟不繼兄故也"，實際上説的是祭祀中重本系、輕旁支的現象，而這種"弟不繼兄"的説法只是片段性、局部性的，而"龜甲文的材料才是全部的、整體的"。④

---

① （清）孫星衍：《尚書今古文注疏》卷七《高宗肜日》，陳抗、盛冬鈴點校，中華書局，2004年，第245~246頁。
② （清）孫星衍：《尚書今古文注疏》卷七《高宗肜日》，第246頁。
③ 顧頡剛、劉起釪：《尚書校釋譯論》，第1027頁。
④ 顧頡剛、劉起釪：《尚書校釋譯論》，第1028頁。

　　顧、劉認爲，楊樹達《尚書典祀無豐于昵甲文證》一文對商代的祭祀制度表述得比較正確。楊樹達結合甲骨文考證，認爲《尚書·高宗肜日》一篇中"典祀無豐于昵"一句，"昵"按僞孔傳、陸德明、孔穎達的説法解釋爲"近廟"，比馬融、王肅解釋爲"禰廟、父廟"更爲合理。他指出："拿龜甲文看，很明顯看出殷人對於直系的先祖與非直系的先祖祭祀禮節上的不相同。"①顧、劉指出："楊氏以爲祖庚爲武丁立近廟，進行肜日之祭，表示兒子對死父的祭祀特別豐盛一點，是人情之常，也是殷代典禮特別豐於直系祖先的常例。"②正如顧、劉一文所述，雖然這一行爲是"人情之常"，但是"殷代統治者也曾在考慮這樣的禮制的利病，以之與上帝的警告聯繫起來，反復斟酌了"③。這樣看來，即便是考之出土文獻，殷代也並無明確的大宗小宗、昭穆之制，只是根據常情對直系祖先更加親近，殷禮則並無這樣的要求。賀循以武丁、陽甲之事類比漢之光武不繼成帝，認爲是"前代之明典"，實在是缺少確鑿的證據。

　　值得注意的是，無論是古文經學家還是今文經學家，大多將《高宗肜日》解釋爲高宗對其父親小乙的祭祀。按照上文提及的對出土文獻的研究，本篇應是祖庚肜祭武丁之事。結合上述各種意見，可以初步得出的結論是：本篇的内容是祖己勸誡祖庚，在祭祀時，不可僅僅關注直系親屬之廟，而應對商之先王一視同仁。這一勸誡產生的原因，顯然也與此前多次出現的大量"兄終弟及"現象有很大的關係。由於商人重視"親親"，因此忽視了同是先王的世父，雖然殷禮與周禮不同，當時尚未產生宗法與昭穆的制度，但也引起了祖己對於禮制的思考。針對這一思考，雖然後世禮學家的論斷並不完全正確，但依然可以從他們對陽甲、盤庚與自身所處時代兄終弟及之君主的對比中，看到他們對殷代禮制的探索。

　　2. 後世禮學家論商代的兄終弟及

　　最早將商代的兄終弟及用作禮制範例的，是魏晉時期著名的經學家賀循（260—319）。元帝司馬睿渡江建立東晉之後，禮儀制度多由賀循所定。④ 晉惠

---

　　①　顧頡剛、劉起釪：《尚書校釋譯論》，第 1018~1020 頁。

　　②　顧頡剛、劉起釪：《尚書校釋譯論》，第 1028 頁。

　　③　顧頡剛、劉起釪：《尚書校釋譯論》，第 1028 頁。

　　④　"其制度皆太常賀循所定，多依漢及晉初之儀。"（唐）房玄齡等：《晉書》卷一九《禮志上》，中華書局，1974 年，第 584 頁。

帝無後，由"皇太弟"司馬熾繼承，是爲懷帝。東晉宗廟始建之時，群臣議定惠帝、懷帝宗廟，有人建議將惠帝和懷帝各自爲世，賀循舉盤庚之例否定：

> 循議以爲：禮，兄弟不相爲後，不得以承代爲世。殷之盤庚不序陽甲，漢之光武不繼成帝，別立廟寢，使臣下祭之，此前代之明典，而承繼之着義也。惠帝無後，懷帝承統，弟不後兄，則懷帝自上繼世祖，不繼惠帝，當同殷之陽甲，漢之成帝。①

賀循認爲，"兄弟不相爲後"，"盤庚不序陽甲"，是爲陽甲單獨立廟而祭，後世的兄弟繼承，也應該仿效這個例子，爲兄單獨立廟。②

賀循"兄弟不相爲後"之論斷被後世衆多經學家所認可，但是爲兄單獨立廟之事不見於經史。也有經學家認爲賀循此説有誤，如清代學者莊述祖等。

莊述祖認爲：

> 盤庚於陽甲，臣也；於其先君，庶也。《禮·大傳》曰："族人不得以其戚戚君位也。"是盤庚固不得以其弟戚陽甲矣。於其生也，以臣事之；於其終也，以弟祭之，禮乎？禮，庶子不祭，《郊特牲》曰："諸侯不敢祖天子。"盤庚不繼陽甲，且不敢祖其先君矣，若之何舍所後而繼先君以禰廟哉！且兄弟相代，非受之於父也。不繼所後而繼先君，是無所受也。無所受者，篡也。有爲此説者，蔑所後之君，而陷其君於大惡，皆得罪聖人之經者也。③

他指出，盤庚於陽甲爲臣，生時便只能以臣事之，在陽甲死後，卻以弟的身份

---

① （唐）房玄齡等：《晉書》卷六八《賀循傳》，第 1828 頁。

② 根據《晉書·賀循傳》，賀循的觀點得到了實現："時尚書僕射刁協與循異議，循答義深備，辭多不載，竟從循議焉。朝廷疑滯皆咨之於循，循輒依經禮而對，爲當世儒宗。"見《晉書》卷六八《賀循傳》，第 1830 頁。但是根據《晉書·禮志》，當時廟制採用了刁協的意見，爲惠帝和懷帝各立一廟："是時，西京神主，埋滅虜庭，江左建廟，皆更新造。尋以登懷帝之主，又遷潁川，位雖七室，其實五世，蓋從刁協以兄弟爲世數故也。"（第 603 頁）

③ （清）黃以周：《禮書通故》卷一六《宗廟禮通故二》，中華書局，2007 年，第 740 頁。

祭祀，這是不合禮的。盤庚的帝位受於陽甲而非自己的父親，如果不繼陽甲而繼先君，則是有篡位的意味了。

唐開元四年(716)，唐睿宗崩，當時中宗在宗廟之中，七廟之數已滿，太常博士陳貞節、蘇獻等奏，認爲應當從賀循之議，爲中宗令立別廟，而將睿宗祔廟：

> 睿宗崩，博士陳貞節、蘇獻等議曰："古者兄弟不相爲後，殷之盤庚，不序於陽甲；漢之光武，不嗣於孝成；……孝和皇帝有中興之功而無後，宜如殷之陽甲，出爲別廟，祔睿宗以繼高宗。"於是立中宗廟於太廟之西。①
>
> 貞節又與博士蘇獻上言："睿宗於孝和，弟也。按賀循説，兄弟不相爲後。故殷盤庚不序陽甲，而上繼先君；漢光武不嗣孝成，而上承元帝；晉懷帝繼世祖，不繼惠帝。故陽甲、孝成，出爲別廟。"②

宋太宗祔廟之時，也有是否將太祖、太宗同列的討論。禮官認爲，對於太祖、太宗應仿照商代及王不稱"嗣子"之例，將太祖、太宗昭穆同列。但此時賀循爲兄立別廟之説已經不再被禮官提起，宋太祖、太宗同在宗廟。見《宋史》：

> 又《尚書》盤庚有商及王，《史記》云陽甲至小乙兄弟四人相承，故不稱嗣子而曰及王，明不繼兄之統也。③

3. 甲骨卜辭中的"父某"與"兄某"

殷代"兄終弟及"的祭祀之禮幾無記載。但從甲骨卜辭中對陽甲、盤庚、小辛、小乙四人的記載中，可以窺見當時後王對先王的稱呼及用禮規格。王國維在《殷卜辭中所見先公先王考》中指出，卜辭中可見不少"父某""兄某"等人名，但求之於盤庚遷殷之後諸帝王之父兄，又無法對應。他認爲，"父"是父

---

① (宋)歐陽修、(宋)宋祁：《新唐書》卷一三《禮樂志》，中華書局，1975年，第340頁。

② (宋)歐陽修、(宋)宋祁：《新唐書》卷二〇〇《儒學傳》，第5694頁。

③ (元)脱脱等：《宋史》卷一〇六《禮志》，中華書局，1985年，第2567頁。

與諸父的通稱，"兄"也是兄的通稱。① 與四人相關的稱"父某"或"兄某"的卜辭如："父甲一牡，父庚一牡，父辛一牡。(《殷虛書契後編》卷上第二十五頁)"羅振玉認爲，這一卜辭當爲武丁時所卜，父甲、父庚、父辛即陽甲、盤庚、小辛，都是武丁的諸父。② 王國維推斷："兄甲當爲盤庚、小辛、小乙之稱陽甲……兄庚當爲小辛、小乙之稱盤庚，或祖甲之稱祖庚；兄辛當爲小乙之稱小辛……"③

由上述卜辭中武丁平等地稱陽甲、盤庚、小辛爲"父"並且給予相同的祭品，以及王國維推斷的盤庚、小辛、小乙稱前代商王爲"兄甲、兄辛、兄乙"的情況，可以推知：商代的祭祀中，兄終弟及的後王仍以兄事先王，並未如後世周禮一般因爲有王權的傳遞而模糊了實際上的平輩血緣關係。當然，也有學者將"父甲一牡，父庚一牡，父辛一牡"解釋爲對偶婚的殘餘④，或者是"一家系的子孫儕輩，共同紀念其祖、父、兄"⑤。但這些並非從君位繼承的角度出發。

當然，後王以兄事先王，和商代存在實質上的嫡長制似並不衝突。吳澤指出："殷代帝王祭祀其先公先王祖先時，規定有一種叫'大宗'的祭法，就是每一世只祭一位嫡長，不祭弟弟，故'大宗'中，大合祭時……外丙、中壬、大庚、小甲、雍己、外壬、河亶甲、沃甲、南庚、盤庚、小辛、小乙、祖庚、祖甲等弟輩，是不列在大宗衣祭(即大合祭)中的。"⑥

蔡哲茂《武丁王位繼承之謎——從殷卜辭的特殊現象來作探討》一文中，指出雖然陽甲、盤庚與小辛在武丁時被稱爲"三父""三介父"，在祖庚、祖甲時被稱爲"三祖"，但是與父庚、父辛並列的陽甲有時不稱"父甲"。⑦ 他引用了嚴一萍的觀點：

　　何以武丁不稱陽甲爲父甲，我想也許與盤庚不立陽甲之廟有關，《通

---

① 王國維：《觀堂集林》卷九《史林一·殷卜辭中所見先公先王考》，第275頁。
② 王國維：《觀堂集林》卷九《史林一·殷卜辭中所見先公先王考》，第275頁。
③ 王國維：《觀堂集林》卷九《史林一·殷卜辭中所見先公先王考》，第276頁。
④ 熊德山：《中國社會史論》，吉林出版集團有限責任公司，2016年，第76~77頁。
⑤ 呂振羽：《簡明中國通史》，民主與建設出版社，2018年，第74頁。
⑥ 吳澤：《吳澤文集》，華東師範大學出版社，2002年，第335頁。
⑦ 蔡哲茂：《武丁王位繼承之謎——從殷卜辭的特殊現象來作探討》，《甲骨文與殷商史》新四輯，上海古籍出版社，2014年，第7~8頁。

典》卷五十一引賀循議禮説：“殷之盤庚不序陽甲之廟而上繼先君，以弟不繼兄故也。”或者武丁早年即以陽甲無廟而稱之爲“象甲（魯甲）”，後來立了廟，才稱爲父甲，這是我的一種推想。①

嚴一萍認爲，陽甲不稱“父甲”，可能與盤庚不立陽甲之廟有關。但是蔡哲茂認爲此説法相當可疑。他認爲賀循是晉代人，與商朝相距一千多年，無從知悉盤庚是否序陽甲之廟，而“即使是兄弟相傳，合祭先王以至父禰，對於先立之兄長，也應在祭典之中”②。

爲兄立廟之事，朱鳳瀚與賀循的意見相同。他認爲：“從史載商王位繼承情況看，確是傳承限制於直系關係，即强調父子關係，兄王之親子均有權繼承王位，故在商末以前一直允許親兄弟間的傳承（對於兄來説，王位得自其父，其弟與父王亦是直系，自然亦有承繼權），而只排斥從父兄弟間的傳承。由於這種制度，對於每一在世的商王來説，只將王位看成是其父給予的權力，將自己視爲其父的繼承人，只爲其父設置宗廟，所以雖有兄終弟及，但在卜辭中見不到弟爲曾是先王的兄立宗廟。每一在世的商王既均只爲其父立宗廟，故造成了單綫的直系先王宗廟系統。得受祭於單獨宗廟的歷代直系先王被尊奉爲子姓商族的正宗主幹，而時王由於與這些先王具有直系血親關係而作爲王位的正嗣，亦就獲得了同歷代直系先王一樣神聖的地位。”③

二、周王室和諸侯國的兄終弟及

根據《史記·周本紀》，西周的王位繼承，以父子相傳爲主。唯共王、懿王、孝王和夷王四人的傳位方式較爲不同。兹列如下：

　　共王崩，子懿王囏立。④
　　懿王崩，共王弟辟方立，是爲孝王。孝王崩，諸侯復立懿王太子燮，

①　蔡哲茂：《武丁王位繼承之謎——從殷卜辭的特殊現象來作探討》，《甲骨文與殷商史》新四輯，第 7~8 頁。

②　蔡哲茂：《武丁王位繼承之謎——從殷卜辭的特殊現象來作探討》，《甲骨文與殷商史》新四輯，第 7~8 頁。

③　朱鳳瀚：《殷墟卜辭所見商王室宗廟制度》，《歷史研究》1990 年第 6 期。

④　（漢）司馬遷：《史記》卷四《周本紀》，第 140 頁。

是爲夷王。①

但是，孔穎達在《毛詩正義》《禮記正義》中，引用《世本》之文，此四王關係與《史記》不同：

> 《世本》及《周本紀》皆云成王生康王，康王生昭王，昭王生穆王，穆王生恭王，恭王生懿王及孝王，孝王生夷王，夷王生厲王。②
> 案《世本》康王生昭王，昭王生穆王，穆王生恭王，恭王生懿王。懿王崩，弟孝王立。孝王崩，懿王大子燮立，是爲夷王。③

《周本紀》認爲孝王是共王之弟，孔穎達所引《世本》則認爲孝王是懿王之兄弟。《周本紀》和《禮記正義》都認爲夷王是懿王之子，《毛詩正義》則認爲夷王是孝王之子。

共、懿、孝、夷四王的關係，歷代學者涉及較少，當今學者大多遵從《周本紀》的説法，唯郭沫若認爲孝王是懿王之弟，但是理由未詳。④ 魯濤、王暉《西周中期共、懿、孝、夷四王關係異同説——以〈世本〉〈史記〉爲中心的考察》一文研究得較爲詳細，其主要觀點是共王與孝王爲父子、懿王與孝王爲兄弟、夷王之父爲孝王，與孔穎達《毛詩正義》觀點一致。⑤

東周王室的兄終弟及較西周更多。根據《周本紀》，東周非父死子繼之王主要有以下幾位：

> 五十一年，平王崩，太子泄父蚤死，立其子林，是爲桓王。桓王，平王孫也。⑥

---

① （漢）司馬遷：《史記》卷四《周本紀》，第 141 頁。
② 《毛詩正義》卷一七《大雅》，（清）阮元校刻《十三經注疏》本，第 547 頁。
③ 《禮記正義》卷二五《郊特牲》，（清）阮元校刻《十三經注疏》本，第 1447~1448 頁。
④ 張政烺：《張政烺批注〈兩周金文辭大系考釋〉》（第三册），中華書局，2011 年，第 94 頁。原文作："皇辟君休王，猶作册大齋言皇天尹大保，休王即懿王之弟孝王也。"
⑤ 魯濤、王暉：《西周中期共、懿、孝、夷四王關係異同説——以〈世本〉〈史記〉爲中心的考察》，《陝西理工學院學報》（社會科學版）2016 年第 2 期。
⑥ （漢）司馬遷：《史記》卷四《周本紀》，第 150 頁。

匡王六年，崩，弟瑜立，是爲定王。①

二十年，景王愛子朝，欲立之，會崩，子丐之黨與爭立，國人立長子猛爲王，子朝攻殺猛。猛爲悼王。晉人攻子朝而立丐，是爲敬王。②

二十八年，定王崩，長子去疾立，是爲哀王。哀王立三月，弟叔襲殺哀王而自立，是爲思王。思王立五月，少弟嵬攻殺思王而自立，是爲考王。此三王皆定王之子。③

十年，烈王崩，弟扁立，是爲顯王。④

春秋諸侯國的世系中魯國的最爲完整，下文將專門詳述。其他諸侯國中，宋國的人是殷人的後代，從其君位傳承中可略窺殷之遺風。根據《史記·宋微子世家》，宋國的弟及主要有以下几次：

微子開卒，立其弟衍，是爲微仲。⑤

湣公共卒，弟煬公熙立。⑥

宣公有太子與夷。十九年，宣公病，讓其弟和，曰：“父死子繼，兄死弟及，天下通義也。我其立和。”和亦三讓而受之。宣公卒，弟和立，是爲穆公。⑦

穆公卒，兄宣公子與夷立，是爲殤公。……華督攻殺孔父，取其妻。殤公怒，遂弒殤公，而迎穆公子馮於鄭而立之，是爲莊公。⑧

冬，蕭及宋之諸公子共擊殺南宮牛，弒宋新君遊而立湣公弟御說，是爲桓公。⑨

成公弟御殺太子及大司馬公孫固而自立爲君。宋人共殺君御而立成公

①　（漢）司馬遷：《史記》卷四《周本紀》，第155頁。
②　（漢）司馬遷：《史記》卷四《周本紀》，第156頁。
③　（漢）司馬遷：《史記》卷四《周本紀》，第158頁。哀王、思王、考王之父定王即周貞定王，名介，非匡王之弟定王瑜。
④　（漢）司馬遷：《史記》卷四《周本紀》，第160頁。
⑤　（漢）司馬遷：《史記》卷三八《宋微子世家》，第1621頁。
⑥　（漢）司馬遷：《史記》卷三八《宋微子世家》，第1621頁。
⑦　（漢）司馬遷：《史記》卷三八《宋微子世家》，第1622頁。
⑧　（漢）司馬遷：《史記》卷三八《宋微子世家》，第1623頁。
⑨　（漢）司馬遷：《史記》卷三八《宋微子世家》，第1624頁。

少子杵臼，是爲昭公。①

　　昭公出獵，夫人王姬使衛伯攻殺昭公杵臼。弟鮑革立，是爲文公。②

　　剔成四十一年，剔成弟偃攻襲剔成，剔成敗奔齊，偃自立爲宋君。③

值得注意的是，微子開立弟衍在《禮記》中亦有記載：

　　昔者文王舍伯邑考而立武王，微子舍其孫腯而立衍也。夫仲子亦猶行
　　古之道也。子游問諸孔子，孔子曰："否，立孫。"④

　　鄭玄在《注》中指出，微子的做法和孔子的回答反映了殷禮和周禮的不同：
"微子適子死，立其弟衍，殷禮也。""（孔子曰：'否，立孫。'）據周禮。"孔穎
達《疏》中也指出："文王在殷之世，殷禮自得舍伯邑考而立武王。而言權者，
殷禮若適子死，得立弟也。"按照孔穎達的説法，周文王之時，周禮系統尚未
建立，其立弟的做法是殷禮遺風。周初微子開立弟與這種情況也是類似的。

　　宋宣公立弟和也是這種情況。他在病時提出的"父死子繼，兄死弟及，天
下通義也，我其立和"的説法，正是反映了殷人後代對於立弟之禮的沿襲，下
文還將有詳細討論。

三、魯國的"一繼一及"

　　春秋各國世系中，唯魯國的最爲齊全。西周時期的魯國世系，具有明顯的
父死子繼和兄終弟及交替的特點。春秋時期，兄終弟及仍是王位繼承的重要形
式。其中，閔公、僖公兄弟繼承之事，歷史上關注最多。

　　魯莊公三十二年，《春秋》經中，記載了與王位傳承相關的三起死亡和一
起逃亡事件。分別是：

　　秋，七月癸巳，公子牙卒。
　　八月癸亥，公薨於路寢。

---

①　（漢）司馬遷：《史記》卷三八《宋微子世家》，第1627~1628頁。
②　（漢）司馬遷：《史記》卷三八《宋微子世家》，第1628頁。
③　（漢）司馬遷：《史記》卷三八《宋微子世家》，第1632頁。
④　《禮記正義》卷二五《郊特牲》，（清）阮元校刻《十三經注疏》本，第2758頁。

冬，十月己未，子般卒。

公子慶父如齊。①

死亡的三個人中，"公"指魯莊公，公子牙又稱叔牙，是魯莊公的同母弟。子般是莊公的庶子。"如齊"的公子慶父，也是魯莊公的弟弟。由於魯莊公的夫人哀姜無子，莊公在臨死前，想要立庶子子般爲王。但是，他的這個想法遭到了慶父、叔牙等人不小的阻撓。

根據《左傳》記載，莊公生病之後，曾經問弟弟叔牙，誰可以繼承魯國的王位。叔牙回答説"慶父材"，意欲立慶父爲後。而莊公的另一個弟弟季友，則對曰："臣以死奉般。"②叔牙、慶父同母，莊公與季友同母，叔牙欲立同母兄，自然是出於對掌握權力的要求。《史記·魯世家》記載叔牙曰："一繼一及，魯之常也。慶父在，可爲嗣，君何憂？"③"材""在"古字同形通用。如果説《左傳》記載的"慶父材"説明叔牙尚且用慶父之才能爲立其爲君作藉口的話，《史記》作"慶父在"則更不加掩飾，認爲"一繼一及"是魯國傳統，無須爲之論證。

《公羊傳》作"慶父也存"，與《史記》的記載類似，更爲詳細：

莊公病，將死，以病召季子。季子至而授之以國政，曰："寡人即不起此病，吾將焉致乎魯國？"季子曰："般也存，君何憂焉？"公曰："庸得若是乎？牙謂我曰：'魯一生一及，君已知之矣。慶父也存。'"季子曰："夫何敢？是將爲亂乎？夫何敢？"④

叔牙在此提出的"魯一生一及"（《史記》中作"一繼一及"），意思是説，魯國的國君即位，是按照父死子繼(生)—兄死弟繼(及)的方式交替進行的。在此之前，魯桓公繼承魯隱公之位，是兄終弟及，魯莊公繼承魯桓公之位，是父死子繼，那麼，莊公此時傳位，便應該按照"及"的方式傳給弟弟慶父。根據《史記·魯周公世家》記載，魯國從周公開始，到莊公爲止，共有十六公，其

---

① 《春秋左傳正義》，(清)阮元校刻《十三經注疏》本，第1783頁。
② 《春秋左傳正義》，(清)阮元校刻《十三經注疏》本，第1784頁。
③ (漢)司馬遷：《史記》卷三三《魯周公世家》，第1532頁。
④ 《春秋公羊傳注疏》，(清)阮元校刻《十三經注疏》本，第2242頁。

中父死子繼的有十公,兄終弟及的有六公。魯國的君位繼承,確實表現出了繼及相間的特點,而且十分整齊:

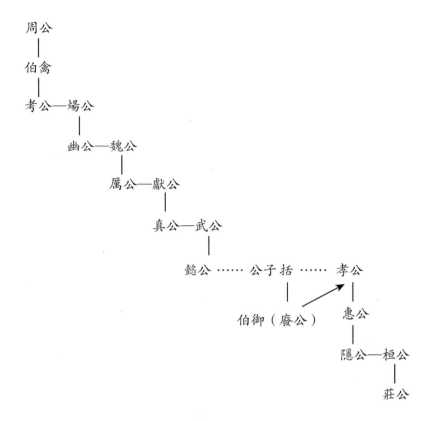

其間,共有考公傳煬公、幽公傳魏公、厲公傳獻公、真公傳武公、懿公傳孝公和隱公傳桓公等六次兄終弟及,這可以證明魯國實行的是"一繼一及"制嗎?

首先看《史記·魯周公世家》的記載:

伯禽卒,子考公酋立。考公四年卒,立弟熙,是謂煬公。煬公築茅闕門。六年卒,子幽公宰立。幽公十四年,幽公弟潰殺幽公而自立,是爲魏公。魏公五十年卒,子厲公擢立。厲公三十七年卒,魯人立其弟具,是爲獻公。獻公三十二年卒,子真公濞立。……三十年,真公卒。弟敖立,是爲武公。……夏,武公歸而卒,戲立,是爲懿公。懿公九年,懿公兄括之子伯御，與魯人攻弒懿公，而立伯御爲君。伯御即位，十一年，周宣王伐魯，殺其君伯御。……乃立稱於夷宮，是爲孝公。……二十七年，孝公卒，子弗湟立，是爲惠公。……四十六年，惠公卒，長庶子息攝當國，行君事，是爲隱公。……揮使人弒隱公於蔿氏，而立子允爲君，是爲桓公。①

魯考公在位四年而卒，史書中並未記載原因，其弟煬公即位，是爲魯國首位以弟繼兄的國君。李衡眉、梁方健提出，司馬遷寫作《史記》時，“立”之用字非常講究：“凡按常規而立的國君，均書爲‘某某立’，否則，便用‘立某某’，而更爲明顯則爲‘某某自立’。”②因此，不言“弟熙立”而言“立弟熙”，足見此處有深意。另外，《左傳》中還記載了春秋時期季平子對煬公這一“兄終弟及”開創者的重視。《左傳》定公元年七月，“季平子禱於煬公”，九月“立煬宮”。此時煬公之廟早已廢毀，神主已經祧遷。“禱於煬公”即於祧廟中取出煬公的神主進行祭祀。季平子爲何要禱於煬公呢？魯昭公二十五年，昭公奔齊，後又輾轉至於魯，三十二年，薨於晉國的乾侯。昭公有二子公衍、公爲，季平子不欲立而立昭公之弟公子宋。楊伯峻認爲，應是“效煬公嗣位故事，故禱之”③。而昭公卒於外，定公已經即位，元代經學家萬孝恭認爲，季平子應是“恐人議己，於是爲煬公立廟，以明魯一生一及之所自始，蓋魯之舊制然耳”④。

魯國第二位以弟繼兄的國君是魏公，而他是殺掉幽公取而代之的，屬於非自然傳承，並不能證明魯國有兄終弟及的制度。

第三位是獻公，他繼承厲公之位是魯人所立，也屬於非自然傳承的範疇。與煬公相似，《史記》中的記載並非“其弟具立”，而是“魯人立其弟具”，可能別有深意。

第四位是武公繼承真公，史書中也未見真公不傳子的原因，但是書“弟敖立”，符合一般的書寫標準。弟及的原因可能是真公無子嗣，或者子嗣不肖。

第五位事實上不是以弟繼兄，伯御曾經在位十一年，孝公是周宣王伐魯殺

①　（漢）司馬遷：《史記》卷三三《魯周公世家》，第 1525～1526 頁。

②　李衡眉、梁方健：《“一繼一及”非“魯之常”説》，《齊魯學刊》1999 年第 6 期。

③　楊伯峻：《春秋左傳注》，第 1527 頁。

④　（清）姚彥渠：《春秋會要》卷二，中華書局，1955 年，第 70 頁。

死伯御之後所立，按照自然傳承次序，應當是以叔繼侄。

　　第六位的桓公，則本來就是惠公的太子，隱公只是攝政。桓公得到君位，也不應當是由於兄終弟及的制度原因。

　　綜上所述，"一繼一及"雖然在表面上概括了魯莊公之前王位繼承的特點，但是推敲弟及之君的即位方式，並不能得出魯國有"一繼一及"這一禮制規定。叔牙以"一繼一及"作爲立慶父的理由，完全是出於政治利益的考慮，最終也在政治鬥爭中嘗到了苦果。前文提到，叔牙、莊公和繼立的公子般都在這一年死亡，慶父也去魯奔齊。魯國的王位由季友所立的斑繼承，但隨即爲慶父派人所殺，最終慶父立莊公之子啓方即位，是爲魯閔公。①

　　然而閔公即位第二年，即爲慶父派人所殺。王位由莊公之子申繼承，是爲僖公。《史記·魯世家》記載僖公爲閔公之弟，《漢書》、陸德明《經典釋文》、何休《公羊注》皆以之爲閔公庶兄。王位繼承再次"兄終弟及"，很顯然並非因爲有"一繼一及"之制度，而皆由非禮之事造成。在僖公之子文公即位之後，對僖公、閔公宗廟之位的處理，違禮更甚，下文將專節論述。

　　綜上所述，商周春秋時期，王位的繼承制度逐漸定形，"兄終弟及"是對父死子繼制度主要的補充。本節舉商王室、周王室和魯國的"一繼一及"現象中的部分事例分析，總結了後世經學家最關切的問題。

　　商代的兄終弟及現象最被後世經學家關注的，是陽甲、盤庚、小辛、小乙四兄弟。晉代禮學家賀循提出，盤庚爲陽甲單獨立廟祭祀，因此後世君主也應仿此爲所繼之兄單獨立廟。這一論斷一直影響到了唐代，唐中宗首先被單獨立廟奉祀，直到開元十一年(723)才遷回太廟。

　　周王室的兄終弟及情況不多，經學家對周王室的關注，遠不如對魯國"一繼一及"更爲密切。由叔牙提出的"一繼一及"，經過分析，並不是魯國王位傳承的制度，而只是由於無子嗣或者爭權造成的現象。

　　因此，不論"兄終弟及"還是"一繼一及"，從源頭上看就不是專門的王位傳承制度。兄終弟及現象的出現，一方面使得政權有相對年長的君主維護穩定，另一方面也造成了以父死子繼尤其是嫡長子繼承爲主要繼承制度的中國王朝，在禮制、宗法等方面存在矛盾和衝突。

────────────

　　①　閔公名啓方，見《世本》、馬王堆帛書《春秋事語》。《史記·魯世家》作"開"，應是避漢景帝諱，《漢書》作"啓"。

第二節　"臣子一例"：春秋時期的躋僖公
問題及相關討論

公元前 659 年，魯僖公即位。《春秋》的記載只有"元年春，王正月"，不書"公即位"。《公羊傳》指出："繼弑君，子不言即位。此非子也，其稱子何？臣子一例也。"意思是説："繼承被弑君主的兒子，不稱即位。但是僖公並非閔公的兒子，爲何稱子呢？因爲'臣子一例'，臣繼承君位與子繼承君位相同。"

子繼承被弑之君而不言即位，《春秋》中確有其例，魯國在僖公之前，莊公、閔公都是如此。莊公元年，《春秋》經只書"元年春，王正月"①。《公羊傳》指出："公何以不言即位？春秋君弑，子不言即位。"②閔公元年，《春秋》經也只書"元年春，王正月"③。《公羊傳》指出："公何以不言即位？繼弑君不言即位。孰繼？繼子般也。"④《穀梁傳》指出："繼弑君不言即位，正也。親之非父也，尊之非君也。繼之如君父也者，受國焉爾。"⑤閔公繼承的"弑君"，指的是莊公的兒子、閔公之兄子般。子般即位未逾年而被弑，繼其位，雖然不必行爲後之禮，但是依然有"繼之如君父也"之情。此二者，可與僖公繼承閔公時稱"子不言即位"參證。《公羊傳》中，又有"爲人後者爲之子"的説法，也可以與"臣子一例"相互參證。⑥

從服喪的角度看，僖公也確實曾爲閔公服了三年之喪。鄭玄《魯禮禘祫議》指出："閔以二年秋八月薨，僖二年除喪。"⑦從這個時間上看，服喪之時，僖公已經爲君，因此所服並不是"臣爲君"的義服，而是"爲人後者"之服。

明確了僖公與閔公的關係，再來看僖公之子文公尊崇其父的"躋僖公"之事。此事歷代討論甚多，試分析如下。

---

① 《春秋公羊傳注疏》卷六，（清）阮元校刻《十三經注疏》本，第 2224 頁。
② 《春秋公羊傳注疏》卷六，（清）阮元校刻《十三經注疏》本，第 2224 頁。
③ 《春秋公羊傳注疏》卷六，（清）阮元校刻《十三經注疏》本，第 2243 頁。
④ 《春秋公羊傳注疏》卷九，（清）阮元校刻《十三經注疏》本，第 2243 頁。
⑤ 《春秋穀梁傳注疏》卷六，（清）阮元校刻《十三經注疏》本，第 2389 頁。
⑥ 《春秋公羊傳注疏》卷一八，（清）阮元校刻《十三經注疏》本，第 2296 頁。
⑦ 《禮記正義》卷一二《王制》，（清）阮元校刻《十三經注疏》本，第 1336 頁。

一、《春秋》經傳所記載的"躋僖公"事件始末

《春秋》經傳對於"躋僖公"事件都有記載。《春秋》經中的記載較爲簡略，云：

> 八月丁卯，大事於大廟，躋僖公。

"躋僖公"違禮，這毋庸置疑。但爲什麼要在《春秋》經中記載此違禮之事，三傳有不同的解釋。

《左傳》介紹了宗伯(掌管禮儀之官)夏父弗忌和當時"君子"之間意見的衝突：

> 秋，八月丁卯，大事於大廟，躋僖公，逆祀也。於是夏父弗忌爲宗伯，尊僖公，且明見曰："吾見新鬼大，故鬼小。先大後小，順也。躋聖賢，明也。明、順，禮也。"君子以爲失禮："禮無不順。祀，國之大事也，而逆之，可謂禮乎？子雖齊聖，不先父食久矣。故禹不先鯀，湯不先契，文、武不先不窋。宋祖帝乙，鄭祖厲王，猶上祖也。是以魯頌曰：'春秋匪解，享祀不忒。皇皇后帝，皇祖后稷。'君子曰禮，謂其后稷親而先帝也。詩曰：'問我諸姑，遂及伯姊。'君子曰禮，謂其姊親而先姑也。"①

《左傳》中先用夏父弗忌的話指出，因爲僖公是閔公的庶兄，"新鬼大，故鬼小"，所以在祭祀的順序上要"先大後小"。夏父弗忌認爲這是"順"。而僖公又較閔公更爲賢明，所以躋僖公又是"明"。夏父弗忌認爲，躋僖公是"禮也"。

但是夏父弗忌的説法被"君子以爲失禮"。"君子"指出，"禮無不順"，而夏父弗忌的説法是"逆之"，是違禮的。隨後，"君子"舉了幾個例子，試圖證明夏父弗忌的違禮。但是這幾個例子有的顯得有些"文不對題"，並不能得出夏父弗忌違禮的結論。試分析如下：

---

① 《春秋左傳正義》卷一八，(清)阮元校刻《十三經注疏》本，第 1839 頁。

“故禹不先鯀，湯不先契，文、武不先不窋。”①事實上，鯀是禹的父親，契是湯的遠祖，不窋是文、武的遠祖。而僖公與閔公是兄弟關係，與這幾種“不先”類型並不相同。“宋祖帝乙，鄭祖厲王，猶上祖也。”②這兩個例子也是說祭祀之時將祖先擺在上位，與僖公、閔公的兄弟關係也不一致。

由以上幾個例子，可以認爲夏父弗忌有道理而“君子”之言並不正確嗎？值得注意的是，此後“君子”所舉的“后稷親而先帝”與“姊親而先姑”的例子，似乎是要指出，雖然“后稷”“姊”與自己更親，但是祭祀之時，仍然要將“帝”和“姑”置於“先”的位置。因爲“帝”和“姑”爲尊，“君子”在這裏要闡明的，似是“尊尊”與“親親”的關係。如果這樣看，就文公而言，僖公爲親，而閔公是先帝，更爲尊，所以“躋僖公”是“逆祀”，非禮也。

《國語》中對夏父弗忌的言論有更詳細的記載：

> 夏父弗忌爲宗，蒸，將躋僖公。宗有司曰：“非昭穆也。”曰：“我爲宗伯，明者爲昭，其次爲穆，何常之有！”有司曰：“夫宗廟之有昭穆也，以次世之長幼，而等胄之親疏也。夫祀，昭孝也，各致齊敬於其皇祖，昭孝之至也。故工史書世，宗祝書昭穆，猶恐其踰也。今將先明而後祖，自玄王以及主癸莫若湯，自稷以及王季莫若文、武，商、周之蒸也，未嘗躋湯與文、武，爲踰也。魯未若商、周而改其常，無乃不可乎？”弗聽，遂躋之。③

《國語》傳爲左丘明所作，其時間略晚於《左傳》。《左傳》中的夏父弗忌沒有明確提到昭穆問題，但是《國語》中的夏父弗忌之語則忽略了昭穆的本質，認爲“明者”爲昭，被有司指責。有司指出，昭穆是用來別世次長幼和等胄親疏的，與能力無關。商周二代沒有因爲湯、文、武賢明而躋之，因此魯國也不應該躋僖公。

但是值得注意的是，夏父弗忌認爲“明者爲昭，其次爲穆”，“明者”指的是僖公，“其次”指的是閔公，閔、僖二人昭穆不同。有司反駁夏父弗忌，也

---

① 《春秋左傳正義》卷一八，（清）阮元校刻《十三經注疏》本，第 1839 頁。
② 《春秋左傳正義》卷一八，（清）阮元校刻《十三經注疏》本，第 1839 頁。
③ 徐元誥：《國語集解》（修訂本），中華書局，2002 年，第 165 頁。

只是指出分別昭穆的標準應該是世次長幼和等胄親疏，並沒有指出閔、僖昭穆應該相同。因此可以認爲，在當時的觀點下，兄弟相繼，昭穆不同，正如父子。

《公羊傳》和《穀梁傳》成書較晚，對於昭穆的論述更加明確。《公羊傳》明確指出，譏"躋僖公"之事爲"逆祀"，是因爲"先禰而後祖也"：

> 八月丁卯，大事於大廟，躋僖公。大事者何？大祫也。大祫者何？合祭也。其合祭奈何？毁廟之主，陳於大祖。未毁廟之祖，皆升，合食於大祖。五年而再殷祭。躋者何？升也。何言乎升僖公？譏。何譏爾？逆祀也。其逆祀奈何？先禰而後祖也。①

《公羊傳》沒有提到僖公是否更加賢明的問題，但是用"先禰而後祖"對應僖公，認爲僖公之廟是禰廟，而閔公之廟是祖廟。《穀梁傳》中也有類似的論述。

《穀梁傳》云：

> 八月丁卯，大事於大廟，躋僖公。大事者何？大是事也。著祫嘗。祫祭者，毁廟之主，陳於大祖。未毁廟之祖，皆升合祭於大祖。躋，升也，先親而後祖也，逆祀也。逆祀，則是無昭穆也。無昭穆，則是無祖也。無祖，則無天也。故曰："文無天。"無天者，是無天而行也。君子不以親親害尊尊，此春秋之義也。②

"先親而後祖"與《公羊傳》"先禰而後祖"的説法類似。而"君子不以親親害尊尊"則與《左傳》中"君子"的觀點類似。可以明確的是，對於文公而言，僖公是"親親"，閔公是"尊尊"，逆祀僖公，確實是錯誤的行爲。但是《穀梁傳》也是將閔公擺在了"祖"的位置上，還提出逆祀就是"無昭穆也"。顯然，《穀梁傳》認爲，閔公與僖公應該是不同昭穆的兩代人。這似乎也能夠解釋爲何《左傳》中的"君子"舉了禹、湯等人的例子——如果閔、僖不同代，那麼與禹和鯀

---

① 《春秋公羊傳注疏》卷一三，(清)阮元校刻《十三經注疏》本，第 2267 頁。
② 《春秋穀梁傳注疏》卷一〇，(清)阮元校刻《十三經注疏》本，第 2405 頁。

等人的關係，就可以对应了。

《春秋》三傳中，除《左傳》成書较早外，《公羊傳》和《穀梁傳》都成书於西漢。西漢著名儒者董仲舒也是公羊学家，根據《五經異義》的記載，左氏認爲"躋僖公"逆祀是大惡，但董仲舒認爲是小惡。許慎認同左氏的看法，認爲是大惡。鄭玄在《駁五經異義》中指出："兄弟無相後之道，登僖公主於閔公主上，不順，爲小惡也。"①可以推知，鄭玄與董仲舒一樣，都認同閔、僖爲同昭穆，逆祀是同昭穆內的位次差別。

二、《春秋》注疏中關於"躋僖公"問題的討論

《春秋》三傳之注完成於東漢至晉代。最早的作品是東漢經學家何休的《公羊傳解詁》，然後是西晉經學家杜預的《左傳注》，最後是東晉經學家范甯的《穀梁傳集解》。分析三傳之注，可以大致了解東漢魏晉之經學家在這一問題上的觀點。

三傳之疏則完成於唐代。最早的是孔穎達等人的《左傳正義》、楊士勛的《穀梁疏》，然後是徐彦的《公羊疏》。這三人對於《左傳》中禮的觀點，則可與唐代經學家賈公彦的《周禮疏》相對照。

何休在《公羊傳》解詁中指出，春秋時期魯國兄弟相繼，昭穆應當相同。僖公和閔公也應該屬於同一世代。但是由於僖公曾經爲臣，所以"猶子繼父"，閔公於文公"猶祖也"：

> 禮，昭穆指父子。近取法春秋，惠公與莊公當同南面西上，隱桓與閔僖亦當同北面西上。繼閔者在下。文公緣僖公於閔公爲庶兄，置僖公於閔公上，失先後之義。故譏之。傳曰後祖者，僖公以臣繼閔公，猶子繼父，故閔公於文公亦猶祖也。自先君言之，隱桓及閔僖各當爲兄弟，顧有貴賤耳。自繼代言之，有父子君臣之道，此恩義逆順，各有所施也。②

與何休相同，杜預在《左傳》注中也否認了閔公和僖公之間的父子關係，指出之所以稱"逆祀"，是因爲僖公曾爲閔公之臣，位不得逾越在故君之上：

---

① 《禮記正義》卷二三《禮器》孔疏，（清）阮元校刻《十三經注疏》本，第 1435 頁。
② 《春秋公羊傳注疏》卷一三，（清）阮元校刻《十三經注疏》本，第 2267 頁。

僖是閔兄, 不得爲父子。嘗爲臣, 位應在下。令居閔上, 故曰"逆祀"。①

同時, 杜預也承認了君臣關係與父子關係存在關聯: "臣繼君猶子繼父。"②杜預認爲, 夏父弗忌舉的例子確實是實情, 僖公爲兄死時年長, 閔公爲弟死時年少, 僖公也確實更爲賢明。但是夏父弗忌這麼做的深層原因是爲了阿諛文公, 因爲僖公與文公之間的關係更親:

新鬼僖公既爲兄, 死時年又長, 故鬼閔公死時年少, 弗忌明言其所見。

又以僖公爲聖賢。

僖親, 文公父, 夏父弗忌欲阿時君, 先其所親, 故傳以此二詩深責其意。③

《穀梁傳》范甯集解中的"舊説", 即前文所提到的認爲君臣與父子存在對應關係。但是, 范甯認爲, "先親而後祖"中, "祖"指的是莊公, 而不是閔公:

舊説僖公閔公庶兄, 故文公升僖公之主於閔公之上耳。僖公雖長, 已爲臣矣。閔公雖小, 已爲君矣。臣不可以先君, 猶子不可以先父。故以昭穆父祖爲喻。甯曰: 即之於傳, 則無以知其然, 若引左氏以釋此傳, 則義雖有似而於文不辨。高宗殷之賢主, 猶祭豐於禰, 以致雉雊之變, 然後率修常禮。文公慎倒祖考, 固不足多怪矣。親謂僖, 祖謂莊。④

到了唐代, 《左傳》孔穎達正義基本沿襲了前代的看法, 也有了新的引申:

禘祭之禮, 審諦昭穆, 諸廟已毀未毀之主, 皆於太祖廟中, 以昭穆爲次序。父爲昭, 子爲穆。太祖東向, 昭南向, 穆北向, 孫從王父, 以次而

① 《春秋左傳正義》卷一八, (清)阮元校刻《十三經注疏》本, 第 1839 頁。
② 《春秋左傳正義》卷一八, (清)阮元校刻《十三經注疏》本, 第 1839 頁。
③ 《春秋左傳正義》卷一八, (清)阮元校刻《十三經注疏》本, 第 1839 頁。
④ 《春秋穀梁傳注疏》卷一〇, (清)阮元校刻《十三經注疏》本, 第 2405 頁。

下。祭畢則復其廟。其兄弟相代，則昭穆同班。近據春秋以來，惠公與莊公當同南面西上，隱桓與閔僖亦同北面西上。僖是閔之庶兄，繼閔而立，昭穆雖同，位次閔下。今升在閔上，故書而譏之。①

又：

> 禮，父子異昭穆。兄弟昭穆同。故僖、閔不得爲父子，同爲穆耳。當閔在僖上，今升僖先閔，故云“逆祀”。二公位次之逆，非昭穆亂也。《魯語》云：“將躋僖公。宗有司曰：‘非昭穆也。’弗忌曰：‘我爲宗伯，明者爲昭，其次爲穆，何常之有？’”如彼所言，似閔、僖異昭穆者，位次之逆，如昭穆之亂，假昭穆以言之，非謂異昭穆也。若兄弟相代，即異昭穆，設令兄弟四人皆立爲君，則祖父之廟即已從毀，知其理必不然，故先儒無作此説。②

孔穎達認爲，兄弟昭穆應當相同，閔、僖二人的位次之亂如同昭穆之亂，並非昭穆真的不同。這種觀點與杜預、何休的解釋一脈相承。

《穀梁傳》楊士勛疏則對范甯的《集解》進行了批判：

> 先親而後祖，親謂僖公，祖謂閔公也。僖繼閔而立，猶子之繼父，故傳以昭穆祖父爲喻。此於傳文不失，而范氏謂莊公爲祖，其理非也。何者？若范云文公慎倒祖考，則是僖在於莊上，謂之夷狄猶自不然，況乎有道之邦，豈其若是？明范説非也。則無天也，謂天道先尊而後親，今亂其上下，不仰法天也。此《春秋》之義也者，以嫌疑之間，須取聖證故也。③

楊士勛認爲，范甯“親謂僖，祖謂莊”，“躋僖公”是升僖公於莊公之上的説法不準確，仍應是升僖公於閔公之上。

然而，賈公彦在《周禮·冢人》疏中仍遵循“臣子一例”之説，認爲兄弟應

---

① 《春秋左傳正義》卷一八，（清）阮元校刻《十三經注疏》本，第 1838 頁。

② 《春秋左傳正義》卷一八，（清）阮元校刻《十三經注疏》本，第 1839 頁。原文作“兄弟昭穆故同”，阮元《校勘記》云“閩本監本毛本‘故同’作‘同故’”，本書採“同故”本。

③ 《春秋穀梁傳注疏》卷一〇，（清）阮元校刻《十三經注疏》本，第 2405 頁。

當昭穆相異。他指出：

> 若然兄死弟及，俱爲君，則以兄弟爲昭穆。以其弟已爲臣，臣子一
> 列，則如父子，故別昭穆也。必知義然者，案文二年秋八月，大事於太
> 廟，躋僖公，謂以惠公當昭，隱公爲穆；桓公爲昭，莊公爲穆；閔公爲
> 昭，僖公爲穆。今升僖公於閔公之上，爲昭，閔公爲穆，故云逆祀也。①

賈公彦認爲兄弟昭穆相異的理由，是定公八年"從祀先公"。他認爲，如果兄
弟昭穆相同，"躋僖公"是在同一昭穆位次之中有上下之別，後世宣公、成公、
昭公等的昭穆之位就不會亂，也就沒有"從祀"的必要。

　　值得注意的是，賈公彦所認爲的"兄弟異昭穆"，只是針對兄弟俱爲君而
言，應當是一種禮的權變。因爲在《冢人》疏中，他還提及天子之墓葬中諸子
昭穆相同，則應有次第之分，兄墓應當靠近王之墓，弟墓則遠離王之墓。②

三、歷史上"躋僖公"事件的應用

　　"躋僖公"事件作爲經學文本和歷史事實，成爲後世皇帝排定廟次、陵位
等事宜的重要參考。

　　《漢書·五行志》中，認爲"躋僖公"的逆祀事件造成了一系列的災異：

> 文公十三年，"大室屋壞"。近金沴木，木動也。先是，冬，釐公薨，
> 十六月乃作主。後六月，又吉禘於太廟而致釐公，春秋譏之。經曰："大
> 事於太廟，躋釐公。"《左氏》說曰：太廟，周公之廟，饗有禮義者也；祀，
> 國之大事也。惡其亂國之大事於太廟，故言大事也。躋，登也，登釐公於
> 愍公上，逆祀也。釐雖愍之庶兄，嘗爲愍臣，臣子一例，不得在愍上。又
> 未三年而吉禘，前後亂賢父聖祖之大禮，內爲貌不恭而狂，外爲言不從而
> 僭。故是歲自十二月不雨，至於秋七月。後年，若是者三，而太室屋壞
> 矣。前堂曰太廟，中央曰太室；屋，其上重屋尊高者也，象魯自是陵夷，

---

　　① 《周禮注疏》卷二二《春官宗伯·冢人》，（清）阮元校刻《十三經注疏》本，第786
頁。

　　② "假令同昭穆，兄當近王墓，弟則遠王墓爲次第。"《周禮注疏》卷二二《春官宗伯·
冢人》，（清）阮元校刻《十三經注疏》本，第786頁。

將墮周公之祀也。《穀梁》《公羊》經曰，世室，魯公伯禽之廟也。周公稱太廟，魯公稱世室。大事者，祫祭也。躋釐公者，先禰後祖也。①

東漢順帝駕崩之後，梁太后臨朝，《後漢書·左周黃列傳》記載，質帝時，梁太后曾經下詔指出，殤帝幼崩，廟次應當在順帝之下。很顯然這是違禮的。太常馬訪認爲應如詔書所言修改廟次，諫議大夫呂勃則認爲應該按照昭穆之序，先殤帝，後順帝。太后詔下公卿，周舉議曰：

春秋魯閔公無子，庶兄僖公代立，其子文公遂躋僖於閔上。孔子譏之，書曰："有事於太廟，躋僖公。"傳曰："逆祀也。"及定公正其序，經曰"從祀先公"，爲萬世法也。今殤帝在先，於秩爲父，順帝在後，於親爲子，先後之義不可改，昭穆之序不可亂。呂勃議是也。②

最終梁太后採納了他的意見，並下詔修正宗廟的次序。具體內容在《孝順孝沖孝質帝紀》中有所記載：

丙辰，詔曰："孝殤皇帝雖不永休祚，而即位踰年，君臣禮成。孝安皇帝承襲統業，而前世遂令恭陵在康陵之上，先後相踰，失其次序，非所以奉宗廟之重，垂無窮之制。昔定公追正順祀，春秋善之。其令恭陵次康陵，憲陵次恭陵，以序親秩，爲萬世法。"③

其中，"康陵"即殤帝，"恭陵"即安帝，"憲陵"即順帝。殤帝先即位，雖二百餘日即夭折，但是"即位逾年，君臣禮成"，安帝劉祜曾爲其臣子。雖然後即位的安帝劉祜比殤帝年長，但將安帝之位排於殤帝之上，也是不合禮的。因此，效仿魯定公"順祀"，將殤帝、安帝、順帝之位重新排正。

唐中宗、睿宗兄弟相代之後，睿宗之子玄宗繼立。開元四年(716)，睿宗崩，祔廟之時，太廟七室已滿。群臣議禮的結果是，將中宗遷出，另外立廟，

---

① (漢)班固：《漢書》卷二七中之上《五行志第七中之上》，(唐)顏師古注，中華書局，1962年，第1375頁。
② (南朝宋)范曄：《後漢書》卷六一《左周黃列傳》，第2029~2030頁。
③ (南朝宋)范曄：《後漢書》卷六《孝順孝沖孝質帝紀》，第278~279頁。

而將睿宗祔廟：

> 孝和皇帝有中興之功，而無後嗣，請同殷之陽甲、漢之成帝，出爲別廟，時祭不虧，大祫之辰，合食太祖。奉睿宗神主升祔太廟，上繼高宗，則昭穆永貞，獻祼長序。①

開元五年(717)正月，太廟四室壞，遷神主於太極殿。伊闕男子孫平子上書指出，太廟毀壞是玄宗未祭中宗、先祭睿宗之感應，如同魯文公躋僖公之後太室壞：

> 乃正月太廟毀，此躋二帝之驗也。《春秋》："君薨，卒哭而祔，祔而作主，特祀於主，烝嘗禘於廟。"今皆違之。魯文公之二年，躋僖於閔上。後太室壞，《春秋》書其災，説曰："僖雖閔兄，嘗爲之臣，臣居君上，是謂失禮，故太室壞。"且兄臣於弟，猶不可躋；弟嘗臣兄，乃可躋乎？莊公薨，閔公二年而禘，《春秋》非之。況大行夏崩，而太廟冬禘，不亦亟乎？太室尊所，若曰魯自是陵夷，墮周公之祀。太廟今壞，意者其將陵夷，墮先帝之祀乎？陛下未祭孝和，先祭太上皇，先臣後君。昔躋兄弟上，今弟先兄祭。昔太室壞，今太廟毀，與春秋正同，不可不察。武后篡國，孝和中興有功，今內主別祠，不得列於世，亦已薄矣。夫功不可棄，君不可下，長不可輕。且臣繼君，猶子繼父。故禹不先鯀，周不先不窋，宋、鄭不以帝乙、屬王不肖，猶尊之也，況中興邪？晉太康時，宣帝廟地陷梁折，又三年，太廟殿陷而及泉，更營之，梁又折。天之所譴，非必朽而壞也。晉不承天，故及於亂。臣謂宜遷孝和還廟，何必違禮，下同魯、晉哉？②

孫平子認爲，應當遷中宗神主還廟，才能做到不違禮制。玄宗以其言爲異，召有司討論。有司對孫平子之言不以爲然，指出中宗遷廟之後睿宗才祔廟，與躋僖公不同："平子猥引僖公逆祀爲比，殊不知孝和升新寢，聖真方祔廟，則未嘗一日居上也。"③最終，中宗之位未能還廟，仍在另立之新廟中，直

---

① (後晉)劉昫等：《舊唐書》卷二五《禮儀志》，中華書局，1975年，第950頁。
② (宋)歐陽修、(宋)宋祁：《新唐書》卷二〇〇《儒學下·陳貞節》，第5695頁。
③ (宋)歐陽修、(宋)宋祁：《新唐書》卷二〇〇《儒學下·陳貞節》，第5696頁。

到開元十一年(723)才遷回太廟。

唐會昌六年(846),武宗駕崩。五月,禮儀使因敬宗、文宗、武宗兄弟相及之事上奏,指出如果將三人按照不同昭穆分別入廟,則廟中世數不足:

> 武宗昭肅皇帝祔廟,並合祧遷者。伏以自敬宗、文宗、武宗兄弟相及,已歷三朝。昭穆之位,與承前不同。所可疑者,其事有四:一者,兄弟昭穆同位,不相爲後;二者,已祧之主,復入舊廟;三者,廟數有限,無後之主,則宜出置別廟;四者,兄弟既不相爲後,昭爲父道,穆爲子道,則昭穆同班,不合異位。
>
> 據《春秋》"文公二年,躋僖公"。何休云:"躋,升也,謂西上也。惠公與莊公當同南面西上,隱、桓與閔、僖當同北面西上。"孔穎達亦引此義釋經。又賀循云:"殷之盤庚,不序陽甲;漢之光武,上繼元帝。"晉元帝、簡文,皆用此義毀之,蓋以昭穆位同,不可兼毀二廟故也。《尚書》曰:"七代之廟,可以觀德。"且殷家兄弟相及,有至四帝,不及祖禰,何容更言七代,於理無矣。二者,今已兄弟相及,同爲一代,矯前之失,則合復祔代宗神主於太廟。或疑已祧之主,不合更入太廟者。按晉代元、明之時,已遷豫章、潁川矣,及簡文即位,乃元帝之子,故復豫章、潁川二神主於廟。又國朝中宗已祔太廟,至開元四年,乃出置別廟,至十年,置九廟,而中宗神主復祔太廟。則已遷復入,亦可無疑。①

禮儀使認爲,敬宗、文宗、武宗三人同代,應效仿閔公、僖公的例子,三人同列,而將代宗的神主遷回宗廟。

1307年,海山稱帝,史稱元武宗。他追尊其父親答剌麻八剌爲皇帝,上廟號曰順宗,升祔太廟。元武宗死後,其弟愛育黎拔力八達即位,史稱元仁宗。愛育黎拔力八達死後,傳位於其子碩德八剌,是爲元英宗。1323年,元英宗在南坡之變中被刺殺,1324年,也孫鐵木兒稱帝,史稱元泰定帝。他追尊其父親甘麻剌爲皇帝,上廟號曰顯宗,升祔太廟。

按照傳統的宗廟規則,太祖之東,當爲睿宗(托雷,昭第一世),裕宗(真金,昭第二世),武宗和仁宗(昭第三世)。太祖之西,則爲世祖(忽必烈,穆

---

① (後晉)劉昫等:《舊唐書》卷二五《禮儀志》,第959~960頁。

第一世)，成宗、順宗、顯宗(穆第二世)，英宗(穆第三世)。

但是在當時，成、順、顯三宗的位次出現了差錯，博士劉致建議曰：

> 若以累朝定制，依室次於新廟遷安，則顯宗躋順宗之上，順宗躋成宗之上。以禮言之，春秋閔公無子，庶兄僖公代立，其子文公遂躋僖公於閔公之上，史稱逆祀。及定公正其序，書曰"從(事)〔祀〕先公"。然僖公猶是有位之君，尚不可居故君之上，況未嘗正位者乎。①

劉致指出，僖公是有位之君，尚且不能躋於故君之上；順宗、顯宗二位追崇的君主，未嘗正位，更不能居於成宗之上。

四、歷代學者對於"躋僖公"問題的討論

《春秋》三傳注疏之外，歷代學者討論"躋僖公"問題一直都非常踴躍。《白虎通》舉閔公、僖公的例子説明昆弟相繼的做法：

> 始封諸侯無子死，不得與兄弟何？古者象賢也，弟非賢者子孫。春秋傳曰"善善及子孫"，不言及昆弟。昆弟尊同，無相承養之義。昆弟不相繼，至繼體諸侯，無子得及親屬者，以其俱賢者子孫也。重其先祖之功，故得及之。繼世諸侯無子，又無弟，但有諸父庶兄，當誰與？與庶兄，推親之序也。以僖公得繼閔公也。②

除了上文所引的以外，孔穎達在《禮記》疏中也多次提及這個問題。孔穎達在《禮記·禮器》疏中指出：

> 文二年《公羊傳》云："大事者何？大祫也。逆祀奈何？先禰而後祖也。"何休云："近取法《春秋》，惠公與莊公當同南面西上，隱、桓與閔、僖當同北面西上。閔、僖爲兄弟，以繼代言之，有父子君臣之道，故云

---

① (明)宋濂等：《元史》卷七四《宗廟上》，翁獨健等點校，中華書局，1976年，第1840頁。

② (漢)班固：《白虎通義》卷四《封公侯·論昆弟相繼》，(清)陳立疏證，中華書局，1994年，第150頁。

'先禰後祖'。"此公羊之義也。案《外傳》云："躋僖公。弗慕云：'明爲昭，其次爲穆。'"以此言之，終文公上至惠公七世，惠公爲昭，隱公爲穆；桓公爲昭，莊公爲穆；閔公爲昭，僖公爲穆。今躋僖公爲昭，閔公爲穆，自此以下，昭穆皆逆。故定公八年"順祀先公"，服氏云"自躋僖公以來，昭穆皆逆"，是同《國語》之説，與何休義異。《公羊》、董仲舒説躋僖公，逆祀，小惡也。《左氏》説：爲大惡也。①

　　孔穎達列舉了前代經學家的幾種不同看法。其中，《國語》與服虔的看法相同，與何休意見相反。

　　在《禮記·王制》"宗廟有不順者爲不孝"條中，鄭注曰："不順者，謂若逆昭穆。"孔疏曰：

　　　　案文二年"秋八月丁卯，大事於太廟，躋僖公，逆祀也"。《左傳》曰："夏父弗忌爲宗伯，曰：'吾見新鬼大，故鬼小。先大後小，順也。'"於是躋僖公於閔公之上。是逆昭穆也。②

《禮記·禮運》"魯之郊、禘，非禮也，周公其衰矣"條，孔疏曰：

　　　　禘失禮，躋僖公。③

　　清儒對"躋僖公"問題討論最多，下文將專節討論。

五、其他相關問題

1. "逆祀"問題

　　上文提到，"躋僖公"是"逆祀"，古人研究這個問題時，見不到甲骨文的有關材料，因此對於商代的祭祀情況，大多只是推測。甲骨文出土之後，商代合祭先公的順序問題則可以窺見一斑。

　　裘錫圭在《甲骨卜辭中所見的逆祀》一文中指出："甲骨卜辭中所見的祭

祀，絕大部分確實順祀。尤其是周祭，即五種祀典，是嚴格按照先王世系和即位的順序逐個致祭的。可是有些祭祀卻允許逆祀。例如歲祭，就可以逆祀。"①"商人和周人對逆祀的看法，可能並不完全相同。"②

許子濱指出："如果按殷禮的準則，魯文公'逆祀'先公是沒有問題的。可是從周禮的角度來說，這卻又變成非禮。從這件事，我們也可以看到殷周禮制因革損益的痕跡了。"③

魯文公"逆祀"真的沒問題嗎？如果仔細考察卜辭中的"逆祀"情況，可以發現，無論是"順祀"還是"逆祀"，先公排列都是按照先王世系和繼位順序，這一順序可以是從前向後或從後向前，暫時沒有發現諸如五位先公前三位都是順着繼位順序，而後兩位卻是逆着繼位順序的情況。這與魯文公之祀有本質的不同。魯文公只是將僖公的位次提前，並不是以僖、閔、莊、桓、隱這樣的逆序祭祀。

殷禮中"逆祀"的情況，似與殷人重近親之觀念有關。朱鳳瀚指出："從卜辭中也可以看到，當時先王實行合祭時，對近親直系先王所提供的祭牲比較優厚，甚至不亞於大示先王，亦當導源於重近親的觀念。"④這種"逆祀"的情況，在周禮中也不是完全消失，而是轉變成了一條禮制原則繼續存在，即："自仁率親，等而上之至於祖，名曰輕；自義率祖，順而下之至於禰，名曰重。"⑤"等而上之""順而下之"正是殷禮中的"順"與"逆"。雖然具體禮儀節文有變動，但是"周因於殷禮"，禮制原則是一脈相承的。

2. 僖宮的位置問題

閔公、僖公的昭穆問題，還可以從《春秋》哀公三年桓宮、僖宮失火一事中窺見一斑。

許子濱在《〈春秋〉"躋僖公解"》中指出："主張兄弟同昭穆的學者中，以周何《春秋吉禮考辨》所論最爲精詳。……他在論述閔公無廟而祔於桓公之廟

---

① 裘錫圭：《甲骨卜辭中所見的逆祀》，《出土文獻研究》第 1 輯，文物出版社，1985年，第 30 頁。
② 裘錫圭：《甲骨卜辭中所見的逆祀》，《出土文獻研究》第 1 輯，第 32 頁。
③ 許子濱：《〈春秋〉〈左傳〉禮制研究》，第 466 頁。
④ 朱鳳瀚：《殷墟卜辭所見商王室宗廟制度》，《歷史研究》1990 年第 6 期。
⑤ 《禮記正義》卷三四《大傳》，（清）阮元校刻《十三經注疏》本，第 1508 頁。

後，復據《春秋》書'桓宮僖宮災'，說明桓僖同爲穆其廟相近的道理。"①許子濱認爲："周先生這種看法，陳衍早在《兄弟相爲昭穆辨》裏就已經提出了。……'桓宮僖宮災'最多只能說明兩廟比鄰，但不足證明這兩廟原來按昭穆排列。"②

陳衍《兄弟相爲昭穆辨》認爲桓、僖同在穆位，因此在太廟右側，緊鄰公宮：

> 禮，建國之神位，左宗廟而右社稷。司鐸在公宮後偏左，宗廟在公宮之左，桓宮、僖宮同在太廟之右，故司鐸火踰公宮而先及桓僖也。③

但是同樣根據這條材料，也有清儒得出兄弟昭穆相異的結論。

陳立認爲桓、僖各有單獨的廟，證明兄弟異昭穆：

> 是以春秋書桓宮、僖宮災，桓與隱同昭穆，而桓獨有廟，僖與閔同昭穆，而僖獨有廟，是兄弟異昭穆可知。④

朱大韶認爲，如果兄弟昭穆相同，應當同廟，所以隱、桓之廟應稱隱宮，閔、僖之廟應稱閔宮，但《春秋》記載與此相反，所以兄弟昭穆應異：

> 哀三年，書桓宮、僖宮災，如兄弟同昭穆者同廟，隱固兄也，當稱隱宮，不當舍隱而言桓，知隱與桓、閔與僖同廟之說，何注亦未足據。⑤

毛奇齡認爲，桓、莊、閔、僖爲順祀，桓宮和閔宮應相鄰；桓、莊、僖、閔則爲逆祀，桓宮和僖宮相鄰。可見毛氏也認爲兄弟異昭穆：

①　許子濱：《〈春秋〉〈左傳〉禮制研究》，第464頁。

②　許子濱：《〈春秋〉〈左傳〉禮制研究》，第464~465頁。

③　陳衍：《石遺室文集》卷一○，清刻本。

④　徐世昌等：《清儒學案》卷一三一《曉樓學案·曉樓弟子·陳先生立·雜著》，中華書局，2008年，第5179頁。

⑤　徐世昌等：《清儒學案》卷一九九《諸儒學案五·朱先生大韶·春秋傳禮徵·文公》，第7725頁。

哀三年，書桓宮、僖宮災。夫祧廟昭穆與太廟同。桓、莊、閔、僖，則必閔從桓，而僖從莊，此順祀也。若桓、莊、僖、閔，則將僖從桓，而閔從莊，便爲逆祀。今桓宮災，而即及僖宮，則僖從桓矣，此逆祀矣。哀尚逆祀，而謂定年已順祀，於理未通。既而思之，傳書司鐸宮火火踰公宮，然後桓宮僖宮災，則火本踰越桓宮在昭，踰而及僖宮之穆，相對踰火，事未可知。①

但是毛奇齡也有疑問：定公時已順祀，爲何哀公時還逆祀，是否存在火從昭位的桓宮踰到穆位的僖宮的情況？

綜上所述，"躋僖公"問題是經學家討論兄終弟及問題時不會繞開的重點。本節首先分析了《春秋》經傳注疏對於這一問題的論述，指出了三傳及注疏對於這一問題不同的觀點。本節重要的關注點，是歷史上的經學家利用"躋僖公"事件的相關經學文本，如何影響到了皇帝排定廟次等事宜。主要的例子有：東漢修正殤帝、安帝與順帝宗廟次序，唐代修正中宗與睿宗宗廟次序，唐代改正敬宗、文宗、武宗的宗廟昭穆問題，元代修正成宗、順宗、顯宗的位次問題等。

另外，本節還指出，殷代的"逆祀"與"躋僖公"的逆祀不同，不能因爲殷代也存在逆即位順序祭祀先公的情況，就斷定"躋僖公"有道理。至於閔公和僖公的昭穆問題，本節主要列舉了唐代大儒孔穎達和賈公彥對這一問題不同的看法，以及清儒另辟蹊徑，從桓宮、僖宮火災時的位次對這一問題所作的論證。

第三節 "爲人後者爲之子"：仲嬰齊身份考

"兄終弟及"與"父死子繼"的矛盾，是古代繼承制度和昭穆廟制的根本問題，也是歷代經學家爭論的焦點所在。經學家們爭論時，常常引用"爲人後者爲之子"這一原則。而《公羊傳》首次闡發這一原則，則是始於《春秋》中的仲嬰齊。所以，要弄清這一禮制的要害，便不得不對仲嬰齊此人的身份有所辨析。

①　(清)毛奇齡：《春秋毛氏傳》，文淵閣四庫全書本。

一、仲嬰齊與公孫嬰齊的身份

"嬰齊"是春秋時期比較流行的名字。《春秋》經傳中出現過多個名叫嬰齊的人。其中，成公十五年卒的仲嬰齊，因爲又稱公孫嬰齊，與成公十七年卒的公孫嬰齊，非常容易混淆。這兩個人都是公孫，但是一個是魯莊公之孫，另一個是魯文公之孫，實際上是族叔祖父與堂侄孫的關係。具體如圖 1-1。

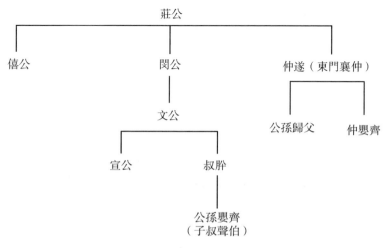

圖 1-1　仲嬰齊家族關係圖

據《春秋》成公十五年記載："三月。乙巳，仲嬰齊卒。"對於仲嬰齊活着的時候，《春秋》經文中無任何記載。對這個人物，《左傳》沒有作解釋，《公羊傳》和《穀梁傳》則分別作了不同的解釋。《公羊傳》指出："仲嬰齊者何？公孫嬰齊也。"《穀梁傳》也指出："此公孫也。"二者都認爲，仲嬰齊就是"公孫嬰齊"。根據班固《白虎通義·姓名》卷：

> 或氏王父字者何？所以別諸侯之後，爲興滅國，繼絕世也。王者之子稱王子，王者之孫稱王孫，諸侯之子稱公子，公子之子稱公孫，公孫之子，各以其王父字爲氏。[1]

---

① （漢）班固：《白虎通義》卷九《姓名》，第 403 頁。

按照本來的身份，這個嬰齊是公子遂之子、魯莊公之孫，稱爲"公孫嬰齊"是理所應當的。

但是由於和他同時還存在另一個公孫嬰齊，有的經學家和研究者，誤以爲《公羊傳》的作者混淆了這兩個人，引起了不小的混亂。例如李衡眉、張世響引用了唐人啖助的説法"二傳不知時有叔肸子公孫嬰齊，此故稱仲以別之之義，故妄説爾"，認爲"《公羊傳》的作者不分青紅皂白，將兩個嬰齊誤認爲一"①。梅桐生的《春秋公羊傳全譯》則直接將仲嬰齊解釋爲叔肸的兒子子叔聲伯。② 這都是不符合《公羊傳》的記載的。《公羊傳》的注者何休指出："未見於經，爲公孫嬰齊。今爲大夫，死，見於經，爲仲嬰齊。"意思是説，這個嬰齊此前不是大夫，沒有事跡記入《春秋》，而他有公孫的身份，所以是公孫嬰齊。他死的時候，身份已是大夫，得以記入《春秋》，所以才稱爲"仲嬰齊"。顧炎武評價此爲"漢人解經之善"。有了未見於經和見於經的區別，就足以證明《公羊傳》並沒有把兩個不同的公孫嬰齊搞混，因爲另一個公孫嬰齊，已經屢次出現在《春秋》經之中了。③

在《春秋》經傳中出現過多次的公孫嬰齊，是叔肸的兒子，又稱爲子叔聲伯。他於成公二年和季孫行父、臧孫許、叔孫僑如一起帥師，與晉國的郤克、衛孫良夫、曹公子首會盟，同齊侯戰於鞍。他於成公六年出使晉國，成公八年出使莒國，成公十七年卒於貍脤。楊伯峻《春秋左傳注》將其解釋爲仲嬰齊，顯然也值得商榷。④

二、經解中對仲嬰齊身份的歧見

對仲嬰齊身份的歧見，可以遠溯至漢代經解。由於稱"公孫"是普遍的做法，因此，《公羊傳》《穀梁傳》分別對仲嬰齊爲何稱爲"仲"作出了解釋。《公羊傳》指出：

---

① 李衡眉、張世響：《從一條錯誤的禮學理論所引起的混亂説起——"禮，爲人後者爲之子"緣起剖析》，《史學集刊》2000 年第 4 期。

② 梅桐生：《春秋公羊傳全譯》，貴州人民出版社，1998 年，第 338 頁。

③ （清）顧炎武：《日知録》，黄汝成集釋，欒保群、吕宗力校點，上海古籍出版社，2006 年，第 266 頁。

④ 楊伯峻：《春秋左傳注》，第 785 頁。

　　公孫嬰齊，則曷謂之仲嬰齊？爲兄後也。爲兄後，則曷謂之仲嬰齊？
爲人後者，爲之子也。爲人後者，爲其子，則其稱仲何？孫以王父字爲氏
也。然則嬰齊孰後？後歸父也。……魯人徐傷歸父之無後也。於是使嬰齊
後之也。①

　　這段解釋，便是著名的禮學理論“爲人後者爲之子”的出處。《公羊傳》的
前兩個設問，是個三段論式的推理：爲人後者爲之子（大前提），仲嬰齊爲兄
後（小前提），仲嬰齊爲兄之子（結論）。第三個設問，是從孫輩可以以祖父的
字作爲自己的氏反推，認爲仲嬰齊既然以仲爲氏，就一定是仲遂的孫輩，印證
了前面仲嬰齊是歸父之子即仲遂之孫的結論。這兩個推理並不嚴密，除了清代
的任啓運之外，其他經學家並沒有對推理過程産生質疑，而正是這兩個不嚴密
的推理，導致了後世的禮學爭論。
　　《穀梁傳》則不同：

　　其曰仲，何也？子由父疏之也。②

意思是，仲嬰齊之所以稱仲，是因爲其父有罪被疏，不得稱公子，所以他也不
能稱公孫。兩個截然不同的解釋，體現了仲嬰齊的身份存在的巨大爭議。
　　仲嬰齊究竟應該是仲遂之子，還是仲遂之孫呢？首先來看注疏的説法。
　　《公羊傳》的注者何休不認爲嬰齊可以爲其兄之後。他指出：“弟無後兄之
義，爲亂昭穆之序，失父子之親，故不言仲孫，明不與子爲父孫。”③何休認
爲，弟弟繼承了哥哥，昭穆的順序就亂了。許慎則提出了相反的意見。他在
《五經異義》中指出：“質家立世子弟，文家立世子子，而春秋從質，故得立其
弟。”④意思是説，春秋時代尚質，歸父無後，則立其弟嬰齊爲後。徐彦在《公
羊傳》的疏中分析了許慎的説法，並對何休的注進行了更深層次的解釋。他

---

　　①　《春秋公羊傳注疏》卷一八，（清）阮元校刻《十三經注疏》本，第 2296 頁。
　　②　《春秋穀梁傳注疏》卷一四，（清）阮元校刻《十三經注疏》本，第 2422 頁。
　　③　《春秋公羊傳注疏》卷一八，（清）阮元校刻《十三經注疏》本，第 2296 頁。阮刻本
“失”字作“矣”，誤，據刁小龍整理本改，見上海古籍出版社《春秋公羊傳注疏》，2014 年，
第 754 頁。
　　④　《春秋公羊傳注疏》卷一八，（清）阮元校刻《十三經注疏》本，第 2296 頁。

認爲：

> 質家立世子弟者，謂立之爲君而已，豈謂作世子之子乎？今嬰齊後之
> 者，若爲歸父之子然，故爲亂昭穆之序。言失父子之親者，若後歸父，即
> 不爲仲遂之子，故云失父子之親矣。①

徐彦指出，立弟繼兄，是爲了繼承君位，而不是繼承兄之後嗣。否則，就會亂
了昭穆之序，也失去了和父親之間的父子之親。

清儒黄以周則認爲，《穀梁傳》中提到的"子由父疏之"，正是因爲其父親
歸父出奔，嬰齊作爲兒子被疏，不能稱爲"仲孫"。他指出，治《穀梁傳》的學
者多參考《公羊》家説，用《公羊》之義改《穀梁》的文本，而何休所説的"弟無
後兄之義，爲亂昭穆之序，失父子之親，故不言仲孫，明不與子爲父孫"正是
《穀梁》家駁斥《公羊》的説法。何休用之，以彌縫《公羊傳》之錯誤。②

昭穆之序和父子之親，正是後世禮學家討論此問題的核心。漢代以降，以
"兄終弟及"方式即位的皇帝並不少見。"爲人後者爲之子"這一禮學原則，究
竟是《公羊傳》的誤解，還是有其理論根據，不斷地被經學家提及，也產生了
不少的矛盾。

班固的《白虎通義·論爲人後》一節中，引用了《儀禮》與《公羊傳》對比：

> 《禮·服傳》曰："大宗不可絶，同宗則可以爲後爲人作子何？明小宗
> 可絶，大宗不可絶。故舍己之後，往爲後於大宗。所以尊祖重不絶大宗
> 也。"《春秋傳》曰："爲人後者爲之子。"③

根據《儀禮》的説法，大宗不可絶。《禮記·大傳》曰："别子爲祖，繼别者
爲宗，繼禰者爲小宗。"④仲遂是魯莊公的别子，是其後世的始祖。歸父是"繼
别者"，是百世不遷的大宗。嬰齊則是"繼禰者"，是小宗。由於歸父無後，而

---

① 《春秋公羊傳注疏》卷一八，(清)阮元校刻《十三經注疏》本，第 2296 頁。

② (清)黄以周：《禮書通故》第八《宗法通故》，王文錦點校，中華書局，2007 年，
第 300~301 頁。

③ (漢)班固：《白虎通義》卷四《封公侯·論爲人後》，第 151 頁。

④ 《禮記正義》卷三四《大傳》，(清)阮元校刻《十三經注疏》本，第 1508 頁。

大宗不能絶，只能是斷了嬰齊的小宗，繼承歸父的大宗。

以小宗繼承大宗，應該選擇族人的支子來繼承，這樣才不會亂昭穆之序。而嬰齊是弟，昭穆本與歸父相同，爲了解決這個矛盾，經學家們主要有兩種做法。其一，與《公羊傳》相同，以"爲人後者爲之子"爲根據，把嬰齊降一個輩分。其二，以何休的意見爲基礎，指出歸父無後，嬰齊是以宗子的身份繼承仲遂，而不是歸父。而這一個做法則又與上文提到的"孫以王父字爲氏"相矛盾。歷代經學家們的探討，主要集中在以下三個問題，下文將分別討論：

第一，仲遂和歸父誰有罪，應該爲誰立後？

第二，歸父有沒有兒子，爲何要立嬰齊爲後？

第三，嬰齊稱"仲"是不是應用了"孫以王父字爲氏"的原則？

三、經學家對相關問題的探討

首先看第一個問題：仲遂和歸父誰有罪，應該爲誰立後？認爲嬰齊應當爲仲遂之後的，最早可以追溯到明末經學家朱朝英的《讀春秋略記》，清代經學家顧炎武、徐乾學、朱大韶等人，也都持此觀點。認爲嬰齊應當爲歸父之後，則始於何休的《春秋公羊經傳解詁》，歷代經學家中，支持何休觀點的頗多，主要有萬斯同、戴震、段玉裁等人。

顧炎武和徐乾學都以仲嬰齊繼承歸父和魯國逐叔孫僑如而立其弟叔孫豹作對比，指出仲嬰齊應後仲遂。① 徐乾學在《讀禮通考》中指出，國君如果沒有後代，可以取旁支，以弟繼兄、以兄繼弟、以叔繼侄等均可。因爲君盡以這些人爲臣，他們繼承君位，必須要爲君服斬衰。而爲君服斬衰，相當於形成了父子關係。而大夫則不一樣，大宗被廢之後，以兄弟主祀，這個兄弟則成爲實際上的大宗，不會亂了昭穆。徐氏還舉了魯國逐臧紇立其兄臧爲的例子，佐證嬰齊不應該成爲歸父之子。②

朱大韶指出："有罪出奔而立後，後其先祀也。"他認爲，嬰齊應該是繼承仲遂，而不是出奔之人歸父，因此《公羊傳》的說法是錯誤的。③

與此相反，萬斯同指出：

---

① （清）顧炎武：《日知録》，第 266 頁。

② （清）徐乾學：《讀禮通考》卷五，清文淵閣四庫全書本。

③ （清）朱大韶：《春秋傳禮徵》卷五，楊柳青點校，上海古籍出版社，2015 年，第 488~490 頁。

仲遂有弑君之罪，不得立後。宜立後者，歸父也。若嬰齊之後歸父，仍稱弟而不稱子，則固依然後仲遂矣。豈魯人立後之意乎？世徒泥兄弟同昭穆之說，以弟之禰兄，爲不經不知。古之有國有家者，以承祧傳統爲重，原與士衆之禮不同。不得因彼而疑此也。①

萬斯同認爲，可以立後的是歸父。如果仲嬰齊繼承歸父卻不稱子，就依然是做仲遂之後了。

戴震贊成仲嬰齊繼承的是歸父，但是，他認爲弟弟繼承哥哥，並不是做哥哥的"兒子"，只是讓弟弟在祭祀的時候爲哥哥奉祀而已。他指出，儒者認爲嬰齊以弟繼兄是亂了昭穆之序，是沒有理解《公羊傳》的意思。② 段玉裁也有類似的論述，下文還將具體討論。

嬰齊因爲歸父出奔被立爲後。歸父出奔見於《春秋》經文及三傳：

公孫歸父如晉。冬，十月，壬戌，公薨於路寢。歸父還自晉，至笙，遂奔齊。(《春秋》宣公十八年)

公孫歸父以襄仲之立公也，有寵。欲去三桓，以張公室。與公謀而聘於晉，欲以晉人去之。冬，公薨。季文子言於朝曰："使我殺嫡立庶，以失大援者，仲也夫！"臧宣叔怒曰："當其時，不能治也，後之人何罪？子欲去之，許請去之。"遂逐東門氏。子家還及笙，壇帷，復命於介。既復命，袒括髮，即位哭，三踴而出。遂奔晉。書曰。歸父還自晉，善之也。(《左傳》宣公十八年)

還者何？善辭也。何善爾？歸父使於晉，還自晉。至檉，聞君薨、家遣，壇帷，哭君成踴，反命乎介，自是走之齊。(《公羊傳》宣公十八年)

還者，事未畢也。自晉，事畢也。與人之子守其父之殯，捐殯而奔其父之使者，是亦奔父也。至檉，遂奔齊。遂，繼事也。(《穀梁傳》宣公十八年)

---

① (清)萬斯同：《群書疑辨》卷五，清嘉慶刻本。
② (清)戴震：《代程虹宇爲程氏祀議》，《戴震文集》卷一一，趙玉新點校，中華書局，1980年，第127頁。原文是："蓋不察以弟繼兄，非謂爲之後者爲之子也，時奉其祀，不至恝然廢而。"

　　歸父在從晉國返回魯國的路上，聽聞宣公薨逝，自己的家族被遣，便奔去了齊國。根據上文所引三傳的説法，歸父並無罪，只是因爲受到了父親的牽連，才不得不出奔。而在出奔之前，歸父墠帷、哭、踊等，都是符合禮節的。他受到牽連，是因爲他的父親仲遂有弑君之罪：

　　　　文公死，子幼。公子遂謂叔仲惠伯曰："君幼，如之何？願與子慮之。"叔仲惠伯曰："吾子相之，老夫抱之，何幼君之有？"公子遂知其不可與謀，退而殺叔仲惠伯，弑子赤而立宣公。①

　　仲遂因爲子赤年幼而弑之立宣公，在宣公薨逝之後，季文子、臧宣叔等人爲了防止再有人殺掉年幼的成公，遣了歸父之家作爲警示。此時仲遂早已死亡，歸父作爲仲遂的繼承人，被牽連影響。所以，歸父出奔並不是因爲自己有罪，而是因爲仲遂有罪。"魯人徐傷歸父之無後也"，才使嬰齊爲之後。

　　顯然，嬰齊是繼承無罪的歸父，而不是有罪的仲遂，清儒的"後仲遂"之説不成立。

　　再來看第二個問題：歸父有沒有兒子，爲何要立嬰齊爲後？歸父有子。《穀梁傳》"與人之子守其父之殯，捐殯而奔其父之使者"中，"父之使者"指的是歸父，"人之子"就是歸父之子。黄以周認爲，這個"人之子"就是仲嬰齊："《穀梁傳》於歸父奔齊，言歸父有子在魯，與公守殯，明後之仲嬰齊即歸父之子在魯者也。"②考杜預《春秋釋例》，歸父之子不應該是嬰齊：子家氏有子家文伯，爲歸父之子、莊公曾孫，名析；還有子家懿伯，爲莊公之玄孫，又稱子家子、子家羈。③ 子家文伯在經傳中均未記載，子家羈在昭公時爲卿。

　　毛奇齡認爲，季孫曰"子家氏未有後"，所以嬰齊並没有繼承歸父，而是子家羈爲卿之後繼承了歸父。④ 徐乾學認爲子家羈是歸父之孫，"是歸父自有孫，不必以弟嬰齊爲後"⑤。朱大韶則認爲子家羈是歸父之子，與父親一同出

---

① 《春秋公羊傳注疏》卷一八，(清)阮元校刻《十三經注疏》本，第2296頁。
② (清)黄以周：《禮書通故》第八《宗法通故》，第300頁。
③ (晉)杜預：《春秋釋例》卷八，清武英殿聚珍版叢書本。
④ 轉引自(清)朱大韶：《春秋傳禮徵》卷五，第487頁。
⑤ 轉引自(清)朱大韶：《春秋傳禮徵》卷五，第487頁。

奔齊國，之後回到魯國事魯昭公，沒有爲卿，因爲已經有嬰齊作爲仲氏之後。①

爲何歸父有後代，又以嬰齊爲後，段玉裁的研究最爲透徹：

> 然則立嬰齊者何？不使後遂也。曰此爵邑受諸歸父，不可以中斬也。然則何以不立歸父之子也？遂實有罪，而廢其嫡；歸父實無罪，而綿其爵邑。以嬰齊後歸父，可以明歸父之無罪；立歸父之子，則不可以明遂之有罪。然則《春秋》書仲者，仲其氏也，氏者，爵邑所在也；不言孫者，不沒其實也，明其爲遂子也。②

段玉裁指出了"嫡"和"爵邑"的區別：仲遂有罪，所以要廢除其嫡子嫡孫的繼承權，而歸父無罪，所以要讓其繼承的爵邑延續下去。

綜上，之所以不以其子繼承歸父，是因爲魯人實際上對禮進行了變通。第一，東門襄仲因弑君被逐，整個東門氏都要受到牽連，尤其是歸父一支是嫡傳，不能繼承，以示懲罰有效。第二，仲遂已逝，歸父又於宣公受寵，魯人立嬰齊爲大夫繼承歸父，對歸父也是一種肯定。歸父有子而爲之立後，這不是爲了要延續歸父的血脈，而是繼承歸父的爵邑。

那麼，爲什麼嬰齊繼承歸父，要稱"仲"呢？這與第三個問題密切相關：除了"孫以王父字爲氏"之外，還可以何爲氏。

任啟運有《爲人後者爲之子辯》三篇，在上篇中，他列舉了子以父字爲氏的例子，來批駁"孫以王父字爲氏"的説法。他認爲，公孫之子以祖父的字爲氏，"非謂不可以父字爲氏，而必有待於其孫也"③。這便是前文所提到的第二個不嚴密的推理，此前諸位經學家都沒有提及，唯獨任啟運看出了其中的破綻。但是任啟運認爲，仲嬰齊稱"仲"，是做仲遂之後，而不是歸父之後。

反對"孫以王父字爲氏"的經學家，都認爲父字也可爲氏。清儒主要認爲

① （清）朱大韶：《春秋傳禮徵》卷五，第490頁。
② （清）段玉裁：《經韻樓集》卷一〇《明世宗非禮論五》，上海古籍出版社，2008年，第253~254頁。
③ （清）任啟運：《爲人後者爲之子辯上》，《清儒學案》卷五三《鈞臺學案》，沈芝盈、梁運華點校，中華書局，2008年，第2110頁。任啟運所舉的子以父字爲氏的例子，分別爲子國之子稱國僑、書牙之子稱叔孫戴伯。

“仲”生前賜氏。① 例如，黄宗羲指出，嬰齊在没有做歸父之後的時候，公子遂就被稱爲“仲氏”，不必待嬰齊成爲仲遂之孫之後才有仲氏。

顧炎武認爲，春秋的季友和仲遂，都是生而賜氏的，所以其子就可以以父字爲氏。然而，生而賜氏不合禮，以父字爲氏也不合禮。所以《春秋》筆法，既保留了原本的稱呼“公子遂”“公孫歸父”，也保留了其稱氏的做法，所以公子遂死時候書“仲遂卒於垂”，嬰齊死時書“仲嬰齊卒”。②

毛奇齡也持類似的觀點。他認爲，《公羊傳》解經並没有統觀全經，所以只知道有仲嬰齊卒而不知有仲遂卒，而仲遂就已經以“仲”爲氏。③

孔廣森則是從奉祀的角度討論嬰齊以“仲”爲氏的理由。他在《公羊春秋經傳通義》中指出：

> 禮，大夫世則有族。魯人立歸父之後，使世其位，故命之氏。氏姓自廟别者也。嬰齊既後歸父，則當祀歸父於禰，祀仲遂於祖，故得比孫以王父字爲氏之法，而氏之云爾。④

孔廣森認爲，嬰齊繼承歸父，應當奉祀歸父如自己的父親，奉祀自己的父親如祖父，所以比照“孫以王父字爲氏”來命其氏。

根據《左傳》的記載，公子遂又稱仲遂、東門襄仲、東門遂。因爲居住在東門，所以以東門爲氏。歸父字子家，也是東門氏。《國語》“叔孫宣子、東門子家皆僣”，説的就是歸父。⑤ 歸父稱爲“東門子家”，可見東門襄仲一家都以“東門”爲氏。嬰齊無論是繼承仲遂還是歸父，都可以以“東門”爲氏。但是因爲仲遂有罪，東門氏被遣，所以嬰齊便只好改稱作“仲嬰齊”了。這與清儒所

---

① 也有人認爲“仲”並非生而賜氏，例如陳衍《石遺室文集·爲人後者爲之子辨》指出“仲非字，乃伯仲也”。許子濱《〈春秋〉〈左傳〉禮制研究》中，也論證了春秋時候有字在名先的傳統（第 450~451 頁）。

② （清）顧炎武：《日知録》，第 266 頁。原有自注：“劉炫曰：‘仲遂受賜爲仲氏，故其子孫稱仲氏。’孔氏曰：‘死後賜族，乃是正法。春秋之世，有非禮生賜族者，華督是也。’季友、仲遂亦同此例。中唐以後，賜功臣之號亦此意也。”

③ （清）毛奇齡：《春秋毛氏傳》，清文淵閣四庫全書本。

④ （清）孔廣森：《春秋公羊經傳通義》，崔冠華校點，北京大學出版社，2012 年，第 193 頁。

⑤ 徐元誥：《國語集解》（修訂本），第 76 頁。

説的"生前賜氏"並没有關係。許子濱也認爲："視'仲'爲以王父字爲氏之説固不可取，也没有必要假設'賜氏'才造成這種現象。"①

根據上文，嬰齊並不是繼承歸父之嗣，所以以"仲"爲氏並不是將仲遂作爲祖父，而是以父親的字爲氏。歸父稱爲"東門子家"，就是以父字爲氏。公子遂字襄仲，以仲爲氏此處也是以父字爲氏。

綜合上面三個問題，可以看出，仲嬰齊之所以稱"仲"，是因爲其父仲遂有罪，家族的氏"東門氏"被剥奪。而他實際上是繼統而不繼嗣，繼承了歸父之爵邑，並不必爲歸父之子。

四、"爲人後者爲之子"原則在社會上的應用

誤認爲"爲人後者爲之子"是既繼嗣、又繼統，就會引起社會矛盾。例如，毛奇齡舉了當時社會的例子，用以説明以嬰齊爲歸父之子帶來的影響："近代吳俗，多有以弟繼兄後呼兄嫂爲父母者。此敗倫傷化之極，而長洲汪氏且復引《公羊》邪説以爲之據。嗟乎！六經從此掃地矣，是不可以不辨。"

秦蕙田也舉了當時生活中的例子，來證明嬰齊以弟後兄的謬誤，以及由此産生的社會問題：

> 仲嬰齊以弟後兄，千古未有不知其非者。而近世士民之家，猶有紊亂名分，以弟繼兄者何歟？大都長子早亡，理當立後。則此一分家産屬之他人，不若取一幼子畀其寡婦爲子。則我之家産仍是我子所有。但知取後於人則我子少一分財産，不思人來後我則我家添一分子孫，此大惑也。若人以子少則富，未聞多子之家留其一而其餘推以與他人者。是愛子之心無異，貪與不貪不暇計也。獨至立後繼絶，則雖親兄弟孫猶忍弗能予，而寧以幼子當之。不知幼子固我子也。而家適則已絶矣。是謂惜財産而甘爲絶戶也，豈不謬哉？②

秦蕙田指出，當時社會上有一些長子早亡、以幼子繼承長子的情況。這樣做的理由，則是希望財産都歸自家人所有，而這種做法是非常荒謬的。

---

① 許子濱：《〈春秋〉〈左傳〉禮制研究》，第451頁。
② （清）秦蕙田：《五禮通考》卷一四七，清文淵閣四庫全書本。

　　黃宗羲和萬斯同等人，都認爲春秋時期必然還存在"爲人後者爲之子"這樣的古禮，嬰齊後歸父，是合乎禮儀的。① 而凌曙則認爲，《春秋》稱嬰齊爲"仲嬰齊"，是譏其違禮："嬰齊以弟後兄歸父，《春秋》譏而書之曰'仲'，不與其公孫之號也。"②

　　而不少經學家都將嬰齊繼承歸父之事與魯國的僖公繼承閔公相對比。例如，閻若璩在一封寫給朋友的書信中，引用了北宋經學家劉敞的説法：

　　　　《春秋》之義，有常有變，取後者，不得取兄弟，常也；既已取兄弟矣，則正其禮，使從子例，變也。僖公以兄繼弟，《春秋》謂之子；嬰齊以弟繼兄，《春秋》亦謂之子，所謂常用於常，變用於變也。③

　　閻氏認爲，僖公非閔公之子而稱子，是因爲"臣子一例"，以臣繼君就如以子繼父。而嬰齊是大夫，"古天子諸侯及卿大夫有地者皆曰君"，所以也與僖公之事相同。④

　　與此相反，黃以周則認爲大夫不能和天子諸侯一樣臣其諸父兄弟，所以"閔、僖可以爲父子，歸父不得子嬰齊"⑤。他認爲，"爲之後者爲之子，此人君承統之法，不可以施於大夫"⑥。凌曙《公羊禮説·弟無後兄之義》篇也認爲，國君和大夫在旁支承統問題上存在差異。仲遂"無元功而有大惡"，父子都應該在誅絶之列，不當立後。"即使違禮而立後，亦必當取廢逐者之子侄輩而立之，不當以弟後兄也。"⑦

---

　　① （清）黃宗羲：《答萬季野喪禮雜問》，《清儒學案》卷二《南雷學案》，沈芝盈、梁運華點校，中華書局，2008 年，第 92 頁。原文是："此必當時原有其禮，故《公羊》爲此説。不然，弟不可爲兄之子，夫人知之，而《公羊》敢剙爲此説乎？"萬斯同也指出："此必周世原有此禮文，故魯人因其禮而行之，孔子據其實而書之，《公羊》亦仍其舊而傳之耳。"見《群書疑辨》卷五。

　　② （清）凌曙：《兄弟昭穆議》，《清儒學案》卷一三一《曉樓學案》，第 5179 頁。原標點爲："《春秋》譏而書之曰：'仲不與其公孫之號也。'"據《春秋》成公十五年僅書"仲嬰齊卒"，"不與其公孫之號也"應爲凌曙評論。

　　③ （清）閻若璩：《與江辰六》，《清儒學案》卷三九《潛丘學案》，第 1504 頁。

　　④ （清）閻若璩：《與江辰六》，《清儒學案》卷三九《潛丘學案》，第 1504 頁。

　　⑤ （清）黃以周：《禮書通故》第三十一《即位改元禮通故》，第 1307 頁。

　　⑥ （清）黃以周：《禮書通故》第八《宗法通故》，第 300 頁。

　　⑦ （清）凌曙：《公羊禮説》，黃銘點校，上海古籍出版社，2015 年，第 288~289 頁。

綜上所述，仲嬰齊稱"仲"的原因是其父有罪，家族的姓氏"東門"被剥奪，他繼承的是其兄歸父，但是只是繼其爵禄，並不爲其後嗣。兄終弟及的繼承方式古已有之，"爲人後者爲之子"這條禮學原則，指的是爲人後者要如同所後者之子一樣，爲其奉祀，而不是真的在血緣上成爲其兒子。兄終弟及的情況下，弟弟與哥哥仍然應是同一輩分、相同昭穆。

第四節　《儀禮·喪服》與兄弟相繼、"爲人後"禮制考論

《儀禮·喪服》篇中的喪服，主要分斬衰、齊衰、大功、小功和緦麻五種。兄弟之服由於具體身份的不同，服喪時間、所着喪服各不相同。爲人後者之服，也根據關係的親疏，有着不同的規定。前人對《儀禮·喪服》的研究已經成果豐碩，但是在"兄終弟及"的相關研究方面，尚有一些不足。下文將彙總、整理《儀禮·喪服》篇中與兄弟相繼和"爲人後"相關的條目，分析相關禮制規定背後的各項因素。

一、兄弟、昆弟、爲人後者所涉及的範疇

在《儀禮》中，兄弟的範疇與昆弟不盡相同。當代意義上的"兄弟"，在《儀禮》中表述爲"昆弟"，而"兄弟"則用來特指小功以下的兄弟。① 如《喪服》"昆弟"一條，鄭玄釋爲"昆，兄也"，昆弟也就是兄弟。賈公彦在疏中指出："云'昆，兄也'者，昆，明也，以其次長，故以明爲稱。弟，弟也，以其小，故以次弟爲名。"以"昆"代表兄不乏其例，《詩經·葛藟》篇有"終遠兄弟，謂他人昆"，《論語》有"人不間於其父母昆弟之言"等。

《詩經·杕杜》篇，有"豈無他人，不如我同父……豈無他人，不如我同姓"之語，"同父""同姓"指的也是兄弟。清代經學家陳奂指出，"父"並不單指父親，祖、曾、高分別可以稱爲"王父""曾祖王父""高祖王父"。因此，"同父"者可以分爲四類：同父親的稱爲"昆弟"，同祖父的稱爲"從父昆弟"，

---

① 《喪服》篇中，大部分指代兄弟之辭都是"昆弟"，唯《記》中記載了一些爲"兄弟"降等之事，並對"兄弟"做了界定："《傳》曰：'何如則可謂之兄弟？'《傳》曰：'小功以下爲兄弟。'"見《儀禮注疏》卷三三《喪服》，（清）阮元校刻《十三經注疏》本，第1121頁。

同曾祖父的稱爲"從祖昆弟"，同高祖父的稱爲"族昆弟"。①

而"同姓"指代兄弟，《毛傳》認爲是"同祖也"。對於這個解釋，馬瑞辰認爲不妥，他指出，"同姓"應當指的是同母所生。此詩"同姓"對前章"同父"而言，又據下文"人無兄弟"，言"同姓"蓋謂同母生者，《春秋公羊傳》所謂"母弟稱弟，母兄稱兄"，《春秋繁露》所謂"商質者主天，篤母弟"也。與《周禮·司儀》"天揖同姓"及襄十二年《左傳》"同姓於宗廟"謂同始祖者異。傳以同姓爲同祖，失之。②

但程瑤田則認爲，從"孫以祖之字爲姓"的角度來看，"同姓"應當是同祖之義：

> 孫以祖之字爲姓，故同祖昆弟謂之"同姓"。是故自曾祖與族曾祖等而下之，旁及族昆弟，皆與我同姓於高祖者也，其宗子，所謂繼高祖之宗也。自祖父與從祖祖父等而下之，旁及於從祖昆弟，皆與我同姓於曾祖者也，其宗子，所謂繼曾祖之宗也。自父與世父叔父等而下之，旁及於從父昆弟，皆與我同姓於祖父者也，其宗子所謂繼祖之宗也。③

程瑤田指出，孫以祖之字爲姓，因此同一個祖父的兄弟可以叫作"同姓"。因此，可以類推，族昆弟即同高祖之姓，從祖昆弟即同曾祖之姓。《喪服》篇中，對同父昆弟、同母昆弟、從父昆弟、從祖昆弟、族昆弟等的喪服都有所記載，下文將詳細記述。

"爲人後者"則非血緣性的概念。在《喪服》中，"爲人後者"指的是出後大宗之人。這個人需要滿足兩個條件：其一，應當是所後之人的同宗；第二，應當是家中的支子，因爲嫡子是不可以出爲他人之後的。出後大宗之支子，爲所後之父母、祖父母、妻、妻之父母、昆弟、昆弟之子等均需要服喪。

二、《儀禮·喪服》等文獻中關於兄弟服喪的禮制規定

根據《儀禮·喪服》，兄弟之間服喪根據親緣關係的由近及遠，主要有齊衰不杖期、大功、小功、緦麻等情況。由於服喪者本人身份、兄弟的身份可能

---

①　（清）王先謙：《詩三家義集疏》卷八，吳格點校，中華書局，1987 年，第 425 頁。

②　（清）馬瑞辰：《毛詩傳箋通釋》卷一一，陳金生點校，中華書局，1989 年，第 349~350 頁。

③　（清）王先謙：《詩三家義集疏》卷八，第 426 頁。

有差異，爲兄弟服喪的喪制也有相應的損益。下文將根據《儀禮·喪服》《禮記·喪服小記》經文及注疏，分別討論。

1.《儀禮·喪服》"齊衰不杖期"章

文如下：

> 昆弟。
>
> 大夫之庶子爲適昆弟。
>
> 《傳》曰："何以期也？父之所不降，子亦不敢降也。大夫雖尊，不敢降其適，重之也。適子爲庶昆弟，庶昆弟相爲，亦如大夫爲之。"①
>
> 大夫之子，爲世父母、叔父母、子、昆弟、昆弟之子，姑姊妹女子子無主者，爲大夫命婦者，唯子不報。②

總體來説，爲兄弟的喪服比爲父母的等級要低。"昆弟"一句，指的是無論服喪者身份爲何，爲兄弟之正服，應當爲齊衰不杖期。根據降服的相關規定，父在之時，對母親、兄弟等服喪要降一等，但是爲嫡昆弟則不然。"大夫之庶子爲嫡昆弟"一句，指的就是在父親（大夫）尚在之時，庶子（妾之子）爲嫡昆弟不降服，亦服齊衰不杖期。賈公彦指出，其餘的兄弟之間（在父親尚在之時）則應服大功。

至於爲何父在之時要爲兄弟降服，丁鼎指出，這是因爲大夫應爲庶子降服："依照《儀禮·喪服》的服制理論，大夫因地位的尊貴而須爲庶子由齊衰期降爲大功，但爲嫡長子則不能由斬衰降爲齊衰期。因而大夫之庶子爲其嫡昆弟，便因父之所不降，而亦不敢降服大功，而爲之服齊衰期。至於嫡子爲庶昆弟則應降服，庶昆弟彼此間的喪服也應互相降服。"③

根據鄭玄之注，與兄弟相對應，爲尚未出嫁的姊妹，也應當服齊衰不杖期。

"大夫之子"一句，提及了十二種大夫之子應當服期的人。男的有六種，爲世父、叔父、子、昆、弟、昆弟之子，此六人皆爲大夫。女的有六種，爲世母、叔母、姑、姊、妹、女子子（自姑以下爲無主者），此六人皆爲命婦。楊天宇指出："對於以上十二種人，子是從其做大夫的父而服，父爲這十二種人

---

① 《儀禮注疏》卷三一《喪服》，（清）阮元校刻《十三經注疏》本，第1105頁。

② 《儀禮注疏》卷三一《喪服》，（清）阮元校刻《十三經注疏》本，第1109頁。

③ 丁鼎：《〈儀禮·喪服〉考論》，社會科學文獻出版社，2003年，第147頁。

服期(謂父爲他自己的這十二種親屬服期)，子從父服當降一等而服大功，卻也服期。"①這種當降服而不降服的情況，與上文"大夫之庶子爲嫡昆弟"者相同。

另外，如果昆弟殤死，喪服則相應改爲大功或者小功：

> 大功布衰裳，牡麻絰，無受者。……昆弟之長殤、中殤。……大夫之庶子爲適昆弟之長殤、中殤。……其長殤皆九月，纓絰。其中殤七月，不纓絰。②
>
> 小功布衰裳，澡麻帶絰，五月者。……昆弟之下殤。大夫庶子爲適昆弟之下殤……爲人後者爲其昆弟、從父昆弟之長殤。……大夫、公之昆弟、大夫之子，爲其昆弟、庶子、姑、姊妹、女子子之長殤。③

其中，"長殤"指年十六至十九歲死亡，"中殤"指年十二至十五歲死亡，"下殤"指年八至十一歲死亡。由於死亡之時尚未成人，因此服喪要降等。爲長殤和中殤所服之喪服都爲"大功"，但是時間不同，長殤之大功爲九個月，絰上有纓，中殤之大功爲五個月，絰無纓。

2.《儀禮·喪服》"大功"章

文如下：

> 從父昆弟。爲人後者爲其昆弟。《傳》曰："何以大功也？爲人後者，降其昆弟也。"④
>
> 大夫爲世父母、叔父母、子、昆弟、昆弟之子爲士者。《傳》曰："何以大功也？尊不同也。尊同則得服其親服。"公之庶昆弟、大夫之庶子，爲母、妻、昆弟。《傳》曰："何以大功也？先君餘尊之所厭，不得過大功也。大夫之庶子，則從乎大夫而降也。父之所不降，子亦不敢降也。皆爲其從父昆弟之爲大夫者。"⑤

---

①　楊天宇：《儀禮譯注》，上海古籍出版社，2004年，第312頁。

②　《儀禮注疏》卷三一《喪服》，(清)阮元校刻《十三經注疏》本，第1111~1112頁。

③　《儀禮注疏》卷三二《喪服》，(清)阮元校刻《十三經注疏》本，第1116頁。

④　《儀禮注疏》卷三一《喪服》，(清)阮元校刻《十三經注疏》本，第1112頁。

⑤　《儀禮注疏》卷三二《喪服》，(清)阮元校刻《十三經注疏》本，第1114~1115頁。

從父昆弟，指的是世父、叔父之子，與自己同祖父之兄弟，即現在所説的"堂兄弟"。堂兄弟之服比親兄弟降一等，屬於正服。

爲人後者要爲自己的親屬降服，爲兄弟之正服應服期，降爲大功。下文還將詳細討論。

上文提到，大夫爲六命夫、六命婦服期。若大夫的世父母、叔父母、子、昆弟、昆弟之子不是大夫而是士，則降一等，服大功。

公之庶昆弟和大夫之庶子，爲母、妻、昆弟本應當服期。上文曾經提到，大夫之庶子爲嫡昆弟服期，是因爲父在，嫡昆弟地位尊貴，不得降服。此段所指的"昆弟"，應當是庶昆弟。

根據賈公彦疏，此"公之庶昆弟"，是父卒之後的情況。如果父在，應當稱"公子"。而且公子父在之時爲母、妻在五服之外，服大功的情況只能是在父卒之後。

楊天宇指出："士對有子之妾本當服緦麻，大夫則降而無服；大夫對庶婦（庶子之妻）本服小功，降而服緦麻；大夫對庶子本服期，降在大功。庶子從父而服，則於尚書本當服期的三親皆降一等，故服大功。"[1]

"皆爲其從父昆弟之爲大夫者"，根據賈公彦疏，這裏的大夫，指"公之庶昆弟""大夫之庶子"這兩種人中爲大夫之人爲同爲大夫的從父昆弟服大功。根據《儀禮·喪服》中的下文，這兩者在父在之時，本應爲身份爲士的從父昆弟降服小功，因爲同是大夫，所以不降服。

3.《儀禮·喪服》"小功"章
文如下：

> 從祖昆弟。
> 大夫、大夫之子、公之昆弟爲從父昆弟、庶孫、姑、姊妹、女子子適士者。[2]

從祖昆弟又稱再從兄弟，指的是與自己同曾祖的兄弟，小功是應服的正服。

從父昆弟本應服大功，在這裏降服小功，是因爲此處的從父昆弟應當是爲士者，地位降了一等，喪服也相應降了一等。

---

① 楊天宇：《儀禮譯注》，（清）阮元校刻《十三經注疏》本，第 323 頁。
② 《儀禮注疏》卷三三《喪服》，（清）阮元校刻《十三經注疏》本，第 1118 頁。

4.《儀禮·喪服》"緦麻"章

文如下：

> 族曾祖父母、族祖父母、族父母、族昆弟。
> 從祖父、從祖昆弟之長殤。
> 從父昆弟、姪之下殤。
> 從母昆弟。《傳》曰："何以緦也？以名服也。"
> 姑之子。《傳》曰："何以緦？報之也。"
> 舅之子。《傳》曰："何以緦？從服也。"①

族昆弟又稱三從兄弟，指的是與自己同高祖的兄弟，緦麻是應服的正服。

從祖昆弟本應服小功，長殤則降服緦麻。從祖昆弟本應服大功，下殤則降兩等服緦麻。

此章記載了三種特殊的兄弟：從母昆弟、姑之子、舅之子。從母昆弟即姨表兄弟，服緦麻之服，是因為從母有母之名，因此為其子服。姑之子又稱外兄弟，舅之子又稱內兄弟。為舅服喪是從母而服，為舅之子也是從母而服。而因姑之子為舅之子服，所以舅之子也要為姑之子服。這三者在現代統稱為表兄弟，在古代的服制也是相同的，均低於堂兄弟、從兄弟和再從兄弟。

5.《儀禮·喪服·記》

文如下：

> 大夫、公之昆弟、大夫之子，於兄弟降一等。
> 為人後者於兄弟降一等，報；於所為後之兄弟之子，若子。
> 兄弟皆在他邦，加一等。不及知父母，與兄弟居，加一等。《傳》曰："何如則可謂之兄弟？"《傳》曰："小功以下為兄弟。"②
> 夫之所為兄弟服，妻降一等。……凡妾為私兄弟，如邦人。③

此《記》中記載了不同情況下對兄弟之服加、降等的情況。上文提到過的大夫、公之昆弟、大夫之子，都是因為身份於兄弟降一等。但是上文也提到

---

① 《儀禮注疏》卷三三《喪服》，（清）阮元校刻《十三經注疏》本，第 1119~1120 頁。
② 《儀禮注疏》卷三三《喪服》，（清）阮元校刻《十三經注疏》本，第 1121 頁。
③ 《儀禮注疏》卷三四《喪服》，（清）阮元校刻《十三經注疏》本，第 1124 頁。

過，對於嫡子，這些人是不降服的。爲人後者對自己的親兄弟需要降等，下文還將有詳細的討論。另外兩种特殊的情況是：小功以下的兄弟皆在別國，其中有人死亡，兄弟要加一等爲之服喪；没有見過父母，被兄弟撫養成人的人，也要在服喪之時爲兄弟加一等。

"夫之所爲兄弟服，妻降一等"，與《儀禮·喪服》"大功"章及《禮記·檀弓上》中"嫂叔無服"的原則有衝突：

> 夫之昆弟何以無服也？其父屬乎父道者，妻皆母道也。其夫屬乎子道者，妻皆婦道也。謂弟之妻婦者，是嫂亦可謂之母乎？①
>
> 喪服。兄弟之子猶子也，蓋引而進之也；嫂叔之無服，蓋推而遠之也。②

但是《禮記·服問》篇中，又有"有從無服而有服，公子之妻爲公子之外兄弟"之語。那麽，妻爲夫之兄弟究竟應服大功，還是無服呢？根據《儀禮》的行文方法，"昆弟"專指大功以上，"兄弟"指小功以下。則"昆弟"較親，嫂叔之間應當推而遠之爲無服；"兄弟"較疏，妻從夫之服再降一等，不可能有大功之服。

6.《禮記·檀弓上》

文如下：

> 公輸木有同母異父之昆弟死，問於子游。子游曰："其大功乎？"狄儀有同母異父之昆弟死，問於子夏。子夏曰："我未之前聞也。魯人則爲之齊衰。"狄儀行齊衰。今之齊衰，狄儀之問也。③

同母異父昆弟之服，《喪服》與《喪服》傳均無記載，《禮記·檀弓》此段可作爲重要的補充。然而，同爲孔子的學生，子游與子夏對這一問題的理解並不相同。子游認爲，爲同母異父之昆弟，應當服大功；子夏則認爲應當如魯人一樣，爲齊衰之服。

鄭玄、王肅均認爲應服大功，但是理由不同。鄭玄認爲，服大功的理由，

---

① 《儀禮注疏》卷三二《喪服》，（清）阮元校刻《十三經注疏》本，第1114頁。
② 《禮記正義》卷八《檀弓上》，（清）阮元校刻《十三經注疏》本，第1289頁。
③ 《禮記正義》卷八《檀弓上》，（清）阮元校刻《十三經注疏》本，第1290頁。

是同母兄弟屬於母親的親屬。王肅則不這樣認爲，他在《聖證論》中指出，同母異父的兄弟服大功，是因爲爲繼父應當服齊衰，其子降一等，所以服大功。孔穎達引馬昭、張融之語，指出鄭説爲是："馬昭難王肅云：'異父昆弟，恩繼於母，不繼於父。肅以爲從繼父而服非也。'張融以爲'繼父同居有子，正服齊衰三月，乃爲其子大功，非服之差，玄説是也'。"

7.《禮記·喪服小記》

文如下：

> 與諸侯爲兄弟者，服斬。

《禮記·喪服小記》也記載了一項特殊的服制，當兄弟是諸侯之時，卿大夫以下的兄弟應爲其服斬。鄭玄認爲，這是因爲"與尊者爲親，不敢以輕服服之"。諸侯之兄弟爲卿大夫的，按照臣爲君之服，理應服斬衰，但是按照親屬之服，則應服期。兩種喪服相比，服期較輕，因此應當以較重之斬服之。

綜上，爲兄弟之服，正服是齊衰不杖期，但是最高可以服斬衰，殤則最低可以服小功。爲從父昆弟、從祖昆弟、族昆弟以及表兄弟，也都根據親緣關係的遠近，服具有等差的喪服。爲了方便比較，列表 1-1。①

表 1-1　兄弟服制表

關　係	正　服	降　服	不降服
昆弟	期	昆弟姊妹之長殤、中殤大功，下殤小功； 大夫爲昆弟之爲士者大功； 公之庶昆弟、大夫之庶子爲昆弟大功； 大夫、公之昆弟、大夫之子爲昆弟姊妹之長殤小功	大夫之庶子爲嫡昆弟期，長、中殤大功，下殤小功； 大夫之子爲昆弟爲大夫者期
從父昆弟	大功	長殤小功，下殤緦	—
		大夫、大夫之子、公之昆弟爲從父昆弟小功	公之庶昆弟、大夫之庶子爲從父昆弟之爲大夫者大功

---

① 綜合自曹元弼：《禮經學》，周洪校點，北京大學出版社，2012 年，第 207~218 頁。

续表

關 係	正 服	降 服	不降服
從祖昆弟	小功	從祖父、從祖昆弟之長殤緦	—
族昆弟	緦	—	—
從母昆弟	以名服緦	—	—
姑之子	報緦	—	—
舅之子	從緦	—	—

三、《儀禮·喪服》等文獻中關於"爲人後"的禮制規定

根據《儀禮·喪服》，"爲人後者"應當爲所後者的家庭服喪，爲自己的本生父母、兄弟姐妹降一等。具體的要求如下：

1.《儀禮·喪服》"斬衰三年"章

文如下：

> 爲人後者。《傳》曰："何以三年也？受重者，必以尊服服之。何如而可爲之後？同宗則可爲之後。何如而可以爲人後？支子可也。爲所後者之祖父母、妻、妻之父母、昆弟、昆弟之子，若子。"①

這一段是"爲人後者"服喪的基本準則。"若子"，指的就是爲所爲後之親屬，如同親子一樣。選擇"爲人後者"的標準，就是"同宗"的"支子"。爲人後者不但要爲所後之人服斬衰三年，爲其祖父母應當如爲自己的曾祖父母一樣服齊衰三月，爲其妻應當如爲自己的母親一樣服齊衰三年，爲其妻之父母應當如爲自己的外祖父母一樣服小功，爲其妻之昆弟、妻之昆弟之子應當如爲自己的舅舅、表兄弟一樣服緦麻。

2.《儀禮·喪服》"齊衰不杖期"章

---

① 《儀禮注疏》卷二九《喪服》，(清)阮元校刻《十三經注疏》本，第1101頁。

文如下：

> 爲人後者爲其父母，報。《傳》曰："何以期也？不二斬也。何以不二斬也？持重於大宗者，降其小宗也。爲人後者孰後？後大宗也。曷爲後大宗？大宗者，尊之統也。禽獸知母而不知父。野人曰：父母何算焉？都邑之士，則知尊禰矣。大夫及學士，則知尊祖矣。諸侯及其大祖，天子及其始祖之所自出，尊者尊統上，卑者尊統下。大宗者，尊之統也。大宗者，收族者也，不可以絶。故族人以支子後大宗也。適子不得後大宗。"①

與爲所後者之家庭服喪不同，"爲人後者"指本生父母，則降服齊衰不杖期。理由是"不二斬"，即不能同時爲兩個人服斬衰之服。爲人後者出自小宗，來做大宗之後，就應該尊大宗。而爲父母尚且降服，可見爲其他親戚，也都應當降服。

3.《儀禮·喪服》"大功"章

文如下：

> 爲人後者，爲其昆弟。《傳》曰："何以大功也？爲人後者，降其昆弟也。"②

爲昆弟服喪，正服應爲齊衰不杖期，降一等則爲大功。

4.《儀禮·喪服》"小功"章

文如下：

> 爲人後者爲其昆弟、從父昆弟之長殤。③
> 爲人後者，爲其姊妹適人者。④

爲長殤服喪應當降一等，爲人後者再降一等，因此爲人後者爲其昆弟之長殤服小功。

---

① 《儀禮注疏》卷三〇《喪服》，（清）阮元校刻《十三經注疏》本，第1106頁。
② 《儀禮注疏》卷三一《喪服》，（清）阮元校刻《十三經注疏》本，第1112頁。
③ 《儀禮注疏》卷三二《喪服》，（清）阮元校刻《十三經注疏》本，第1116頁。
④ 《儀禮注疏》卷三三《喪服》，（清）阮元校刻《十三經注疏》本，第1118頁。

爲姊妹適人者，正服爲大功，降一等則爲小功。

5.《儀禮·喪服·記》

文如下：

> 爲人後者於兄弟降一等，報；於所爲後之兄弟之子，若子。①

此《記》中記述的是爲人後者爲兄弟服、兄弟之子服的原則，與上文提到的相同。

6.《禮記·喪服小記》

文如下：

> 夫爲人後者，其妻爲舅姑大功。②

總而言之，爲人後者應當爲兩個家庭的成員服喪。爲所後者的家庭服喪，按照所後者之子應當爲家庭成員所服的正服，而爲原來的家庭服喪，則都需要降一等。具體可以參考表 1-2。

表 1-2　爲人後者喪服表

一	二	三	四	五	六	七	八	九
—	—	—	—	所後者之祖若子，爲曾祖齊衰三月	—	—	—	—
—	—	於所爲後子之父之姑若子，爲之緦麻	所後者妻之父母若子，爲外祖父母小功	所後者之父母若子，爲祖父母不杖期	於所爲後子之從祖祖父母若子，爲之小功，報	於所爲後子之族父母若子，爲之緦麻	—	—

---

① 《儀禮注疏》卷三三《喪服》，(清)阮元校刻《十三經注疏》本，第 1121 頁。

② 《禮記正義》卷三三《喪服小記》，(清)阮元校刻《十三經注疏》本，第 1500 頁。

续表

一	於所爲後子之從祖姑適人者若子,爲之緦麻	於所爲後子之姑適人者若子,爲之大功。其姑適人無主者若子,爲之不杖期,報	所後者之妻若子爲母,父卒齊衰三年	爲所後者斬衰三年;爲本生父母不杖期,報(降)	於所爲後子之世父母、叔父母若子,爲之不杖期;所後者之妻之昆弟若子,爲舅緦麻	於所爲後子之從祖父母若子,爲之小功,報	於所爲後子之族父母若子,爲之緦麻	一
於所爲後子之從祖姊妹適人者若子,爲之緦麻	於所爲後子之從父姊妹適人者若子,爲之小功	於所爲後子之姊妹適人者若子,爲之大功;其姊妹適人無主者若子,爲之不杖期,報;爲其姊妹適人者小功(降)	一	己(爲人後者)	爲其昆弟大功(降)	於所爲後子之從父昆弟若子,爲之大功;所後者之妻之昆弟之子若子,爲舅之子緦麻	於所爲後子之從祖昆弟若子,爲之小功	於所爲後子之族昆弟若子,爲之緦麻
於所爲後子之從父昆弟之子若子,爲之小功	於所爲後子之從祖昆弟之子若子,爲之緦麻	一	一	一	一	一	一	一

注:從上至下按輩分排列。

由上文可知，爲人後者需要爲本生父母及親屬降服，爲所後之人則應服斬衰三年。由於《儀禮·喪服》中並沒有明確提出"爲所後之父"，因此，當所後之人不是父輩之時，喪服的選擇就有可能出現問題。如果"爲人後者"實際上是"爲兄後"，就會面臨本章第三節所提到的是否要"爲之子"的兩難。

綜上所述，《儀禮》中，根據與喪者關係的親疏，對不同身份的人有不同的服喪要求，服喪時間、所着喪服都有不同。《禮記》則在部分篇章中，對《儀禮》中沒有提到的服制作出了補充。爲兄弟服喪，正服是齊衰不杖期，但是最高可以服斬衰(與諸侯爲兄弟者)，時間最短、服喪最輕的則只需要服三個月。"爲人後者"作爲一種特殊的禮身份，在服喪方面也有特殊的要求，表現爲兩點：第一，爲所後者之家族主要成員如同親子所服；第二，爲自己的親屬降一等服喪。

本 章 小 結

商周春秋時期，王位的繼承制度逐漸定型，"兄終弟及"成爲對父死子繼制度主要的補充。本章舉商王室、周王室和魯國的"一繼一及"現象中的部分事例，以及春秋"躋僖公"事件、嬰齊爲兄後事件，詳述本末，總結了後世經學家等人關注的重點所在。

商代的兄終弟及現象最被後世經學家關注的，是陽甲、盤庚、小辛、小乙四兄弟。周王室的兄終弟及情況不多，經學家對周王室的關注，遠不如對魯國"一繼一及"的關注密切。根據分析，商周春秋的兄終弟及傳統，從源頭上就不是專門的王位傳承制度。兄終弟及現象的出現，一方面使得政權有相對年長的君主維護穩定，另一方面也造成了以父死子繼尤其是嫡長子繼承爲主要繼承制度的中國王朝，在禮制、宗法等方面存在矛盾和衝突。

"躋僖公"問題是經學家討論兄終弟及問題時不會繞開的重點。《春秋》三傳及注疏對於這一問題，有不同的觀點。歷史上的經學家利用"躋僖公"事件的相關經學文本，影響了皇帝排定廟次等事宜。主要的例子有：東漢修正殤帝、安帝與順帝宗廟次序，唐代修正中宗與睿宗宗廟次序，唐代改正敬宗、文宗、武宗的宗廟昭穆問題，元代修正成宗、順宗、顯宗的位次問題等。

本書認爲，"爲人後者爲之子"這條禮學原則，指的是爲人後者要如同所後者之子一樣，爲其奉祀，而不是真的在血緣上成爲其兒子。兄終弟及的情況下，弟弟與哥哥應仍然是同一輩分、相同昭穆。春秋時期的仲嬰齊繼承的兄歸父,只是繼其爵禄,並不爲其後嗣。

《儀禮》中,根據與喪者關係的親疏,對不同身份的人有不同的服喪要求,服喪時間、所着喪服都有不同。《禮記》則在部分篇章中,對《儀禮》中没有提到的服制作出了補充。爲兄弟服喪,正服是齊衰不杖期,但是最高可以服斬衰(與諸侯爲兄弟者),時間最短、服喪最輕的則只需要服三個月。"爲人後者"作爲一種特殊的禮身份,在服喪方面也有特殊的要求,表現爲兩點:第一,爲所後者之家族主要成員如同親子所服;第二,爲自己的親屬降一等服喪。

第二章　兄終弟及與歷代君位繼承

作爲一種特殊的繼承方式，"兄終弟及"主要涉及的問題有以下幾個方面：身份認同問題、服喪問題、本親追崇問題和廟制問題。本章將依次論之。

第一節　歷代帝王傳承中的兄終弟及現象

中國古代的帝王傳承，主要採取的是嫡長子繼承制。兄終弟及制度則是對嫡長子繼承制度的重要補充。譚平曾在《中國古代皇位嫡長子繼承制的計量分析》一文中，對歷代帝王的繼承情況作出了詳盡的統計。他指出，15個繼位皇帝在6位以上的朝代，非嫡長子繼承占 59.2%。由於統計指標不同，本書得出的數據和譚平略有不同，下文將詳盡敘述。

本書所指的兄終弟及包括兩個層面。第一個層面是嚴格的兄弟繼承，包括以弟繼兄、以兄繼弟和表兄弟、堂兄弟、族兄弟相互繼承；第二個層面是"曲綫"的兄弟繼承，包括旁支入嗣的以侄繼叔、以叔繼侄等。由於歷代皇位傳承情況複雜，僅統計正史中有本紀的皇帝。以下三種情況不計入統計：

第一，正史中雖然有本紀，但是沒有正式稱帝的，如呂后。

第二，在位時間很短即被廢黜、沒有本紀的皇帝。

第三，帝位失而復得的皇帝，僅計算一次。

根據二十四史及《清史稿》本紀，本書將歷代兄終弟及的情況做了統計分析。

一、漢代帝王傳承中的兄終弟及

1. 西漢帝王傳承中的兄終弟及

根据《漢书》，西漢共九世十一帝，傳位十次。呂后、惠帝太子、昌邑王劉賀和孺子嬰不計入內。

孝惠帝劉盈、孝景帝劉啓、孝武帝劉徹、孝昭帝劉弗陵、孝元帝劉奭、孝成帝劉驁都是以太子身份繼承帝位。

孝文帝劉恒是高祖中子，曾被封爲代王，是惠帝的異母弟。此是漢代第一次兄終弟及。但是實際上，劉恒認爲自己即位所承爲高帝之統：

> 群臣從至，上議曰："丞相臣平、太尉臣勃、大將軍臣武、御史大夫臣蒼、宗正臣郢、朱虛侯臣章、東牟侯臣興居、典客臣揭再拜言大王足下：子弘等皆非孝惠皇帝子，不當奉宗廟。臣謹請陰安侯、頃王后、琅邪王、列侯、吏二千石議，大王高皇帝子，宜爲嗣。願大王即天子位。"代王曰："奉高帝宗廟，重事也。寡人不佞，不足以稱。願請楚王計宜者，寡人弗敢當。"①

"奉宗廟"，即主持宗廟祭祀。文帝此處稱"奉高帝宗廟"，明文帝應是爲高帝之嗣，繼承高帝之統。

孝宣帝劉詢是孝武帝的曾孫、昭帝之兄戾太子之孫。此次繼承屬於以堂侄孫繼叔祖父。根據霍光的奏議，宣帝爲昭帝之後嗣：

> 禮，人道親親故尊祖，尊祖故敬宗。大宗毋嗣，擇支子孫賢者爲嗣。孝武皇帝曾孫病已，有詔掖庭養視，至今年十八，師受詩、論語、孝經，操行節儉，慈仁愛人，可以嗣孝昭皇帝后，奉承祖宗，子萬姓。②

孝哀帝劉欣是成帝弟定陶共王之子，孝平帝劉衎是成帝弟中山孝王之子。哀帝繼承成帝，是以侄繼叔的"曲綫"繼承，也開了立兄弟之子爲太子的先河：

> 昭儀及根見上亡子，亦欲豫自結爲長久計，皆更稱定陶王，勸帝以爲嗣。成帝亦自美其材，爲加元服而遣之，時年十七矣。明年，使執金吾任宏守大鴻臚，持節徵定陶王，立爲皇太子。謝曰："臣幸得繼父守藩爲諸

---

① （漢）班固：《漢書》卷四《文帝紀》，第 108 頁。《史記》中也記載了這件事情，但是作"大王高帝長子，宜爲高帝嗣"（第 416 頁）。此處"長子"之"長"應該是年齡最長之義。前文有"方今高帝子獨淮南王與大王，大王又長"的説法，與此可以相互印證（第 414 頁）。

② （漢）班固：《漢書》卷八《宣帝紀》，第 237 頁。

侯王，材質不足以假充太子之宫。陛下聖德寬仁，敬承祖宗，奉順神祇，宜蒙福佑子孫千億之報。臣願且得留國邸，旦夕奉問起居，俟有聖嗣，歸國守藩。"書奏，天子報聞。後月餘，立楚孝王孫景爲定陶王，奉恭王祀，所以獎厲太子專爲後之誼。①

成帝徵當時爲定陶王的劉欣爲太子時，劉欣並没有直接答應，而是推説如果有合適的繼承人之後，他還要回到他的封國做諸侯王。爲此，成帝另立他人做了定陶王，爲劉欣之父奉祀，劉欣這才成爲成帝的太子。

平帝繼承哀帝，是堂兄弟繼承。平帝本爲元帝庶孫，中山孝王之子，年三歲嗣立爲王。② 根據《漢書·王莽傳》記載，哀帝崩後無子，太后拜王莽爲大司馬，與之商議立嗣之事。從"迎中山王奉成帝後，是爲孝平皇帝"可知，平帝雖然繼承了哀帝的皇位，但實際上是爲成帝之後。③

2. 東漢帝王傳承中的兄終弟及

東漢共八世十三帝，傳位十二次。

顯宗孝明帝劉莊、肅宗孝章帝劉炟、孝和帝劉肇、孝殤帝劉隆、孝順帝劉保、孝沖帝劉炳、少帝劉辯都是以太子身份繼承帝位。

恭宗孝安帝劉祜是肅宗之孫，清河孝王劉慶之子，安帝繼承殤帝，是堂兄弟相及。殤帝崩，太后詔立劉祜爲帝：

> 皇太后詔曰："先帝聖德淑茂，早棄天下。……念宗廟之重，思繼嗣之統，唯長安侯祜質性忠孝，小心翼翼，能通詩、論，篤學樂古，仁惠愛下。年已十三，有成人之志。親德係後，莫宜於祜。禮'昆弟之子猶己子'；春秋之義，爲人後者爲之子，不以父命辭王父命。其以祜爲孝和皇帝嗣，奉承祖宗，案禮儀奏。"④

册命如下：

> 惟延平元年秋八月癸丑，皇太后曰："咨長安侯祜：孝和皇帝懿德巍

---

① （漢）班固：《漢書》卷一一《哀帝紀》，第333~334頁。
② （漢）班固：《漢書》卷一二《平帝紀》，第347頁。
③ （漢）班固：《漢書》卷九九上《王莽傳》，第4044頁。
④ （南朝宋）范曄：《後漢書》卷五《孝安帝紀》，第203~204頁。

巍，光於四海；大行皇帝不永天年。朕惟侯孝章帝世嫡皇孫，謙恭慈順，在孺而勤，宜奉郊廟，承統大業。今以侯嗣孝和皇帝后。其審君漢國，允執其中。'一人有慶，萬民賴之。'皇帝其勉之哉！"①

立安帝爲帝，是"爲人後者爲之子"原則第一次在皇位繼承問題上應用。但是安帝"爲人後"並不是爲殤帝之後，而是爲和帝之後。

孝質帝劉纘是肅宗玄孫，勃海孝王劉鴻之子。質帝繼承沖帝，是族兄弟相及。根據《後漢紀》的記載，當時最有名德的繼承人是清河王劉蒜，但因爲劉蒜年二十有餘，梁太后兄妹無法專權，因此選擇了時年僅有八歲的劉纘（《後漢紀》作劉續）作爲順帝之嗣繼承帝位。

沖帝臨終前，大將軍梁冀徵劉纘至洛陽，至沖帝崩後，梁太后與梁冀迎之入宮。劉纘首先被封爲建平侯，又於同一天即皇帝位。質帝即位後，梁太后臨朝，曾下詔將殤帝廟次移至順帝之下，後經呂勃、周舉等人議，仍依舊位，下文還將有詳細討論。

孝桓帝劉志是肅宗曾孫，河間孝王劉開之孫、蠡吾侯劉翼之子。桓帝繼承質帝，是族叔侄相及。由於質帝是被梁冀毒殺，當時太尉李固等人又提議立劉蒜，梁太后兄妹恐無法繼續攝政，於是決定罷免李固，並下詔立劉志爲帝：

> 太后詔曰："孝質皇帝胤嗣不遂，奄忽天昏。以社稷之重，考宗室之賢，莫若蠡吾侯志。年已十五，嘉姿卓茂，又近爲孝順皇帝嗣。"②

值得注意的是，之所以稱"近爲孝順皇帝嗣"，正是因爲桓帝實際上是順帝的族弟。成爲順帝之嗣後，太后及大將軍梁冀以"王青蓋車"迎入宮即皇帝位，是爲桓帝。③ 桓帝即位後，梁太后依然臨朝政。質帝及桓帝的即位，均可以認爲是外戚干政的結果。而且，梁太后徵其至洛陽夏門亭時，就計劃將妹妹嫁給他。④ 建和元年（147）八月，桓帝立皇后梁氏，即梁太后之

---

① （南朝宋）范曄：《後漢書》卷五《孝安帝紀》，第204頁。

② （晉）袁宏：《後漢紀》卷二○《孝質皇帝紀》，張烈點校，中華書局，2002年，第385頁。

③ "王青蓋車"根據《續漢志》，爲嗣後才能使用："皇太子、皇子皆安車，朱般輪，青蓋，金華蚤。"參見（南朝宋）范曄：《後漢書》卷七《孝桓帝紀》，第288頁。

④ "本初元年，梁太后徵帝到夏門亭，將妻以女弟。"見（南朝宋）范曄：《後漢書》卷七《孝桓帝紀》，第288頁。

“女弟”懿獻梁皇后。①

孝靈帝劉宏是肅宗玄孫，河間孝王劉開曾孫、襲封解瀆亭侯劉萇之子。靈帝繼承桓帝，是族侄繼承族叔。桓帝崩後無子，靈帝同樣是以“王蓋青車”之禮，作爲桓帝之嗣迎立爲帝。《後漢紀》記載：

> 太后詔曰：“大行皇帝德配天地，光照上下，不獲胤嗣之祚，早棄萬國。朕憂心摧傷，追攬前代法，王后無適即擇賢，六親考德敘才，莫若解瀆亭侯宏，年十有二，嶷然有周成之質。《春秋》之義：爲人後者爲之子。其以宏爲（大）行皇帝嗣。”②

孝獻帝劉協是靈帝中子。獻帝繼承少帝，雖然是標準的兄終弟及，但少帝於中平六年（189）四月即位，旋即被董卓廢爲弘農王，尋又被董所殺。③ 少帝在位時間太短，獻帝實際上是作爲靈帝之嗣繼承了皇位。在他即位後，有司曾議和、安、順、桓四帝無功德，不宜稱宗，請除尊號。④ 可見獻帝時尊崇的，除其父靈帝外，應只有和、安、順、桓四帝，殤、沖、質等帝不在範圍之內。下文還將詳述。

二、晉代帝王傳承中的兄終弟及

1. 西晉帝王傳承中的兄終弟及

西晉只有三世四帝，傳位三次。

惠帝司馬衷以太子的身份繼承皇位。

懷帝司馬熾是惠帝的“皇太弟”，這是中國歷史上第一個以“皇太弟”身份繼承皇位的皇帝。在他被立爲“皇太弟”之前，惠帝曾經立過自己的兒子司馬遹和清河王司馬覃等爲皇太子。因此，對於“皇太弟”之位，懷帝最初並不敢接受：

> 帝以清河王覃本太子也，懼不敢當。典書令廬陵修肅曰：“二相經營

① 見（南朝宋）范曄：《後漢書》卷七《孝桓帝紀》，第 291 頁；卷十下《皇后紀·桓帝懿獻梁皇后》，第 443 頁。

② （晉）袁宏：《後漢紀》卷二二《孝桓皇帝紀下卷》，第 436 頁。

③ （晉）陳壽：《三國志》卷六《董二袁劉傳》，（南朝宋）裴松之注，陳乃乾校點，中華書局，1982 年，第 174 頁。

④ （南朝宋）范曄：《後漢書》卷九《孝獻帝紀》，第 370 頁。

王室，志寧社稷，儲貳之重，宜歸時望，親賢之舉，非大王而誰？清河幼弱，未允眾心，是以既升東宮，復贊藩國。今乘輿播越，二宮久曠，常恐氐羌飲馬於涇川，蟻眾控弦於霸水。宜及吉辰，時登儲副，上翼大駕，早寧東京，下允黔首喁喁之望。"帝曰："卿，吾之宋昌也。"乃從之。①

而且，在惠帝崩後，皇后羊氏因爲自己在身份上是皇太弟之嫂，不得爲太后，還曾催促清河王司馬覃入內即位。但最終還是司馬熾即位，並尊羊氏爲惠皇后。關於"皇太弟"，下文還將詳述。

愍帝司馬鄴是武帝之孫，吳孝王司馬晏之子，出繼後伯父秦獻王司馬柬，襲封秦王，後被懷帝立爲皇太子。愍帝繼承懷帝，是以侄繼叔。

2. 東晉帝王傳承中的兄終弟及

東晉共十一帝，但是只有四世，傳位共十次。

明帝司馬紹、成帝司馬衍、穆帝司馬聃、孝武帝司馬曜和安帝司馬德宗都是以太子身份繼承皇位。

康帝司馬岳是成帝的母弟，時爲琅琊王，繼承成帝是兄終弟及。與此前的漢文帝、漢安帝等人不同，司馬岳由成帝親自立爲嗣：

八年六月庚寅，成帝不念，詔以琅邪王爲嗣。②

但是成帝死後，司馬岳並没有行子之禮：

帝親奉奠於西階，既發引，徒行至閶闔門，升素輿，至於陵所。③

成帝的葬禮，司馬岳非常恭敬，親自奉奠於西階，送葬時徒行至閶闔門，然後乘坐素車前往陵所。對比明帝在元帝崩後"徒跣至於陵所"，行禮顯然輕了一些。④ 即位之後，康帝立成帝之子司馬丕爲琅琊王，即是後來即位的哀帝。

但是康帝並没有直接把皇位傳給司馬丕，而是傳給了自己的兒子司馬聃，是爲穆帝。哀帝和穆帝是堂兄弟相及。穆帝崩後，皇太后下詔令百官迎琅琊王

---

① (唐)房玄齡等：《晉書》卷五《孝懷帝紀》，第115頁。
② (唐)房玄齡等：《晉書》卷七《康帝紀》，第184頁。
③ (唐)房玄齡等：《晉書》卷七《康帝紀》，第184頁。
④ (唐)房玄齡等：《晉書》卷六《明帝紀》，第159頁。

司馬丕即位：

> 皇太后令曰："帝奄不救疾，胤嗣未建。琅邪王丕，中興正統，明德懋親。昔在咸康，屬當儲貳。以年在幼沖，未堪國難，故顯宗高讓。今義望情地，莫與爲比，其以王奉大統。"①

顯宗指的就是哀帝的父親、成帝司馬衍。哀帝即位後，群臣曾討論過應繼承何帝：

> 穆帝崩，哀帝立。帝於穆帝爲從父昆弟，穆帝舅褚歆有表，中書答表朝廷無其儀，詔下議。尚書僕射江虨等四人並云，閔僖兄弟也，而爲父子，則哀帝應爲帝嗣。衛軍王述等二十五人云："成帝不私親愛，越授天倫，康帝受命顯宗。社稷之重，已移所授，纂承之序，宜繼康皇。"尚書謝奉等六人云："繼體之正，宜本天屬，考之人情，宜繼顯宗也。"詔從述等議，上繼顯宗。②

　　按："述等議"的內容是"宜繼康皇"，與"上繼顯宗"矛盾。《通典》對此事的記載也非常詳細，同樣是"詔從述議"③。李慈銘《越縵堂讀史劄記》認爲"述等當作奉等"，可備一説。④ 根據《晉書·哀帝紀》，哀帝下詔指出自己繼承的仍然是顯宗：

> 顯宗成皇帝顧命，以時事多艱，弘高世之風，樹德博重，以隆社稷。而國故不已，康穆早世，胤祚不融。朕以寡德，復承先緒，感惟永慕，悲痛兼摧。夫昭穆之義，固宜本之天屬。繼體承基，古今常道。宜上嗣顯宗，以修本統。⑤

由於哀帝無嗣，帝位由母弟司馬奕繼承，即廢帝海西公。廢帝繼承哀帝爲

---

① （唐）房玄齡等：《晉書》卷八《哀帝紀》，第 205 頁。
② （唐）房玄齡等：《晉書》卷二〇《禮志》，第 616~617 頁。
③ （唐）杜佑：《通典》卷八〇《天子爲繼兄弟統制服議》，中華書局，1988 年，第2175~2177 頁。
④ （清）李慈銘：《越縵堂讀史劄記》，民國本。
⑤ （唐）房玄齡等：《晉書》卷八《哀帝紀》，第 206 頁。

兄終弟及。由於當時桓温專權，想要廢其帝位，於是誣其素有痿疾，三子均非親生，廢其爲東海王，後又降封爲海西公。①

簡文帝司馬昱是元帝少子，簡文帝繼承廢帝屬於叔祖父繼承堂侄孫，實際上他由桓温擁立，成爲桓温的傀儡，在位八月即崩逝。

恭帝司馬德文是安帝母弟，恭帝繼承安帝是兄終弟及。當時東晉朝政已被劉裕把持，安帝爲劉裕指示人所殺，恭帝也由劉裕矯詔擁立，只是爲了應當時"昌明之後有二帝"之讖而已。②

三、南北朝帝王傳承中的兄終弟及

1. 南朝帝王傳承中的兄終弟及

（1）南朝宋帝王傳承與兄終弟及情況

南朝宋共四世八帝，傳位七次。文帝太子劉劭即位後即被殺，不計入内。

少帝劉義符、前廢帝劉子業、後廢帝劉昱都是以太子的身份繼承皇位。

文帝劉義隆是武帝第三子，劉義符雖爲武帝長子，但即位第二年即被廢爲營陽王。③ 由劉義隆繼任。雖然是兄終弟及，但實際上劉義隆繼承的是劉裕之位。

孝武帝劉駿是文帝第三子，當時文帝有太子劉劭，劉劭弑父自立，被稱爲"元凶"，劉駿即位後，將劉劭處死。④ 由於這種特殊的情況，劉駿即位不屬於兄終弟及，應屬於父死子繼。

明帝劉彧是文帝第十一子，繼承前廢帝之位屬於叔侄相繼。但由於前廢帝昏瞶無道，由皇太后宣佈罷廢，明帝之帝位也可以算作兄終弟及所得。

順帝劉準是明帝第三子，順帝繼承後廢帝也是兄終弟及。

上述劉宋後期的三次君位繼承，並非因爲先君無子，而都與當時動亂的社會環境以及無道的太子具有重大關係。可以認爲，這幾次的傳位方式，不能簡單地以"父死子繼"或者"兄終弟及"定義。

（2）南朝齊帝王傳承與兄終弟及情況

南朝齊共四世七帝，傳位六次。

---

① （唐）房玄齡等：《晉書》卷八《海西公紀》，第214~215頁。

② （唐）房玄齡等：《晉書》卷一〇《安帝紀·恭帝紀》，第267~268頁。

③ （南朝梁）沈約：《宋書》卷四《少帝本紀》，王仲犖點校，中華書局，1974年，第65~66頁。

④ 事見（南朝梁）沈約：《宋書》卷六《孝武帝本紀》，第111頁；《宋書》卷九九《二凶列傳》，第2434頁。

齊武帝蕭賾和東昏侯蕭寶卷均以太子身份繼承皇位。

鬱林王蕭昭業是武帝的皇太孫、文惠太子的長子，繼位屬於以孫繼祖。

海陵王蕭昭文是蕭昭業之弟、文惠太子的第二子。鬱林王即位第二年即被廢，海陵王弟及爲帝。

明帝蕭鸞是高帝之侄，在鬱林王、海陵王相繼被廢後即位，身份是他們的叔父：

　　　少孤，太祖撫育，恩過諸子。

　　　太后令廢海陵王，以上入纂太祖爲第三子，群臣三請，乃受命。①

和帝蕭寶融是明帝第八子、東昏侯之弟，因東昏侯被廢，弟及爲帝，與劉宋的情況類似。

（3）南朝梁帝王傳承與兄終弟及情況

南朝梁共三世四帝，傳位三次，蕭正德、蕭棟、侯景、蕭紀、蕭淵明、蕭莊、蕭詧不計入在内。

簡文帝蕭綱是武帝第三子，後立爲太子，在侯景之亂中，梁武帝爲侯景所制，憂憤寢疾以至於崩殂。② 蕭綱以太子身份繼承皇位。此後侯景勢力愈發膨脹，終因蕭繹、陳霸先、王僧辯等人的反擊和自己的失利而廢簡文帝，後又將其弑殺。③ 其廢簡文帝後，曾立梁武帝曾孫蕭棟爲帝，後又逼其禪位於己。

最終，蕭繹等人平定侯景之亂，在衆人的反復要求之下即皇帝位。④ 元帝蕭繹是武帝第七子，繼承簡文帝屬於兄終弟及。但此時天下大亂，蕭繹能夠即位完全是由於其軍事實力以及與侯景鬥争的勝利，實在與宗法之事無關。

敬宗蕭方智是元帝第九子，後立爲太子，以太子身份繼承皇位。

（4）南朝陳帝王傳承與兄終弟及情況

南朝陳共三世四帝，傳位三次。

世祖陳蒨是高祖之侄，始興昭烈王之子，繼位屬於叔侄相繼。

① （梁）蕭子顯：《南齊書》卷六《明帝本紀》，王仲犖點校，中華書局，1972 年，第 83、84 頁。
② （唐）姚思廉：《梁書》卷三《武帝本紀下》，中華書局，1973 年，第 95 頁。
③ （唐）姚思廉：《梁書》卷四《簡文帝本紀》，第 108 頁。
④ （唐）姚思廉：《梁書》卷五《元帝本紀》，第 131 頁。

廢帝陳伯宗是世祖之太子，後主陳叔寶是宣帝之太子，繼位都屬於父死子繼。

宣帝陳頊是世祖之弟，平定侯景之亂後，梁元帝徵陳霸先之子侄入侍，陳頊被遣赴江陵。江陵陷落後被扣押在關右，初襲封始興郡王，世祖即位後改封安成王。① 廢帝即位後，陳頊的權力逐步擴大，終以慈訓太后的名義廢陳伯宗爲臨海王，其詔中提道：

> 太傅安成王固天生德，齊聖廣深，二后鍾心，三靈佇眷。自前朝不念，任總邦家，威惠相宣，刑禮兼設，指揮嘯咤，湘、郢廓清，闢地開疆，荊、益風靡，若太戊之承殷歷，中都之奉漢家，校以功名，曾何髣髴。且地彰靈畫，天表長彗，布新除舊，禎祥咸顯。文皇知子之鑒，事甚帝堯，傳弟之懷，又符太伯。今可還申曩志，崇立賢君，方固宗祧，載貞辰象。中外宜依舊典，奉迎輿駕。②

詔書中之所以提到"太伯"，是因爲世祖陳蒨曾因其子較弱，召陳頊對其表示"吾欲遵太伯之事"。陳頊當時聽後"拜伏涕泣，固辭"，但此後還是藉太后之名義廢帝自立。托稱"傳弟之懷"，製造皇位的"兄終弟及"，實際上只是陳頊自己篡位的藉口。可見在南北朝混亂的軍事與政治情勢下，所謂的宗法已經完全成爲掌權者的工具。

2. 北朝帝王傳承中的兄終弟及情況

(1)北魏帝王傳承與兄終弟及情況

北魏共十二帝，傳位十一次。南安王拓跋餘、長廣王元曄不計入內。

太宗拓跋嗣、世祖拓跋燾皆以長子身份繼位。高宗拓跋濬是世祖拓跋燾之嫡孫，其父拓跋晃是拓跋燾之長子，在立爲皇太子之後未及即位而薨。拓跋濬年少聰達，世祖愛之，常置左右，號爲"世嫡皇孫"。③ 顯祖拓跋弘、高祖元宏、世宗元恪、肅宗元詡都是以皇太子身份即皇帝位。

孝莊帝元子攸是顯祖之孫，肅宗之族叔。前廢帝元恭是顯祖之孫，孝莊帝之堂兄弟。後廢帝元朗是世祖之五世孫。出帝元修是高祖之孫。

---

① （唐）姚思廉：《陳書》卷五《宣帝本紀》，中華書局，1972 年，第 75 頁。
② （唐）姚思廉：《陳書》卷四《廢帝本紀》，第 70~71 頁。
③ （北齊）魏收：《魏書》卷五《高宗紀》，唐長孺點校，中華書局，1974 年，第 111 頁。

（2）北齊帝王傳承與兄終弟及情況

北齊共三代六帝，傳位五次。文宣帝高洋廢東魏孝靜帝即帝位，爲北齊開國皇帝。即位後，高洋追尊皇祖文穆王高樹生爲文穆皇帝、皇考獻武王高歡爲獻武皇帝、皇兄文襄王高澄爲文襄皇帝。[1] 北齊帝王中，文宣帝高洋、孝昭帝高演和武成帝高湛，以及被文宣帝追尊爲文襄皇帝的高澄均是同母兄弟。

廢帝高殷是文宣帝之長子，即位第二年即被廢，高歡第六子高演即位於晉陽，是爲孝昭帝。高演即位後，立世子高百年爲太子，然在當初發動廢黜高殷的政變時，曾經許諾過事成後以高湛爲皇太弟，這一立太子的舉動讓高湛頗爲不平。[2]

即位第二年，高演重病，因太子年幼，詔徵其母弟高湛入繼大位，是爲武成帝：

> 詔曰：“朕嬰此暴疾，奄忽無逮。今嗣子沖眇，未閑政術，社稷業重，理歸上德。右丞相、長廣王湛研機測化，體道居宗，人雄之望，海内瞻仰，同胞共氣，家國所憑，可遣尚書左僕射、趙郡王叡喻旨，徵王統兹大寶……”[3]

武成帝高湛是高歡第九子，繼承孝昭帝高演屬於兄終弟及。但考慮到高演曾答應過立高湛爲“皇太弟”，又曾廢兄之子自己取而代之，在太子尚幼、政局不穩的情況下，主動詔弟即位不是出於宗法考慮，只是一個更加周全之策。

後主、幼主都是以皇太子身份受禪繼承帝位。

（3）北周帝王傳承與兄終弟及情況

北周共四代六帝，傳位五次。孝閔帝、宣帝、静帝繼位屬於父死子繼。

孝閔帝宇文覺是文帝第三子、嫡長子，明帝宇文毓是文帝庶長子，高祖宇文邕是文帝第四子。這三人之間傳位屬於兄終弟及。但實際上，這三位的帝位相及，是其堂兄宇文護擅權的結果。宇文覺受西魏禪位後，爲了親自執政，與大冢宰宇文護發生了衝突，最終被逼迫遜位。[4] 而宇文毓即位後，也因不肯聽

---

[1] （唐）李百藥：《北齊書》卷四《文宣帝紀》，唐長孺、陳仲安點校，中華書局，1972年，第51頁。

[2] （唐）李百藥：《北齊書》卷一四《高元海傳》，第183頁。

[3] （唐）李百藥：《北齊書》卷六《孝昭帝紀》，第83~84頁。

[4] （唐）令狐德棻等：《周書》卷三《孝閔帝紀》，唐長孺、陳仲安點校，中華書局，1971年，第49~50頁。

從宇文護的擺佈而被毒死。① 臨死之前，宇文毓口詔傳位於弟宇文邕。②

四、唐代帝王傳承中的兄終弟及

唐代共十四世二十一帝（包括武則天），傳位二十二次。少帝李重茂不計入内，中宗、睿宗的皇位都曾失而復得，兩次都是兄終弟及，後文統計兄終弟及次數時將只算作一次。但是實際上，睿宗的兩次兄終弟及情況並不相同，一次是由其母后武則天所立，另一次是由少帝李重茂讓位，本節計算傳位時仍按兩次處理。

唐太宗李世民、高宗李治、中宗李顯、玄宗李隆基、肅宗李亨、代宗李豫、德宗李适、順宗李誦、憲宗李純、穆宗李恒、敬宗李湛、懿宗李漼和哀帝李柷，都是以皇太子的身份繼承皇位。

睿宗李旦是中宗李顯的母弟，兩次繼承中宗，都是兄終弟及。

嗣聖元年（684），則天皇后臨朝，廢中宗爲廬陵王，立時任豫王的李旦爲皇帝，仍臨朝稱制。隨後，則天皇后自立爲帝，改國號爲周，降李旦爲皇嗣，復舊名李輪。聖曆元年（698），李顯自房陵還朝，李輪請求讓位。則天又立李顯爲皇太子，封李輪爲相王，復其名爲李旦。神龍元年（705），李旦被立爲皇太弟，但固辭不受。中宗去世後，李重茂短暫在位，隨即讓位於李旦。

敬宗、文宗、武宗是三兄弟，分別是穆宗的長子、次子和第五子。他們三人的繼承是兄終弟及。其中，文宗是在敬宗遇害的情況下即位的，而武宗則是仇士良等人矯詔所立的“皇太弟”。

文宗李昂是穆宗次子，初被封爲江王。寶曆二年（826）十二月八日，敬宗遇害，蘇佐明等矯制立絳王勾當軍國事。樞密使王守澄、中尉梁守謙率禁軍討蘇，誅絳王，迎文宗於江邸。

文宗有二子，長子李永曾在大和六年（832）被立爲太子，即莊恪太子。開成三年（838），文宗曾欲廢太子，然而被群臣勸阻。同年，太子暴斃，文宗悔之。此後，文宗欲立敬宗之子陳王李成美爲皇太子，但是未經册封，文宗即患暴疾，皇位最終被矯詔傳給了武宗：

> 五年正月二日，文宗暴疾，宰相李珏、知樞密劉弘逸奉密旨，以皇太子監國。兩軍中尉仇士良、魚弘志矯詔迎穎王於十六宅，曰：“朕自嬰疾

---

① （唐）令狐德棻等：《周書》卷一一《晉蕩公護》，第168頁。
② （唐）令狐德棻等：《周書》卷四《明帝紀》，第59~60頁。

瘥，有加無瘳，懼不能躬總萬機，日釐庶政。稽於謨訓，謀及大臣，用建親賢，以貳神器。親弟穎王瀍昔在藩邸，與朕常同師訓，動成儀矩，性稟寬仁。倬奉昌圖，必諧人欲。可立爲皇太弟，應軍國政事，便令權勾當。百辟卿士，中外庶臣，宜竭乃心，輔成予志。陳王成美先立爲皇太子，以其年尚沖幼，未漸師資，比日重難，不遑冊命，回踐朱邸，式協至公，可復封陳王。"是夜，士良統兵士於十六宅迎太弟赴少陽院，百官謁見於東宮思賢殿。三日，仇士良收捕仙韶院副使尉遲璋殺之，屠其家。四日，文宗崩，宣遺詔：皇太弟宜於柩前即皇帝位，宰相楊嗣復攝冢宰。①

　　武宗長期服食丹藥，病重後改名李炎，遺詔立光王李怡爲"皇太叔"。② 李怡於柩前即位，改名李忱，是爲宣宗。③ 這屬於叔侄繼承。李忱是唐憲宗第十三子，唐穆宗李恒異母弟，生於元和五年（810），雖然輩分較長，但年齡與敬宗（生於元和四年，809）、文宗（生於元和四年，809）、武宗（生於元和九年，814）相當。

　　僖宗李儇遺詔立壽王李傑爲"皇太弟"。④ 李傑爲僖宗母弟，即位後更名爲李曄，是爲昭宗，屬於兄終弟及。

五、宋代帝王傳承中的兄終弟及

1. 北宋帝王傳承中的兄終弟及

北宋共七世九帝，傳位八次。

宋太宗的即位是中國歷史上非常有名的一次兄終弟及。《宋史》中的"金匱之盟"，即是此事。

在宋太宗之後，北宋的皇帝均爲趙光義的子孫。一直到南宋的孝宗之後，才變爲了太祖一支的後嗣。

真宗趙恒、仁宗趙禎、神宗趙頊、哲宗趙煦和欽宗趙桓都是以皇太子的身份繼承皇位。

英宗趙曙是濮安懿王趙允讓的第十三子，被仁宗立爲皇子，後繼承皇位。

---

① （後晉）劉昫等：《舊唐書》卷一八上《武宗本紀》，第584頁。

② （後晉）劉昫等：《舊唐書》卷一八上《武宗本紀》，第610頁。《新唐書》記載爲："左神策軍護中尉馬元贄立光王怡爲皇太叔。"見（宋）歐陽修、（宋）宋祁：《新唐書》卷八《武宗本紀》，第245頁。

③ （後晉）劉昫等：《舊唐書》卷一八下《宣宗本紀》，第613頁。

④ （後晉）劉昫等：《舊唐書》卷一九下《僖宗本紀》，第730~731頁。

徽宗趙佶是神宗第十一子、哲宗之弟，繼位屬於兄終弟及。哲宗崩後無子，太后與大臣議繼承之人選。當時宰相章惇認爲："在禮律當立母弟簡王。"①皇太后則提出，神宗諸子中，申王較爲年長但有目疾，其次則應立端王。實際上，由於太后無子，立哲宗的母弟即位，會進一步提升哲宗之母朱氏的地位，對自己構成威脅，所以迎立端王趙佶成爲她的更優之選。

2. 南宋帝王傳承中的兄終弟及

南宋的高宗實際上是徽宗第九子、欽宗之弟。徽宗和欽宗被擄，高宗即位，屬於非常時期的兄終弟及。雖然高宗是南宋的開國皇帝，但後文計算兄終弟及次數時仍統計在內。

南宋也共七世，只有七帝，六次傳承，並沒有兄終弟及的現象。

六、遼、金、元代帝王傳承中的兄終弟及

1. 遼代帝王傳承中的兄終弟及

遼代共九世九帝，八次傳承。太宗、聖宗、興宗、道宗繼承皇位都是父死子繼。

世宗耶律阮是太祖之孫，太宗耶律德光之兄、太祖長子"讓國皇帝"耶律倍之長子。其繼承太宗屬於侄繼叔，但太宗原有"皇太弟"耶律李胡，下文還將詳細説明。

耶律阮於天禄五年九月遇弒，由太宗長子耶律璟即位，即穆宗。② 其繼承世宗屬於特殊情況下的堂兄弟繼承。

景宗是世宗第二子，繼承穆宗屬於堂侄繼承堂叔。

天祚帝是道宗之孫，繼承道宗屬於孫繼祖。

2. 金代帝王傳承中的兄終弟及

金代共六世九帝，八次傳承，只有最後一位皇帝哀宗是以皇太子身份繼承帝位，其他均非父死子繼。

太祖完顏旻在追擊天祚帝返回上京的路上病死，由母弟完顏晟即位，是爲太宗。這一繼位屬於兄終弟及。值得注意的是，完顏晟曾擔任諳班勃極烈一職，在他即位後，即將諳班勃極烈作爲皇位繼承者的封號。其同母弟完顏杲曾被封爲諳班勃極烈，但未及即位即去世。下文還將詳述。

---

① （元）脱脱等：《宋史》卷一九《徽宗本紀》，第 357 頁。

② （元）脱脱等：《遼史》卷六《穆宗本紀》，馮家昇、陳述點校，中華書局，1974 年，第 70 頁。

　　太宗死後，帝位回歸太祖一系，初由太祖之孫完顏亶繼位，是爲熙宗。熙宗有皇子完顏濟安和完顏道濟。完顏濟安生於皇統二年(1142)二月，三月被立爲皇太子，"始正名位，定制度焉"，這是金確立禮制、立皇太子的開始。①但是濟安同年十二月即因病而死，皇位的繼承者一直未定。皇統三年(1143)，皇子道濟被立爲魏王，皇統四年(1144)道濟又爲熙宗所殺，從此熙宗再無子嗣。由於熙宗"末年酗酒妄殺"，皇統九年(1149)爲其堂弟完顏亮所弑。② 完顏亮自立爲帝，在位十二年。正隆六年(1161)，完顏亮對南宋發動全面進攻，其從弟完顏雍乘機在遼陽稱帝，即世宗。此後完顏亮在軍中爲叛將所殺，後被降爲海陵王，後又被降爲庶人。③ 熙宗、海陵王、世宗三人雖爲堂兄弟，但海陵王、世宗帝位均非正常所得。

　　世宗即位後立楚王允迪(後改賜名允恭)爲皇太子，但未及即位而薨，後立其子完顏璟爲皇太孫，即章宗。④ 章宗於泰和八年(1208)病死，其時二妃均懷孕，其叔父、世宗第七子衛王完顏永濟被立爲帝，即衛紹王。⑤ 衛紹王爲叛臣所殺，由世宗之孫、完顏允恭庶長子、完顏璟異母兄完顏珣繼位，是爲宣宗。⑥

　　3. 元代帝王傳承中的兄終弟及

　　元代自太祖至順宗，共八世十三帝，傳位十四次。文宗傳位於明宗之後明宗暴死，文宗復位，"兄終弟及"只計算一次。拖雷監國、天順帝不計入內。

　　元代只有太宗窩闊台、定宗貴由、英宗碩德八剌繼位屬於父死子繼。

　　定宗崩後，朝廷久未立君，推戴蒙哥者衆。但是定宗皇后海迷失遣使者八剌指出應立太宗之孫失烈門。但木哥指出，太宗之命雖不可違，但當時議立定宗即是八剌等人違太宗之命所爲，於是八剌語塞，衆人議定立蒙哥爲帝，是爲憲宗。⑦

　　蒙哥死於合川釣魚山，後其弟忽必烈即位，是爲世祖。

　　世祖忽必烈崩後，由其孫鐵穆耳繼位，是爲成宗。成宗崩後，其兄答剌麻八剌之子海山立，是爲武宗。武宗死後，其弟愛育黎拔力八達立，是爲仁宗。

---

① (元)脱脱等：《金史》卷一八《熙宗二子列傳》，中華書局，1975年，第1798頁。
② (元)脱脱等：《金史》卷四《熙宗本紀》，第87頁。
③ (元)脱脱等：《金史》卷五《海陵本紀》，第116~117頁。
④ (元)脱脱等：《金史》卷一九《顯宗本紀》，第410~416頁。
⑤ (元)脱脱等：《金史》卷一三《衛紹王本紀》，第289~291頁。
⑥ (元)脱脱等：《金史》卷一四《宣宗本紀》，第301頁。
⑦ (明)宋濂等：《元史》卷三《憲宗本紀》，第44頁。

元英宗被弒，也孫鐵木兒繼立，是爲泰定帝。泰定帝崩後，文宗入紹大統，内難平後，因明宗爲嫡長，即遣使奉皇帝璽綬，北迎明宗。明宗崩，文宗復即皇帝位。至順三年(1332)八月，文宗崩後，燕鐵木兒請文宗的皇后立太子燕帖古思，皇后不從，命立明宗次子懿璘質班，是爲寧宗。寧宗即位後於至順三年(1332)十一月崩，燕鐵木兒再請立燕帖古思，文宗皇后曰："吾子尚幼，妥歡貼睦爾在廣西，今年十三矣，且明宗之長子，禮當立之。"①其後，妥歡貼睦爾立，是爲順帝，文宗皇后約定："萬歲之後，其傳位於燕帖古思，若武宗、仁宗故事。"②然燕帖古思後被流放，途中遇害，傳位之約未能實現。

七、明清帝王傳承中的兄終弟及

1. 明代帝王傳承中的兄終弟及

明代共十二世十六帝，傳位十六次。其中明英宗朱祁鎮皇位曾失而復得，他與代宗朱祁鈺之間的"兄終弟及"只計算一次。

明仁宗朱高熾、宣宗朱瞻基、英宗朱祁鎮、憲宗朱見深、孝宗朱佑樘、武宗朱厚照、穆宗朱載垕、神宗朱翊鈞、光宗朱常洛和熹宗朱由校都以太子的身份繼承皇位。

惠帝朱允炆是太祖朱元璋之孫，太祖太子朱標之子。朱標早逝，太祖立朱允炆爲皇太孫，後由他繼承皇位。這是以孫繼祖。

成祖朱棣是太祖第四子，發動"靖難之變"取得皇位，取嫡統而代之。這次傳承實不能稱爲"傳位"。

英宗朱祁鎮在土木堡之變中被瓦剌俘虜，其弟朱祁鈺即位。在朱祁鈺景泰八年(1457)，朱祁鎮又復辟，重新當了皇帝。朱祁鈺繼承朱祁鎮也屬於非常時期的兄終弟及，但朱祁鎮復辟則不屬於。

明代最著名的兄終弟及是發生在明世宗時期的"大禮議"。明世宗是憲宗之孫、武宗的堂弟。他們之間的傳承屬於兄終弟及，但是與前代的又有所不同，下文還將詳細論述。

莊烈帝朱由檢是光宗第五子，繼承熹宗屬於兄終弟及。

2. 清代帝王傳承中的兄終弟及

清代共十世十一帝，傳位十次。

---

① (明)宋濂等：《元史》卷三八《順帝本紀》，第816頁。

② (明)宋濂等：《元史》卷三八《順帝本紀》，第816頁。

清穆宗之前，皇位都是父子直系相承。

清德宗載湉是醇賢親王奕譞之子，宣宗之孫，文宗的嗣子。德宗繼承穆宗，屬於兄終弟及。

宣統皇帝溥儀是宣宗的曾孫，醇賢親王奕譞之孫。宣統皇帝繼承德宗，屬於叔侄相繼。

八、歷代帝王傳承中的兄終弟及現象統計

根據上文的統計，將漢代至清代的主要王朝傳位情況列表 2-1。

表 2-1　漢代至清代主要王朝傳位情況表

朝代		傳位次數	父死子繼	父死子繼比例	兄終弟及(同父)	兄終弟及(不同父)	叔侄相繼	隔代相繼	其他情況
漢代	西漢	10	6	60%	1	1	1	1	0
	東漢	12	7	58.33%	1	2	2	0	0
晉代	西晉	3	1	33.33%	1	0	1	0	0
	東晉	10	5	50.00%	3	1	0	1	0
南朝	宋	7	4	57.14%	2	0	1	0	0
	齊	6	2	33.33%	2	0	1	1	0
	梁	3	2	66.67%	1	0	0	0	0
	陳	4	2	50.00%	1	0	1	0	0
北朝	北魏	11	6	54.55%	0	1	1	1	2
	北齊	7	4	57.14%	3	0	0	0	0
	北周	5	3	60.00%	2	0	0	0	0
唐		22	14	63.64%	4	0	1	0	3
宋	北宋	8	5	62.50%	2	0	1	0	0
	南宋	7	7	100.00%	0	0	0	0	0
遼		8	4	50.00%	0	1	2	1	0
金		8	1	12.50%	1	2	2	2	0
元		14	4	28.57%	4	1	3	1	1

续表

朝代	傳位次數	父死子繼	父死子繼比例	兄終弟及(同父)	兄終弟及(不同父)	叔侄相繼	隔代相繼	其他情況
明	16	10	62.50%	2	1	1	1	1
清	10	8	80.00%	0	1	1	0	0
總計	171	95	55.56%	30	11	19	9	7

　　根據表 2-1，自漢代至清代，除去三國、十六國、五代十國之外，主要王朝皇帝傳位共 171 次，其中父死子繼 95 次，占 55.56%。其餘的繼承方式，以兄終弟及爲主，同父兄弟繼承 30 次，堂兄弟、族兄弟等繼承 11 次，共 41 次，占 23.98%。其他方式的繼承共 35 次，占 20.46%。

　　將表 2-1 中的西漢、東漢，西晉、東晉，南北朝，南北宋合併，則得到表 2-2。

表 2-2　漢代至清代主要王朝傳位情況簡表

朝代	傳位次數	父死子繼	父死子繼比例	兄終弟及(同父)	兄終弟及(不同父)	兄終弟及總數	兄終弟及比例	叔侄相繼	隔代相繼	其他情況
漢	22	13	59.09%	2	3	5	22.73%	3	1	0
晉	13	6	46.15%	4	1	5	38.46%	1	1	0
南北朝	43	23	53.49%	11	1	12	27.91%	4	2	2
唐	22	14	63.64%	4	0	4	18.18%	1	0	3
宋	15	12	80.00%	2	0	2	13.33%	1	0	0
遼	8	4	50.00%	0	1	1	12.50%	2	1	0
金	8	1	12.50%	1	2	3	37.50%	2	2	0
元	14	4	28.57%	4	1	5	35.71%	3	1	1
明	16	10	62.50%	2	1	3	18.75%	1	1	1
清	10	8	80.00%	0	1	1	10.00%	1	0	0

　　把表 2-2 中父死子繼的比例按照朝代順序排列，可以得到圖 2-1。

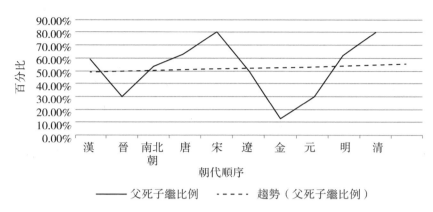

圖 2-1　漢代至清代主要王朝傳位父死子繼比例

　　圖 2-1 中虛綫表示隨着朝代發展，父死子繼比例的整體變化趨勢。可以看出，歷代王朝父死子繼的比例在整體趨勢上是穩定增加的。具體到不同的歷史時期，可以發現，圖中父死子繼的比例由高降低的時代，王朝往往較爲動蕩；而此比例由低增高的時代，王朝的穩定性往往在增强。例如，從圖中可以得出漢晉時期、宋遼金時期，社會較爲動蕩，而從南北朝開始一直到宋代，以及元代統一之後一直到清代，社會較爲穩定。這與歷史上的實際情況也較爲相符。

　　經過列舉統計可以看出，中國古代主要王朝的兄終弟及，主要可以分爲三類：皇帝預立弟爲繼承人，先帝崩後皇太后或大臣詔立弟繼承，因爲戰亂等原因由弟繼承。根據上文總結的表 2-1，以同父兄弟繼承皇位的共 30 次，其他兄弟繼承的共 11 次。按照比例分析可以發現，父死子繼占君位繼承形式比例較高的朝代，社會較爲穩定；兄終弟及占君位繼承形式比例較高的朝代，社會較爲動蕩。

第二節　兄終弟及與立弟繼兄——歷代 "皇太弟"的設置及其相關問題

　　在没有嫡長子即位的情況下，立嫡長子之弟還是立其子，是一個著名的經學問題。《禮記·檀弓》篇中，公儀仲子"舍其孫而立其子"，即立了嫡長子之弟。子服伯子舉文王立武王、微子立衍的例子，指出舍孫立子是"行古之道"。

但是孔子認爲，應當立孫。①

《白虎通》認爲，始封諸侯死後，如果没有兒子，也不能傳位於兄弟。繼世的諸侯如果無子，則可傳位於親屬，因爲有"先祖之功"：

> 始封諸侯無子死，不得與兄弟何？古者象賢也，弟非賢者子孫。《春秋》傳曰"善善及子孫"，不言及昆弟。昆弟尊同，無相承養之義。昆弟不相繼，至繼體諸侯，無子得及親屬者，以其俱賢者子孫也。重其先祖之功，故得及之。繼世諸侯無子，又無弟，但有諸父庶兄，當誰與？與庶兄，推親之序也。以僖公得繼閔公也。②

《春秋繁露》："故立嗣與孫，篤世子。"③

《公羊傳》："立嫡以長，不以賢；立子以貴，不以長。"何休解詁云："嫡子有孫而死，質家親親先立弟，文家尊尊先立孫。"④

一、先秦兩漢時期的立弟

上文提到過，宋國人是殷人的後代。春秋之時，宋宣公有嫡子與夷，卻傳位給了其弟宋穆公，其理由就是"父死子繼，兄死弟及，天下通義也"⑤。這與商王的立弟之習慣是一脈相承的。《左傳》援引《商頌》指出其符合殷禮："君子曰：'宋宣公可謂知人矣。立穆公，其子饗之，命以義夫。'《商頌》曰：'殷，受命咸宜，百禄是荷。'其是之謂乎？"⑥

根據《春秋》，宋穆公於魯隱公三年八月庚辰卒，十二月癸未葬。按照"諸侯五月而葬"的禮制規定，宋穆公的下葬日期是合禮的。然而《公羊傳》卻指出，《春秋》經文對於宋穆公之葬的記載屬於"當時而日"，是譏其"危不得葬也"。⑦爲什麼稱爲"危"呢？正是因爲其在有嫡子的情況下，仍然傳位於弟。

按當時的觀點來看，傳位於弟是宋國國家不安寧的主要原因："宋之禍，

---

① 《禮記正義》卷六《檀弓上》，（清）阮元校刻《十三經注疏》本，第 1273 頁。
② （漢）班固：《白虎通義》卷四《封公侯》，第 149~150 頁。
③ （清）蘇輿：《春秋繁露義證》，鍾哲點校，中華書局，1992 年，第 208 頁。
④ 《春秋公羊傳注疏》卷一，（清）阮元校刻《十三經注疏》本，第 2197 頁。
⑤ （漢）司馬遷：《史記》卷三八《宋微子世家》，第 1622 頁。
⑥ 《春秋左傳正義》，（清）阮元校刻《十三經注疏》本，第 3741 頁。
⑦ 《春秋公羊傳注疏》卷一，（清）阮元校刻《十三經注疏》本，第 2204 頁。

宣公爲之也。"①宋穆公在位九年，死後把王位還給了宣公之子與夷。與夷在位十年被弒，諡爲殤公。即位的則是宋穆公的兒子公子馮（宋莊公）。《史記》中對於這段歷史亦有記載，並且指出："春秋譏宋之亂自宣公廢太子而立弟，國以不寧者十世。"②

上一節提到，漢景帝時期，竇太后曾欲立梁孝王爲太子。景帝當時也表示同意。但是袁盎等人舉周道不得立弟及宋宣公不立子而立弟的例子表示反對。③ 竇嬰也指出："天下者，高祖天下，父子相傳，此漢之約也，上何以得擅傳梁王！"④可見立弟爲太子，在漢代是行不通的。

二、"皇太弟"的出現和魏晉南北朝時期的"皇太弟"

1. 西晉惠帝時期的"皇太弟"司馬穎、司馬熾

"皇太弟"最早出現在晉代。晉、唐、五代、宋、遼、元等朝，均設置了"皇太弟"。

晉惠帝的立嗣過程非常曲折，受到了著名的"八王之亂"的影響。他即位之後，永熙元年（290）八月，立廣陵王司馬遹爲皇太子。⑤ 永平元年（291）正月丙午，皇太子冠，丁未，見於太廟。⑥ 元康九年（299），太后賈南風想要除掉太子，詐稱惠帝身體不適，呼其入朝。太子到了之後，賈后找人以酒棗將太子灌醉，然後讓太子抄寫一篇事先擬好的逼迫惠帝退位的文章：

> 陛下宜自了；不自了，吾當入了之。中宮又宜速自了；不了，吾當手了之。並謝妃共要克期而兩發，勿疑猶豫，致後患。茹毛飲血於三辰之下，皇天許當掃除患害，立道文爲王，蔣爲內主。願成，當三牲祠北君，大赦天下。要疏如律令。⑦

太子在酒醉中，並不能完全抄寫這些文字，缺少的部分又由賈后補上。惠帝看到手稿之後，果然要求賜死太子。賈后使人上表要求立即執行，最終，太子雖

---

① 《春秋公羊傳注疏》卷一，（清）阮元校刻《十三經注疏》本，第 2204 頁。
② （漢）司馬遷：《史記》卷三八《宋微子世家》，第 1633 頁。
③ （漢）司馬遷：《史記》卷五八《梁孝王世家》，第 2091 頁。
④ （漢）司馬遷：《史記》卷一〇七《魏其武安侯列傳》，第 2839 頁。
⑤ （唐）房玄齡等：《晉書》卷四，第 89 頁。
⑥ （唐）房玄齡等：《晉書》卷四，第 90 頁。
⑦ （唐）房玄齡等：《晉書》卷五三，第 1459~1460 頁。

然没被賜死，但是被廢爲庶人。①

太子司馬遹被廢之後，曾有人建議立淮南王司馬允爲太弟，但是議者没有達成一致。②

永康元年（300）夏四月甲午，趙王司馬倫矯詔大赦，追復故皇太子位。五月己巳，惠帝立皇孫司馬臧爲皇太孫。③ 第二年（永寧元年，301）正月，趙王司馬倫篡位，廢皇太孫司馬臧爲濮陽王，與惠帝俱遷金墉，司馬臧隨後被害，後追謚曰哀。④ 同年五月，立襄陽王司馬尚爲皇太孫。⑤ 太安元年（302）三月癸卯，皇太孫尚薨。⑥ 惠帝爲其服齊衰期，其謚曰沖太孫。⑦ 隨後，齊王冏上表請立司馬覃爲皇太子，曰：

> 東宫曠然，冡嗣莫繼。天下大業，帝王神器，必建儲副，以固洪基。今者後宫未有孕育，不可庶幸將來而虛天緒，非祖宗之遺志，社稷之長計也。禮，兄弟之子猶子，故漢成無嗣，繼由定陶；孝和之絶，安以紹興。此先王之令典，往代之成式也。清河王覃神姿岐嶷，慧智早成，康王正妃周氏所生，先帝衆孫之中，於今爲嫡。昔薄姬賢明，文則承位。覃外祖恢世載名德，覃宜奉宗廟之重，統無窮之祚，以寧四海顒顒之望。覃兄弟雖並出紹，可簡令淑還爲國胤，不替其嗣。輒咨大將軍穎及群公卿士，咸同大願。請具禮儀，擇日迎拜。

太安元年（302）五月癸卯，惠帝立清河王司馬遐之子司馬覃爲皇太子。永安元年（304）二月乙酉，黜皇太子司馬覃復爲清河王。⑧ 三月，河間王司馬顒上表請立成都王司馬穎爲皇太弟。戊申，惠帝詔曰："朕以不德，纂承鴻緒，於兹十有五載。禍亂滔天，奸逆仍起，至乃幽廢重宫，宗廟圮絶。成都王穎溫仁惠和，克平暴亂。其以穎爲皇太弟、都督中外諸軍事，丞相如故。"⑨這是中

---

① （唐）房玄齡等：《晉書》卷五三，第 1459～1460 頁。
② （唐）房玄齡等：《晉書》卷六四，第 1721 頁。
③ （唐）房玄齡等：《晉書》卷四，第 93 頁。
④ （唐）房玄齡等：《晉書》卷五三，第 1464 頁。
⑤ （唐）房玄齡等：《晉書》卷四，第 98 頁。
⑥ （唐）房玄齡等：《晉書》卷四，第 99 頁。
⑦ （唐）房玄齡等：《晉書》卷五三，第 1464 頁。
⑧ （唐）房玄齡等：《晉書》卷四，第 102 頁。
⑨ （唐）房玄齡等：《晉書》卷四，第 102 頁。

國歷史上記載的第一位“皇太弟”。

　　成都王司馬穎是晉武帝的第十六子，趙王司馬倫篡位之後，司馬穎響應齊王司馬冏，聯合河間王司馬顒，一起討伐司馬倫。在司馬倫一黨被消滅之後，司馬冏大權獨攬，後又被司馬顒、司馬乂等人消滅。而司馬乂隨後也獨攬朝政，被司馬顒、司馬越等人消滅。司馬穎被封爲皇太弟之後，重蹈覆轍，依然專政跋扈，又遭到了衆人反對。

　　永安元年(304)七月丙申，右衛將軍陳眕以詔召百僚入殿中，提出討伐成都王穎。七月戊戌，惠帝大赦，復皇后羊氏及皇太子覃。① 司徒王戎、東海王司馬越等人率十餘萬士兵，帶着晉惠帝一起討伐司馬穎，然而被司馬穎的軍隊擊敗，惠帝也來到了司馬穎的軍中。隨後司馬穎改元建武。

　　八月戊辰，司馬穎殺東安王司馬繇。司馬顒的部將張方復入洛陽，廢皇后羊氏及皇太子覃。隨後，安北將軍王浚聯合烏丸等勢力共同攻擊司馬穎，司馬穎的部下被打敗。司馬穎與晉惠帝一同逃回洛陽。十一月，晉惠帝被張方挾持到長安，而司馬穎到了長安之後，皇太弟之位旋即被司馬顒所廢，年號也改回永安。

　　十二月丁亥，惠帝立豫章王司馬熾爲皇太弟，詔曰：“天禍晉邦，冢嗣莫繼。成都王穎自在儲貳，政績虧損，四海失望，不可承重，其以王還第。豫章王熾先帝愛子，令問日新，四海注意，今以爲皇太弟，以隆我晉邦。”②

　　豫章王司馬熾被立爲皇太弟時，清河王司馬覃尚爲太子，因此司馬熾“懼不敢當”。典書令修肅指出這是衆望所歸，也是親賢之舉：

　　　　二相經營王室，志寧社稷，儲貳之重，宜歸時望，親賢之舉，非大王而誰？清河幼弱，未允衆心，是以既升東宮，復贊藩國。今乘輿播越，二宮久曠，常恐氐羌飲馬於涇川，蟻衆控弦於霸水。宜及吉辰，時登儲副，上翼大駕，早寧東京，下允黔首喁喁之望。③

聽了這一番話，司馬熾將修肅比作漢文帝的重臣宋昌，曰：“卿，吾之宋昌也。”才答應成爲皇太弟。④

------

① (唐)房玄齡等：《晉書》卷四，第103頁。
② (唐)房玄齡等：《晉書》卷四，第104頁。
③ (唐)房玄齡等：《晉書》卷五，第115頁。
④ (唐)房玄齡等：《晉書》卷五，第115頁。

《晉書·五行志》引此事指出，立皇太弟是"變古易常，不亂則亡"：

　　惠帝永興元年，詔廢太子覃還爲清河王，立成都王穎爲皇太弟，猶加侍中、大都督，領丞相，備九錫，封二十郡，如魏王故事。案周禮傳國以胤不以勳，故雖公旦之聖不易成王之嗣，所以遠絕覬覦，永一宗祧。後代遵履，改之則亂。今擬非其實，僭差已甚。且既爲國嗣，則不應復開封土，兼領庶職。此言之不從，進退乖爽，故帝既播越，穎亦不終，是其咎僭也。後猶不悟，又立懷帝爲皇太弟。懷終流弒，不永厥祚，又其應也。語曰"變古易常，不亂則亡"，此之謂乎。①

　　陳戍國在《中國禮制史》中指出："若無嫡嗣可傳而同胞弟不止一個見在，帝王及其宗室確立一弟爲皇太弟，以便順利接班，杜絕亂源，這是晉朝人的一項發明，一項重要的政治措施。此舉當然並無宗法觀念淡化的意味，因爲皇太弟當然不是宗室之外人。而且，皇太弟之設服從於太子太孫之立，可見兄終弟及在晉朝只是父死子繼制度的補充。"②

　　2. 前趙劉乂、西燕慕容沖、前秦苻懿、北齊高湛

　　西晉開始設置的皇太弟，對少數民族的影響也很深。東晉十六國時期，前趙、西燕、前秦等國，都設立過皇太弟。

　　晉惠帝時期，劉淵被秘密推舉爲匈奴大單于。懷帝永嘉二年（308），劉淵正式稱帝。永嘉四年（310），劉淵去世，其子劉和即位。同年，劉淵第四子劉聰殺劉和自立，並立弟劉乂爲皇太弟。但劉乂的皇太弟之位很快被廢除。③

　　西燕的第一個皇帝慕容泓爲慕容沖所殺，慕容沖自稱皇太弟。④ 另一種説法是，慕容泓的謀臣高蓋、宿勤崇等因爲慕容泓的德望不如慕容沖，且持法苛峻，於是殺泓，立沖爲皇太弟。⑤

　　前秦淝水之戰兵敗以後，北方各民族陷入分裂和戰爭狀態。羌人貴族姚萇在渭北建立政權，史稱後秦。建元廿一年（385），姚萇命人縊殺苻堅，是爲新平之禍。此後，苻堅之子苻丕、族孫苻登相繼即位。苻丕死後，苻登一度請立

---

① （唐）房玄齡等：《晉書》卷二八《五行中》，第 835 頁。
② 陳戍國：《中國禮制史》（魏晉南北朝卷），第 83 頁。
③ （唐）房玄齡等：《晉書》卷一〇二，第 2658 頁。
④ （唐）房玄齡等：《晉書》卷九，第 233 頁。
⑤ （唐）房玄齡等：《晉書》卷一一四，第 2922 頁。

苻丕之子渤海王苻懿爲主。然而因爲苻懿年幼，"國亂而立長君，春秋之義也"，被衆人否決。① 於是苻登在即位之初，曾立其弟苻懿爲皇太弟。②

北齊文宣帝高洋去世之後，太子高殷即位，次年，常山王高演篡位，廢高殷爲濟南王，隨後將其殺害。高演在密謀奪位之時，曾對自己的弟弟高湛許諾"事成以爾爲皇太弟"。然而踐祚之後，卻使高湛在鄴主兵，立子百年爲皇太子，高湛甚爲不平。③ 最終，高演還是立遺詔，詔令高湛即位，是爲武成帝。

姜望來指出："弟及較之子繼是相對落後的制度，五胡較之漢族也是相對落後的民族，而皇太弟名號在十六國時代之流行，不過是北方少數民族中原來存在的部落傳統的反映；儘管十六國統治者採用這個具體的名號很可能受到了西晉的影響，但十六國時代流行的皇太弟名號與西晉皇太弟名號在內涵與背景上是有差異的，即在西晉是漢族政權內部臨時性的不具有民族、文化差異的名號，在十六國則有着鮮明的少數民族部落傳統色彩。"④

但黃壽成對這一傳位提出了質疑，他認爲："皇建二年十一月孝昭帝高演去世、高湛即位一事，完全是高湛和皇太后婁氏等人策劃的一場政變，其目的在於阻止太子高百年即位，按當年鏟除楊愔等輔政大臣後確定的高演、高湛、高濟兄終弟及的皇位繼承順序，由高湛即位。而這場政變的主謀從表面上看是高湛，因爲他是最大的獲利者，但實際上後台則是時爲皇太后並握有實權的婁氏，她才是這場政變的實際指揮者，她這樣做的目的就是不想喪失皇太后所擁有的實權，去充當那個有名無實的太皇太后。"⑤

實際上，北齊因"兄終弟及"和"父死子繼"的衝突而產生的政治衝突，遠不僅此。姜望來等在《高齊皇族促壽現象考略》中詳細分析了高歡子孫無人壽過四十這一極不正常的現象。由於皇族內部的傾軋，以及"兄終弟及"的皇位繼承方式與"父死子繼"的衝突，導致了大量宗室成員捲入皇位繼承的政治旋渦，造成了大量的非正常死亡。這也成爲北齊局勢趨於混亂乃至衰亡的

① （唐）房玄齡等：《晉書》卷一一五，第 2948 頁。
② （唐）房玄齡等：《晉書》卷一一五，第 2949 頁。
③ （唐）李百藥：《北齊書》卷一四，第 183 頁。
④ 姜望來：《兩晉南北朝"皇太弟"考略》，《魏晉南北朝隋唐史資料》第 30 輯，上海古籍出版社，2014 年。
⑤ 黃壽成：《北齊高演高湛兄終弟及事考釋》，《北大史學》第 15 輯，2010 年，第 100～111 頁。

重要原因。①

三、唐五代時期的"皇太弟"

1. 唐初的"皇太弟"

唐初，突厥鬱射設入圍烏城，李建成薦李元吉北討，但是所帶之人，乃是秦王府的驍將秦叔寶、尉遲敬德、程知節、段志玄等人，以及秦王府的精兵。高祖李淵知之不能禁。元吉想找理由趁機害死秦王，但李淵没有答應。李建成與元吉商量，打算在與秦王同至昆明池之時，埋伏壯士杀之，宣稱秦王暴卒，皇帝應該不會不信。隨後，李建成還許諾，如果高祖傳位於他，將以李元吉爲皇太弟。② 然而這一計劃並没有實現。

神龍元年(705)，唐中宗復位，李旦因誅張易之昆弟有功，被封爲安國相王，後又立其爲皇太弟，但李旦固辭不受。③

景龍三年(709)，鄭愔與中宗第二子李重福暗中勾結試圖構逆。鄭愔預推尊李重福爲天子，睿宗爲皇季叔，温王李重茂爲皇太弟，自署爲左丞相。但是李重福的謀逆並没有成功。④

2. 唐文宗皇太弟李瀍

唐文宗大和七年(833)八月，册封魯王李永爲皇太子。開成三年(838)九月，文宗以皇太子慢遊敗度，欲廢之。當晚，移太子於少陽院，殺太子宫人左右數十人。⑤ 十月，皇太子薨於少陽院。⑥ 開成四年(839)九月，又立敬宗第六子陳王李成美爲皇太子。⑦ 開成五年(840)，文宗暴病，正月詔立親弟穎王李瀍爲皇太弟，權勾當軍國事。皇太子成美復爲陳王。⑧

事實上，立李瀍爲皇太弟之事，是兩軍中尉仇士良、魚弘志矯詔所爲。詔曰：

> 朕自嬰疾疹，有加無瘳，懼不能躬總萬機，日釐庶政。稽於謨訓，謀

---

① 姜望來、徐科偉：《高齊皇族促壽現象考略》，《社會科學動態》2019 年第 6 期。
② (宋)歐陽修、(宋)宋祁：《新唐書》卷七九，第 3547 頁。
③ (後晉)劉昫等：《舊唐書》卷七，第 152 頁。
④ (宋)歐陽修、宋祁：《新唐書》卷八一，第 3594 頁。
⑤ (後晉)劉昫等：《舊唐書》卷一七下，第 575 頁。
⑥ (後晉)劉昫等：《舊唐書》卷一七下，第 575 頁。
⑦ (後晉)劉昫等：《舊唐書》卷一七下，第 579 頁。
⑧ (後晉)劉昫等：《舊唐書》卷一七下，第 579 頁。

及大臣，用建親賢，以貳神器。親弟潁王瀍昔在藩邸，與朕常同師訓，動成儀矩，性稟寬仁。俾奉昌圖，必諧人欲。可立爲皇太弟，應軍國政事，便令權勾當。百辟卿士，中外庶臣，宜竭乃心，輔成予志。陳王成美先立爲皇太子，以其年尚沖幼，未漸師資，比日重難，不遑册命，回踐朱邸，式協至公，可復封陳王。①

當晚，仇士良率領兵士於十六宅迎李瀍赴少陽院，百官謁見於東宮思賢殿。四日，文宗崩，宣遺詔："皇太弟宜於柩前即皇帝位，宰相楊嗣復攝冢宰。"十四日，李瀍受册於正殿。②

3. 唐僖宗皇太弟李傑

唐僖宗文德元年（888），由於僖宗暴病，一直没有立太子，群臣對於太子的人選有吉王、壽王兩種不同的看法。起初，群臣因爲吉王年長，將立吉王，只有軍容使楊復恭率兵迎壽王監國。③ 最終，立弟壽王李傑爲皇太弟，知軍國事。當晚，僖宗崩於武德殿。④

四、遼宋時期的"皇太弟"

陳述在《契丹政治史稿》中指出，契丹汗位推選制的殘餘形式或意識，一直保持到其建國之後，"仍然反映在帝位繼承問題上，成爲從首領推選到帝位世襲的一個過渡轉變階段"⑤。

1. 遼皇太弟耶律李胡

遼太宗天顯五年（930）三月乙亥，耶律德光册封皇弟耶律李胡爲壽昌皇太弟，兼天下兵馬大元帥。⑥ 李胡戰功顯赫。天顯八年（933）正月，耶律德光命皇太弟李胡、左威衛上將軍撒割率兵伐黨項，並且親自餞行。⑦ 三月辛卯，皇太弟討黨項勝還，宴勞之。⑧

但是李胡並没有繼承皇位。大同元年（947）四月，耶律德光之兄耶律倍的

---

① （後晉）劉昫等：《舊唐書》卷一八上，第 583~584 頁。
② （後晉）劉昫等：《舊唐書》卷一八上，第 584 頁。
③ （宋）歐陽修、（宋）宋祁：《新唐書》卷一〇，第 283 頁。
④ （後晉）劉昫等：《舊唐書》卷一九下，第 729~730 頁。
⑤ 陳述：《契丹政治史稿》，人民出版社，1963 年，第 61~62 頁。
⑥ （元）脫脫等：《遼史》卷三，第 31 頁。
⑦ （元）脫脫等：《遼史》卷三，第 34 頁。
⑧ （元）脫脫等：《遼史》卷三，第 34~35 頁。

長子耶律阮，在德光去世之後即位，是爲遼世宗。太后聽説之後，遣皇太弟李胡率兵拒之。六月，李胡的軍隊被耶律阮的軍隊擊敗。①

陳述指出，遼太宗去世之後，兀欲(耶律阮)和皇太弟李胡的爭奪中，有過類似推選的形式：大同元年(947)閏七月，李胡與耶律阮的軍隊在潢河兩岸相持。耶律屋質入諫太后，提出耶律阮已立，太后宜許之。當時李胡在側，作色曰：“我在，兀欲安得立？”屋質指出李胡因爲“酷暴”，已失人心。太后看着李胡説：“昔我與太祖愛汝異於諸子，諺云：‘偏憐之子不保業，難得之婦不主家。’我非不欲立汝，汝自不能矣。”雙方後來會議和解，李胡前往上京。但是最終，耶律阮聽聞太后和李胡仍有異謀，便將其貶謫於祖州，禁其出入。②

陳述認爲，雙方的“會議”，即是推選大汗的議會的殘餘形式。根據《遼史》，“太宗崩，諸大臣立世宗”。耶律阮得立，是諸位將領共同的決定。李胡和壽安王(即繼承世宗之位的遼穆宗)都是落選的候選人。陳述指出：“事實表明起兵相爭者，不是德光之子，也不是因爲德光有子”，“契丹人心目中的大汗繼承，殆不同於漢俗的立長立嫡”。③

遼穆宗耶律璟應曆十年(960)十月，李胡之子喜隱謀反，李胡被牽連，死在獄中。統和年間，追諡欽順皇帝。重熙二十一年(1052)，更諡章肅，後曰和敬。④

2. 遼皇太弟耶律重元

陳述指出：“聖宗之後，由興宗而道宗而天祚，對於大位繼承已經漢化，進入立長立嫡的軌道，但也非平靜固定。”⑤

遼聖宗崩後，欽哀皇后稱制，密謀立耶律重元。重元將此密謀告訴了遼興宗，於是興宗更加器重他，封爲皇太弟。⑥ 興宗在一次宴酣之後，許以千秋萬歲後傳位於重元。重元非常高興，愈發驕縱不法。重元又與興宗博雙陸，以居民城邑爲賭注。興宗屢屢輸給重元，前前後後償給重元數座城。重元的這一行爲，“既恃梁孝王之寵，又多鄭叔段之過”，朝臣無人敢言，道路以目。⑦

---

① (元)脱脱等：《遼史》卷五，第 63 頁。
② (元)脱脱等：《遼史》卷七二，第 1213 頁。
③ 陳述：《契丹政治史稿》，第 76 頁。
④ (元)脱脱等：《遼史》卷七二，第 1213~1214 頁。
⑤ 陳述：《契丹政治史稿》，第 81 頁。
⑥ (元)脱脱等：《遼史》卷一一二，第 1502 頁。
⑦ (元)脱脱等：《遼史》卷一〇九，第 1480 頁。

從興宗對重元的屢次關照和賞賜，都可以看出其對重元的欣賞：

重熙六年（1037）五月庚申，出飛龍厩馬，賜皇太弟重元及北、南面侍臣有差。① 七月壬寅，因爲皇太弟重元生子，興宗賜詩及寶玩器物，曲赦死罪以下。②

重熙七年（1038）三月戊戌朔，興宗幸皇太弟重元行帳。③ 十二月，任命皇太弟重元爲北南院樞密使事。④

重熙十一年（1042）閏月，興宗幸南京，宴於皇太弟重元第，泛舟於臨水殿宴飲。⑤ 十二月甲辰，封皇太弟重元子涅魯古爲安定郡王。⑥

重熙十三年（1044）九月，遼征西夏，興宗任命皇太弟重元、北院樞密使韓國王蕭惠率領先鋒兵西征。⑦

重熙十七年（1048）十一月丁巳，賜皇太弟重元金券。⑧

重熙二十三年（1054）三月丁亥，興宗再次幸皇太弟重元帳。⑨

重熙二十四年（1055）三月癸亥，重元生子，興宗又曲赦行在及長春、鎮北二州徒以下罪。⑩

但是，從遼與宋的使節往來中，可以看出興宗對於重元即位的隱憂。宋吏部侍郎王拱辰出使遼國，在會談中，太后與遼興宗展開了暗中角力：

> 契丹國母愛其少子宗元，欲以爲嗣，問拱辰曰："南朝太祖、太宗，何親屬也？"拱辰曰："兄弟也。"曰："善哉，何其義也。"契丹主曰："太宗、真宗，何親屬也？"拱辰曰："父子也。"曰："善哉，何其禮也。"既而契丹主屏人，謂拱辰曰："吾有頑弟，他日得國，恐南朝未得高枕也。"⑪

---

① （元）脱脱等：《遼史》卷一八，第 218 頁。
② （元）脱脱等：《遼史》卷一八，第 219 頁。
③ （元）脱脱等：《遼史》卷一八，第 220 頁。
④ （元）脱脱等：《遼史》卷一八，第 221 頁。
⑤ （元）脱脱等：《遼史》卷六八，第 1066～1067 頁。
⑥ （元）脱脱等：《遼史》卷一九，第 228 頁。
⑦ （元）脱脱等：《遼史》卷一九，第 231 頁。
⑧ （元）脱脱等：《遼史》卷二〇，第 239 頁。
⑨ （元）脱脱等：《遼史》卷二〇，第 246 頁。
⑩ （元）脱脱等：《遼史》卷二〇，第 247 頁。
⑪ （宋）李燾：《續資治通鑑長編》卷一七七，上海師範大學古籍整理所等點校，中華書局，2004 年，第 4281～4282 頁。《續資治通鑑長編》中重元原作"崇元"，點校本據宋本等改作"宗元"。

太后問宋太祖、太宗是何關係，是爲使重元順利即位張本。而興宗問太宗、真宗是何關係，則可以看出他對於重元即位存在疑慮。

按照禮制規定，重元作爲朝臣，參與外交行爲需要得到國君的許可。但是重元恃寵而驕，曾自行與宋朝來往（自通書幣）。① 這也爲他之後的謀逆埋下了隱患。

興宗崩後，重元並没能以皇太弟的身份即皇帝位。興宗長子耶律洪基即位，是爲遼道宗，封重元爲皇太叔，並且允許他不拜皇帝，皇帝也不對他直呼其名（免漢拜，不名）。② 清寧二年（1056），耶律洪基封皇太叔重元爲天下兵馬大元帥，其子吳王涅魯古進封爲楚國王。③ 清寧四年（1058），耶律洪基又賜重元金券。④

清寧九年（1063），敦睦宮使耶律良將重元與其子涅魯古要謀反的事情密告太后。太后言於耶律洪基。耶律洪基尚有懷疑，太后曰："此社稷大事，宜早爲計。"於是耶律洪基開始戒嚴。⑤

七月戊午，重元與其子楚國王涅魯古等凡四百人，誘脅弩手軍犯行宫，南院樞密使許王仁先、知北樞密院事趙王耶律乙辛、南府宰相蕭唐古、北院宣徽使蕭韓家奴、北院樞密副使蕭惟信、敦睦宮使耶律良等率宿衛士卒數千人抵抗。涅魯古躍馬突出，將戰，被近侍詳穩渤海阿廝、護衛蘇射殺。庚申，重元亡入大漠，自殺。⑥

3. 金"諳班勃極烈"

金人之官長皆稱曰"勃極烈"。金太宗即位前爲"諳班勃極烈"（又作"諳版勃極烈"）。"諳版"是尊大之稱。⑦ "諳版勃極烈"是"官之尊且貴者"。⑧ 金建國之初，"制度未立，太宗、熙宗皆自諳班勃極烈即帝位。諳班勃極烈者，漢語云最尊官也。熙宗立濟安爲皇太子，始正名位，定制度焉"⑨。除了太宗、

---

① （宋）李燾：《續資治通鑑長編》卷一三五，第 3231 頁。《續資治通鑑長編》中重元原作"崇元"，點校本據宋本等改作"宗元"。

② （元）脫脫等：《遼史》卷二一，第 252 頁。

③ （元）脫脫等：《遼史》卷二一，第 254 頁。

④ （元）脫脫等：《遼史》卷二一，第 257 頁。

⑤ （元）脫脫等：《遼史》卷七一，第 1204 頁。

⑥ （元）脫脫等：《遼史》卷二二，第 262 頁。

⑦ （元）脫脫等：《金史》卷五五《百官志一》，第 1215 頁。

⑧ （元）脫脫等：《金史·金國語解》，第 2891 頁。

⑨ （元）脫脫等：《金史》卷八〇《完顏道濟列傳》，第 1798 頁。

熙宗外，太宗即位後，曾立其母弟完顏杲爲諳班勃極烈，但未及即位而薨。①
"諳班勃極烈"這一官職此時雖字面上不是"皇太弟"之意，但實際上兼有了這
一身份。這種傳位方法是金尚未建立禮制之時的一種出於民族風氣與習慣，並
與當時社會環境緊密相關的做法。趙翼指出，这种傳位於"諳班勃極烈"的方
式，是金建國之初父子兄弟同心協力的一種表現："可見開國之初，家庭間同
心協力，皆以大門户啓土宇爲念，絶無自私自利之心。"②

4. 南宋趙構被降爲"皇太弟"

宋代雖有兄弟相繼，但並無立"皇太弟"之事。唯南宋高宗時期，高宗曾
被降爲"皇太弟"，但旋即復位。

建炎三年(1129)三月壬午，苗傅、劉正彦等叛變，迫使宋高宗趙構遜位
於皇子魏國公，請隆祐太后垂簾聽政。第三天(甲申)，趙構被尊爲"睿聖仁孝
皇帝"，居住在顯寧寺，稱爲"睿聖宫"。③己丑，改元明受。張浚奏請睿聖皇
帝親總要務。庚寅，百官始朝睿聖宫，吕頤浩奏請睿聖皇帝復大位。癸卯，太
后詔："睿聖皇帝宜稱皇太弟、天下兵馬大元帥、康王，皇帝稱皇太姪、監
國。"賜苗傅、劉正彦鐵券。吕頤浩、張浚傳檄中外討傅、正彦。乙巳，太后
降旨睿聖皇帝處分兵馬重事。丙午，吕頤浩、張浚從平江出發，丁未駐紮在吳
江，奏乞建炎皇帝還即尊位。夏四月戊申朔，太后下詔還政，睿聖皇帝趙構
復位。④

在太后詔令趙構稱"皇太弟、天下兵馬大元帥"時，諫議大夫鄭毅的評論
最爲中肯。他指出此事不妥。他認爲在庭的公卿、百司、群吏，都是趙構昔日
的臣屬，而今則與之比肩事主。"稽之於古，則無所法；行之於今，則實
逆天。"⑤

鄭毅還指出君主之號不可如此降改："人君位號豈容降改，聞之天下，孰
不懷疑。雖前世衰亂分裂之時，固未有旬日之間易兩君，一朝降兩朝位號

---

① (元)脱脱等：《金史》卷四《熙宗本紀》，第 69 頁；卷七六《完顏杲列傳》，第 1740
頁。

② (清)趙翼著，王樹民校證：《廿二史劄記校證》卷二八，中華書局，1984 年，第
621 頁。

③ (元)脱脱等：《宋史》卷二五，第 462 頁。

④ (元)脱脱等：《宋史》卷二五，第 463~464 頁。

⑤ (元)脱脱等：《宋史》卷三九九，第 12124 頁。

者也。"①

五、元代的"皇太弟"

趙翼在《廿二史劄記》中指出，元人不知有"皇太弟"，只知繼體者爲"皇太子"，因此出現了立弟爲皇太子的情況：

> 元成宗崩，無子，其兄子海山鎮漠北，海山弟愛育黎拔力八達在懷州，入京監國，迎海山即位，是爲武宗，武宗即立愛育黎拔力八達爲皇太子。又泰定帝崩，武宗二子在外，長曰和世㻋，鎮漠北，其弟圖帖睦爾在江陵，亦先入京。稱號，迎和世㻋即位，是爲明宗，明宗亦立圖帖睦爾爲皇太子。明宗尋被害，皇太子仍即位，是爲文宗。按武、明二帝皆以其弟爲儲副，則皇太弟之號實屬相宜，乃反立爲皇太子，是直以弟爲子矣。蓋元人不知有皇太弟故事，但知皇太子爲繼體之號，而不知其爲對君父之稱也。②

趙翼列舉了元武宗、明宗立弟爲太子之事，認爲元人不知有皇太弟故事。事實上，元代有"皇太弟"，在我國和高麗史中均有明確記載。

元烈祖神元皇帝也速該共有五子，長子爲元太祖鐵木真，次子爲搠只哈〔撒〕兒王，三子爲哈赤溫大王，四子爲鐵木哥斡赤斤，即皇太弟國王斡嗔那顏，五子別里古台王。③

鐵木真率軍西征期間，斡赤斤以皇太弟的身份主持政務，被稱爲"國王"，權力很大："庚辰，留哥卒，年五十六。妻姚里氏入奏，會帝征西域，皇太弟承制以姚里氏佩虎符，權領其衆者七年。"④根據《高麗史》記載，斡赤斤曾經以皇太弟的身份，派人前往高麗索取獺皮等物：

> 甲子，王迎詔於大觀殿，蒙古東真二十一人皆欲上殿傳命。我國欲只許上價一人上殿，往復未決。目將異，乃許八人升殿，傳蒙古皇太弟鈞

---

① （元）脫脫等：《宋史》卷三九九，第 12123 頁。
② （清）趙翼著，王樹民校證：《廿二史劄記校證》卷一四，第 291 頁。
③ （明）宋濂等：《元史》卷一〇七，第 2710 頁。
④ （明）宋濂等：《元史》卷一四九，第 3514 頁。

旨，索獺皮一萬領、細紬三千四、細苧二千四、綿子一萬觔、龍團墨一千丁、筆二百管、紙十萬張、紫草五觔、莊花藍苟朱紅各五十觔、雌黄光榛桐油各十觔。①

《元史》中對皇太弟斡赤斤與高麗的往來亦有記載：

十五年九月，大頭領官堪古苦、着古歟等復以皇太弟、國王書趣之，仍進方物。十六年七月，有旨，諭以伐女直事，始奉表陳賀。八月，着古歟使其國。十月，喜速不(爪)〔瓜〕等繼使焉。十七年十月，詔遣着古歟等十二人至其國，察其納款之實。十八年八月，宣差山术觧等十二人復以皇太弟、國王書趣其貢獻。十九年二月，着(右)〔古〕歟等復使其國；十二月，又使焉，盜殺之於途，自是連七歲絕信使矣。②

鐵木真的幼子托雷也曾被稱爲“皇太弟”，《元史》記載：“壬辰，皇太弟拖雷南渡河，天禄爲前鋒，戰退金兵，奪戰船數艘。”③

元世祖忽必烈也當過“皇太弟”，《元史》記載：“時世祖以皇太弟受詔征雲南，駐軍六盤山，乃持五千兩往獻之，世祖曰：‘天以賜汝，焉用獻！’對曰：‘殿下新封秦，金出秦地，此天以授殿下，臣不敢私，願以助軍。’”④

綜上所述，“皇太弟”的設置遠遠晚於兄終弟及繼承方式的出現。由於嫡長子繼承制一直是中國繼承制度的主流，傳位於弟往往因爲無子、戰亂等情況。預先立弟爲儲君，是對父死子繼制度的補充。主動立弟为“皇太弟”出現於西晉，一直持续到元代。從元代开始出現的立弟为“皇太子”的情況，在儒家文化圈内也有傳播。20 世紀初，朝鮮王朝最後一個皇帝純宗立弟李垠爲“皇太子”。2017 年，日本天皇明仁退位，長子德仁繼位，次子秋筱宮爲“皇太子”，“以弟爲子”的做法在現代法律中得到確認。

① 《高麗史》卷二二，朝鮮活字本。
② (明)宋濂等：《元史》卷二〇八，第 4608 頁。
③ (明)宋濂等：《元史》卷一五二，第 3602 頁。
④ (明)宋濂等：《元史》卷一六九，第 3967 頁。

第三節　歷代兄終弟及帝王之服制

在中國傳統的喪服制度中，子爲父、臣爲君的服制基本相同。因此，在"父死子繼"的情況下，爲前代君王服三年之喪，不存在任何爭議。但是，傳統的喪服制度中，弟爲兄的喪服比臣爲君、"爲人後者"爲所後之父的要輕。這樣一來，爲前代君王服弟爲兄的正服，還是服臣爲君的義服，抑或是以自己爲子去服"爲人後者"之服，就成了重要的問題。

按照《儀禮》，子爲父服、諸侯爲天子服、爲人後者爲所後之父的喪服是"斬衰裳，苴絰、杖、絞帶，冠繩纓，菅屨"，期限都是三年。①

昆弟爲兄、大夫之庶子爲嫡昆弟、爲人後者爲本生父母，則服一年，喪服是"疏衰裳，齊，牡麻絰，冠布纓，布帶，麻屨"②。

從父昆弟、爲人後者爲其昆弟，喪服是"大功布衰裳，牡麻絰，纓，布帶，三月，受以小功衰，即葛，九月"③。

漢文帝對喪期做了較大的更改，被後世稱爲"以日易月"，廣爲引用。他在遺詔中寫明："以下，服大紅十五日，小紅十四日，纖七日，釋服。"④其中，"以下"二字，顏師古注爲"爲下棺也"，表明此"大紅十五日，小紅十四日，纖七日"是在下葬以後。⑤ 漢文帝於後元七年(前157)六月己亥崩，同月乙巳葬，自崩至葬共七日。按照遺詔的說法，爲文帝服的短喪，一共應該是四十三日。這與禮書的規定不同，可以看作文帝獨創的權制。

《漢書·翟方進傳》中，記載了漢文帝喪制改革産生的影響：翟方進作爲大臣，爲後母服喪，也是三十六日除服，"及後母終，既葬三十六日，除服起視事，以爲身備漢相，不敢逾國家之制"⑥。

在漢代以後，"以日易月"不斷發展。魏晉南北朝大部分的朝代實行的是

---

① 《儀禮注疏》卷二八、二九《喪服》，(清)阮元校刻《十三經注疏》本，第1096~1101頁。

② 《儀禮注疏》卷三〇《喪服》，(清)阮元校刻《十三經注疏》本，第1104~1105頁。

③ 《儀禮注疏》卷三一《喪服》，(清)阮元校刻《十三經注疏》本，第1112頁。

④ (漢)班固：《漢書》卷四《文帝紀》，第132頁。

⑤ (漢)班固：《漢書》卷四《文帝紀》，第133頁。

⑥ (漢)班固：《漢書》卷八四《翟方進傳》，第3416~3417頁。

既葬(卒哭)除服,北齊和唐代前期實行的是葬畢加服三十六日,唐玄宗之後一直到宋代,實行的是二十七日的"以日易月"。

　　歷代正史本紀與禮儀志,對皇帝的喪服問題多有所記載,但是有詳有略,現簡要列表 2-3 如下:

表 2-3　歷朝皇帝喪服制表

朝　代		繼位之君	被繼之君	關　係	服　制
漢	西漢	宣帝	昭帝	堂侄孫	小功
		哀帝	成帝	侄	不杖期
		平帝	哀帝	從父昆弟	大功
	東漢	安帝	殤帝	從父昆弟	大功
		質帝	沖帝	族兄弟	緦麻
		桓帝	質帝	族叔	緦麻
晉	西晉	懷帝	惠帝	弟	不杖期
		愍帝	懷帝	侄	不杖期
	東晉	康帝	成帝	弟	不杖期
		哀帝	穆帝	從父昆弟	大功
		海西公	哀帝	弟	不杖期
		簡文帝	海西公	叔祖父	小功
		恭帝	安帝	弟	不杖期
南朝	宋	文帝	少帝	弟	不杖期
		明帝	前廢帝	叔	不杖期
		順帝	後廢帝	弟	不杖期
	齊	鬱林王	武帝	孫	不杖期
		海陵王	鬱林王	弟	不杖期
		明帝	海陵王	叔	不杖期
		和帝	東昏侯	弟	不杖期
	梁	元帝	簡文帝	弟	不杖期
	陳	宣帝	廢帝	叔	不杖期

续表

朝 代		繼位之君	被繼之君	關 係	服 制
北朝	北齊	文宣帝	文襄帝	弟	不杖期
		孝昭帝	文宣帝	弟	不杖期
		武成帝	孝昭帝	弟	不杖期
唐		睿宗	中宗	弟	不杖期
		文宗	敬宗	弟	不杖期
		武宗	文宗	弟	不杖期
		昭宗	僖宗	弟	不杖期
宋		太宗	太祖	弟	不杖期
		徽宗	哲宗	弟	不杖期
		英宗	仁宗	堂侄	小功
		高宗	欽宗	弟	不杖期
明		代宗	英宗	弟	不杖期
		世宗	武宗	從父昆弟	大功
		思宗	熹宗	弟	不杖期
清		德宗	穆宗	從父昆弟	大功
		宣統帝	德宗	侄	不杖期

一、晉代帝王兄終弟及服制

1. 西晉

晉武帝咸寧二年(276),安平穆王司馬隆薨。司馬隆無子,以母弟司馬敦為後。太常博士張靖指出,應該按照魯國僖公為閔公服喪之例,服三年之喪。尚書回應指出,穆王不曾以司馬敦為後,司馬敦又是繼安平獻王之後,與閔公、僖公之事不同。孫毓、宋昌認為,安平穆王不在諸侯國做國君,司馬敦也不為諸侯之臣,不應當服三年。最終,他們制定了一個中和的辦法,為安平穆王服一年,即弟為兄之本服,同時主穆王喪祭三年畢後,再吉祭獻王。做此權變的理由,孫毓解釋為:

> 禮,君之子孫所以臣諸兄者,以臨國故也。禮又與諸侯為兄弟服斬

者，謂鄰國之臣於鄰國之君，有猶君之義故也。今穆王既然不之國，不臣兄弟，敦不仕諸侯，無鄰臣之義，異於閔僖，如符旨也。但喪無主，敦既然奉詔紹國，受重主喪，典其祭祀。"大功者主人之喪，有三年者則必爲之再祭。"鄭氏注云："謂死者之從父昆弟來爲喪主也。有三年者，謂妻若子幼少也。""再祭，謂大小祥也。"穆妃及國臣於禮皆當三年，此爲有三年者，敦當爲之主大小兩祥祭也。且哀樂不相雜，吉凶不相干。凶服在宫，哭泣未絕。敦遽主穆王之喪，而國制未除，則不得以己本親服除而吉祭獻王也。①

意思是説，雖然司馬敦只須爲安平穆王服一年之喪，但是穆王之妃和國臣都仍須按禮爲其服三年之喪。這樣一來，司馬敦就必須以喪主的身份主持大小祥的祭祀，三年喪期之後，才可以以吉服祭祀自己的父親。

2. 東晉

東晉康帝是成帝之母弟，繼承皇位之後，既没有實行既葬除服，也没有在有司勸諫下周年除服。他下詔指出不應輕降：

　　禮之降殺，因時而寢興，誠無常矣。至於君親相準，名教之重，莫之改也。權制之作，蓋出近代，雖曰適事，實弊薄之始。先王崇之，後世猶怠，而况因循，又從輕降，義弗可矣。②

只可惜康帝即位不滿三年即崩，未爲成帝完成三年之喪。

東晉另一件值得注意的服喪事件也與康帝有關。康帝的皇后在穆帝即位之後，尊爲皇太后。穆帝即位之時年幼，太后臨朝稱制，並於穆帝冠禮之後還政。穆帝崩後，哀帝、海西公之時，太后均臨朝稱制。簡文帝即位後，尊其爲崇德太后。實際上，簡文帝是康帝的叔父。

簡文帝在位不到兩年即崩，其子孝武帝即位。孝武帝年幼，群臣又復請崇德太后臨朝稱制。孝武帝冠禮之後歸政，復稱崇德太后。

孝武帝太元九年（384），崇德太后崩。由於崇德太后是孝武帝之從嫂，服制問題在群臣中存在疑問。按照禮制，叔嫂之間應該無服。《禮記·檀弓》："喪服，兄弟之子猶子也，蓋引而進之也。嫂叔之無服也，蓋推而遠之也。"但

① （唐）房玄齡等：《晉書》卷二〇《禮志》，第 627 頁。
② （唐）房玄齡等：《晉書》卷七《康帝紀》，第 185 頁。

崇德太后的身份卻是太后，又曾經臨朝稱制。博士徐藻指出，爲太后服喪應與母同：

> 資父事君而敬同。又，禮，其夫屬父道者，其妻皆母道也。則夫屬君道，妻亦后道矣。服後宜以資母之義。魯譏逆祀，以明尊尊。今上躬奉康、穆、哀皇及靖后之祀，致敬同於所天。豈可敬之以君道，而服廢於本親。謂應服齊衰期。①

最終，孝武帝爲崇德太后服齊衰期。

二、唐宣宗爲唐武宗服制考

唐初，按照漢文帝的喪服權制，喪期爲三十六日。唐太宗崩，遺詔也爲三十六日，群臣延之，既葬除服，共服約四個月。高宗、武后崩後皆如漢制，玄宗、肅宗以後則改爲二十七日。②

會昌六年(846)三月一日，唐武宗疾篤，遺詔立李怡爲皇太叔。第二天，柩前即帝位，改名爲李忱。四月辛未，宣宗釋服。③ 則宣宗爲武宗服不止二十七日，推測應是三十六日。

三、宋代君位兄終弟及所服三年之喪考

宋代君位共出現過三次兄終弟及的情況，第一次是宋太宗繼承宋太祖，第二次是宋徽宗繼承宋哲宗，第三次是宋高宗繼承宋欽宗。此外，宋朝著名的"濮議"，也與兄終弟及問題有關，值得注意。

宋朝實行的是對外以日易月、對內仍服原喪期的"雙軌服喪制"。④

宋哲宗時秘書正字范祖禹曾經指出，北宋自太祖太宗以來，外廷採用"以日易月"之制度，宮中則實行三年之喪。但是他也認爲，這種內外不一的服制，並不合禮制的要求：

---

① （唐）房玄齡等：《晉書》卷二〇《禮志》，第 624 頁。
② （後晉）劉昫等：《舊唐書》卷一一九《崔佑甫傳》，第 3439 頁。
③ （後晉）劉昫等：《舊唐書》卷一八下《宣宗本紀》，第 614 頁。
④ 關於宋代的"雙軌服喪制"，參見郝怡：《宋代帝室中兄終弟及服制研究》，山西師範大學碩士學位論文，2014 年。

先王制禮，以君服同於父，皆斬衰三年，蓋恐爲人臣者，不以父事其君，此所以管乎人情也。自漢以來，不惟人臣無服，而人君遂亦不爲三年之喪。唯國朝自祖宗以來，外廷雖用易月之制，而宮中實行三年之喪。且易月之制，前世所以難改者，以人君自不爲服也。今群臣易月，而人主實行三年之喪，故十二日而小祥，期而又小祥，二十四日大祥，再期而又大祥。夫練、祥不可以有二也，既以日爲之，又以月爲之，此禮之無據者。再期而大祥，中月而禫，禫者祭之名，非服之色也，今乃爲之慘服三日然後禫，此禮之不經者也。既除服，至葬而又服之，蓋不可以無服也。祔廟而後既吉，財八月矣，而遽純吉，無所不佩，此又禮之無漸也。易月之制，因襲已久，既不可追，宜令群臣朝服，止如今日而未除衰，至期而服之，漸除其重者，再期而又服之，乃釋衰，其餘則君服斯服可也。至於禫，不必爲之服，惟未純吉以至於祥，然後無所不佩，則三年之制略如古矣。①

首先看宋太宗繼承宋太祖的情況。根據太祖遺詔，繼位者只需要服"以日易月"的二十七日："以日易月，皇帝三日而聽政，十三日小祥，二十七日大祥。"②但是根據《宋史·禮志》記載，太宗爲太祖服了三年之喪：

太宗皇帝上繼太祖，兄弟相及，雖行易月之制，實斬衰三年，以重君臣之義。公除已後，庶事相稱，具載國史。③

然而，宋太宗的服喪時間，並不夠二十七個月。根據《宋史》記載，開寶九年(976，十二月改爲太平興國元年)十月二十日，宋太祖崩。從喪服的角度看，太宗只有在初喪和第二年(977，太平興國二年)四月啓欑宮(待安葬的靈柩)之時服喪服。④ 但是儀式一旦結束，也就換成了常服。

從用樂方面，也可以看出太宗的服喪情況。《禮記·檀弓》云："祥而縞，是月禫，徙月樂。"⑤意思是説，禫祭(除去孝服)的下個月，才能夠奏樂。《禮

---

①　(元)脱脱等：《宋史》卷一二二《禮志》，第 2855 頁。
②　(元)脱脱等：《宋史》卷一二二《禮志》，第 2849 頁。
③　(元)脱脱等：《宋史》卷一二二《禮志》，第 2856 頁。
④　(元)脱脱等：《宋史》卷一二二《禮志》，第 2850 頁。
⑤　《禮記正義》卷八《檀弓上》，(清)阮元校刻《十三經注疏》本，第 1294 頁。

記・曲禮》篇也有"居喪不言樂"的説法。① 太平興國二年（977）二月壬寅，太宗大宴崇德殿，不作樂。② 五月庚午，宴崇德殿，不作樂。③ 十月十三日，宰臣薛居正等上表，勸太宗恢復舉樂，指出當時除了輟樂之外，已經都恢復正常：

> 太平興國二年十月十三日，宰臣薛居正曾上表："臣聞禮之大在乎順，順則酌古今之中；君之心本乎仁，仁則從億兆之欲。質文迭用，損益可知。敢撫前經，式陳公議。伏惟皇帝陛下大明毓粹，至道在躬，宣猷於納麓之辰，邁德於飛天之運。恢纂舊服，發揮永圖，恭勤日躋，孝友天賦，實歷逾稔，至懷益臻。遊豫之娛，動而有節；擊拊之樂，過而不陳。曠三五而無偕，豈蹈詠之能盡！群臣庸淺，謬竊寵光，空仰雲天，何裨萬一。然則先王之禮，過弗能逾；四海之情，勤不可奪。伏況易月之制，遺詔甚明，公除以來，庶事相稱，獨從輟樂，誠未得宜。今者流虹紀節之初，在鎬宣恩之際。梯航之貢，並集彤庭，華裔之人，同承大慶。禮容不備，盛德何觀！周行之臣，實任其責。伏望俯回睿鑒，曲采輿詞，許容賜宴之辰，特舉在縣之奏。"④

太宗見到此表，並没有應允。他表示："遏密於下，自有三年之期；創鉅因心，固無一日之樂。"⑤直到表三上固請，太宗才從之。⑥ 十一月九日，太宗宴大明殿，才開始舉樂。⑦

元符三年（1100），哲宗崩後，禮部議服制事宜時，指出薛居正所上之表中"公除以來，庶事相稱，獨從輟樂，誠未得宜"，指的就是太宗在公除之後，"除不舉樂外，釋衰從吉"，不再服喪。⑧

有人認爲，太宗爲太祖實際上服了期年，並不是三年。元符三年（1100），宋哲宗詔三省、樞密院集侍從官議"太平興國二年所用是何服紀"，即是對三

---

① 《禮記正義》卷四《曲禮下》，（清）阮元校刻《十三經注疏》本，第 1257 頁。
② （元）脱脱等：《宋史》卷四《太宗本紀》，第 55 頁。
③ （元）脱脱等：《宋史》卷四《太宗本紀》，第 56 頁。
④ 《宋會要輯稿》，劉琳等校點，上海古籍出版社，2014 年，第 1526～1527 頁。
⑤ 《宋會要輯稿》，第 1527 頁。
⑥ （元）脱脱等：《宋史》卷四《太宗本紀》，第 57 頁。
⑦ 《宋會要輯稿》，第 1527 頁。
⑧ （元）脱脱等：《宋史》卷一二二《禮志》，第 2856 頁。

年之喪之事有疑問。① 按照太宗實際上所服的喪期來看，對太祖的喪期應該是期年。

嘉祐八年（1063）三月，宋仁宗崩。宋英宗即位之後，治平二年（1065），禮院奏請詳定仁宗大祥變除服制。禮院奏曰：

> 近依國朝故事，詳定仁宗大祥變除服制，以三月二十九日禫除，至七月一日從吉，已蒙降敕。臣等謹按禮學，王肅以二十五月爲畢喪，而鄭康成以二十七月，《通典》用康成之説，又加至二十七月終，則是二十八月畢喪，而二十九月始從吉。蓋失之也。祖宗時據《通典》爲正，而未講求故事，天聖中更定五服年月敕，斷以二十七月，今士庶所同遵用。夫三年之喪，自天子達於庶人，不宜有異，請於三月二十九日爲大祥，五月擇日而禫，六月一日從吉。②

“三月二十九日禫除”則是二十五個月之制，“五月擇日而禫”爲二十七個月。最終，英宗選擇了二十七月之制，爲仁宗服了三年之喪。

元符三年（1100）正月十二日宋哲宗崩，隨後宋徽宗即位，哲宗之山陵制度，皆仿照太宗爲太祖的做法。七月十一日，啓菆。二十日，靈駕發引。八月八日，葬永泰陵。九月一日，以升祔畢，群臣吉服如故事。太常寺指出，太宗以兄終弟及上繼太祖，雖行易月之制，實際上還是服了斬衰三年以重君臣之義。而此時徽宗繼承哲宗，“實承神考之世”，既已用開寶故事，爲哲宗服衰重，則神主已祔之後，百官之服並用純吉，皇帝服御也應如太平興國二年（977）之例。③

禮部上書稱，太平興國二年（977），公除之後，除不舉樂之外，應釋衰從吉。因此，徽宗應當御常服、素紗展腳襆頭、淡黃衫、黑犀帶。宰臣請從禮官議，於是徽宗乃詔令等到一年後服吉。

但是，此詔未經過門下，即付有司。給事中龔原指出：“喪制乃朝廷大事，今行不由門下，是廢法也。臣爲君服斬衰三年，古未嘗改。且陛下前此議

---

① （宋）李燾：《續資治通鑑長編》卷五二〇，第 12371 頁。

② （宋）李燾：《續資治通鑑長編》卷二〇四《英宗治平二年》，第 4953 頁。《續資治通鑑》作“以三月二十九日祥，六月二十九日禫除，至七月一日從吉”，見（清）畢沅：《續資治通鑑》卷六三《宋紀》，中華書局，1957 年，第 1538 頁。

③ （元）脫脫等：《宋史》一二二《禮志》，第 2856 頁。

服，禮官持兩可之論，陛下既察見其奸，其服遂正。今乃不得已從之，臣竊爲陛下惜。開寶時，並、汾未下，兵革未弭，祖宗櫛風沐雨之不暇，其服制權宜一時，非故事也。"龔原坐黜知南康軍，於是詔依元朝降服喪三年之制，將元符三年(1100)九月"自小祥從吉"的詔令予以改正。

四、明世宗爲武宗服喪考

明武宗於正德十六年(1521)三月乙丑崩，四月辛卯爲第二十七日，禮當除服。但是此時新皇帝尚未即位，禮部奏請暫不除服：

> 遺詔以日易月，是日當除服，今新天子未至，宜勿除。①

懿旨從之。四月癸卯，興獻王世子自湖北來到京師，謁大行皇帝幾筵並朝皇太后之後即皇帝位，是爲明世宗。第二天，禮部尚書毛澄上書，認爲武宗之喪已過二十七日，希望世宗以宗廟社稷爲重，除服視事。世宗不許，提出要再服二十七日："朕哀痛方切，未忍遽離喪次。其以二十七日視朝，具儀來聞。"②

於是澄等具上儀注以五月十八日爲期，曰：

> 本月二十七日，上服衰服，御西角門視事，文武百官素服，烏紗帽，黑角帶，行奉慰禮，二十八日以後如之。至五月十八日，遵遺詔二十七日服制已滿，自十九日後，合依孝宗敬皇帝服制，上釋衰服，易素翼善冠、麻布袍、要絰，御西角門視事，俱不鳴鐘鼓。文武百官仍素服朝參，至百日後變服如常。③

這樣一來，明世宗爲明武宗服了"以日易月"的三年之喪，對比其追崇本生時所做的諸多違禮之事，服喪應當是明世宗最得禮之行爲。

綜上所述，君位"兄終弟及"時，繼位之君按照禮制，需要爲先君服三年之喪。歷史上，雖然服喪制度一再改革，繼位之君也並不總是承認所繼之統來自自己的兄弟，但是總體來說，以兄弟身份入繼的皇帝，爲先君服喪，多數還

---

① （清）夏燮：《明通鑑》卷四九《武宗十六年》，中華書局，2009 年，第 1670 頁。
② （清）夏燮：《明通鑑》卷四九《武宗十六年》，第 1671 頁。
③ （清）夏燮：《明通鑑》卷四九《武宗十六年》，第 1671 頁。

是符合禮制要求的。例如東晉康帝，在有司勸其周年除服的情況下，仍然堅持服喪，雖然不滿三年即崩，但可以看出其完成禮制規定的正服之信念。明世宗雖然通過"大禮議"追崇本親，但也爲武宗服了三年之喪。

第四節　歷代兄終弟及帝王之本生追崇考

　　"本生追崇"，指的是"兄終弟及"之帝王爲自己的親生父親、親生母親加尊號、立廟等行爲。由於以母弟身份繼承皇位的皇帝較少，以旁支入繼大統的皇帝，多希望追尊自己的父母，而這種行爲與"爲人後者爲之子"等原則存在衝突。本節將按照朝代順序梳理歷代帝王的本生追崇問題，關注點主要有二：其一是帝王及支持帝王的朝臣如何爲追崇行爲尋找經學依據以及歷史依據；其二是歷代經學家如何闡釋經學材料和前代史實，對皇帝進行規勸。

一、漢代君位兄終弟及與追尊問題

　　《漢書·高帝紀》記載了劉邦對於繼承問題的觀點："人之至親，莫親於父子，故父有天下，傳歸於子，子有天下，尊歸於父，此人道之極也。"①其中，"傳歸於子"是漢代的立後原則，而"尊歸於父"則是皇帝追尊生父的依據。

　　首先看"傳歸於子"的原則。它在漢景帝時期起到了作用。景帝在未立太子之時，曾欲立弟梁孝王。據《史記·魏其武安侯列傳》記載，景帝在宴飲之後，對梁孝王説"千秋之後傳梁王"，獲得了竇太后的歡心。② 但是竇嬰引卮酒進上，指出皇位要傳子，不可以傳弟："天下者，高祖天下，父子相傳，此漢之約也，上何以得擅傳梁王！"③

　　在皇帝沒有子嗣繼承的情況下，由於"昆弟之子猶子"，立侄成爲比立弟更優先的選擇。

　　漢成帝綏和年間，因爲即位二十五年來都沒有子嗣，傅太后、趙皇后、昭儀和大司馬驃騎將軍王根等人都勸成帝在中山王和定陶王中，選擇一個立爲後嗣。因此成帝召集丞相、御史大夫、右將軍、後將軍等人入宮，商議中山王、定陶王誰更適合爲嗣。中山王是成帝之弟，定陶王是成帝之侄。御史大夫孔光

---

① （漢）班固：《漢書》卷一下《高帝紀》，第 62 頁。
② （漢）司馬遷：《史記》卷一〇七《魏其武安侯列傳》，第 2839 頁。
③ （漢）司馬遷：《史記》卷一〇七《魏其武安侯列傳》，第 2839 頁。

認爲"禮立嗣以親"，中山王是先帝之子，成帝的親弟，按照殷代的"兄終弟及"，應當立中山王爲嗣。① 但是丞相翟方進、大司馬驃騎將軍王根、右將軍廉褒、後將軍朱博等人都認爲，"昆弟之子猶子也"，"爲其後者爲之子也"，應當立定陶王爲嗣。② 最終，成帝因爲"兄弟不相入廟"及皇后、昭儀欲立定陶王，便立了定陶王爲太子。③ 定陶王便是以後的哀帝。

哀帝即位後，稱成帝之母爲太皇太后，成帝趙皇后爲皇太后。高昌侯董宏上言，希望哀帝立生母丁姬爲皇太后。他用秦莊襄王即位後稱生母爲太后的故事，指出哀帝的生母定陶恭王后宜立爲皇太后："秦莊襄王，母本夏氏，而爲華陽夫人所子。及即位，俱稱太后。今宜立定陶恭王后爲皇太后。"此事在有司討論之時，被左將軍師丹彈劾，師丹稱："知皇太后至尊之號，天下一統，而稱引亡秦以爲比喻，詿誤聖朝，不道。"哀帝此時剛剛即位，謙讓，採納了師丹的意見，免董宏爲庶人。④

但是此後，哀帝令王太皇太后下詔，尊定陶恭王爲"恭皇"，又按照《春秋》"母以子貴"的説法，立傅太后爲"恭皇太后"，丁姬爲"恭皇后"。⑤ 此時，郎中令泠褒上書，指出"定陶恭皇太后"和"恭皇后"，都不宜再引定陶這個藩國之名，而應當直接稱"皇"。他還指出，應該爲"恭皇"在京師立廟。⑥ 有司討論皆認爲應當如此，但遭到了左將軍師丹和大司馬王莽的反對。師丹認爲，"定陶恭皇"之謚號恩義已備，不應再改，更不宜爲其立廟於京師：

> 聖王制禮取法於天地，故尊卑之禮明則人倫之序正，人倫之序正則乾坤得其位而陰陽順其節，人主與萬民俱蒙佑福。尊卑者，所以正天地之位，不可亂也。今定陶共皇太后、共皇后以定陶共爲號者，母從子、妻從夫之義也。欲立官置吏，車服與太皇太后並，非所以明尊卑亡二上之義也。定陶共皇號謚已前定，義不得復改。禮："父爲士，子爲天子，祭以天子，其尸服以士服。"子亡爵父之義，尊父母也。爲人後者爲之子，故爲所後服斬衰三年，而降其父母期，明尊本祖而重正統也。孝成皇帝聖恩

---

① （漢）班固：《漢書》卷八一《匡張孔馬傳》，第3355頁。
② （漢）班固：《漢書》卷八一《匡張孔馬傳》，第3355頁。
③ （漢）班固：《漢書》卷八一《匡張孔馬傳》，第3355頁。
④ （漢）班固：《漢書》卷八六《何武王嘉師丹傳》，第3505頁。
⑤ （漢）班固：《漢書》卷一一《哀帝紀》，第335頁；卷八六《何武王嘉師丹傳》，第3505頁。
⑥ （漢）班固：《漢書》卷八六《何武王嘉師丹傳》，第3505頁。

深遠，故爲共王立後，奉承祭祀，今共皇長爲一國太祖，萬世不毀，恩義已備。陛下既繼體先帝，持重大宗，承宗廟天地社稷之祀，義不得復奉定陶共皇祭入其廟。今欲立廟於京師，而使臣下祭之，是無主也。又親盡當毀，空去一國太祖不墮之祀，而就無主當毀不正之禮，非所以尊厚共皇也。①

與剛即位時不同，此時哀帝不再聽取師丹的建議，隨後又將其罷免。過了一年多之後，哀帝下詔曰：“漢家之制，推親親以顯尊尊。定陶恭皇之號，不宜復稱‘定陶’。尊恭皇太后爲‘帝太太后’，稱永信宮；恭皇后爲‘帝太后’，稱中安宮。立恭皇廟於京師。”②其後又更號帝太太后爲“皇太太后”。③

再來看“尊歸於父”的原則。這一原則的最初應用，是漢高祖劉邦爲自己的親生父親加尊號。漢高祖劉邦即位六年，並没有爲父親加上尊號，對待父親行禮也依然是五日一朝。太公家令對太公説：“天無二日，土無二王。今高祖雖子，人主也；太公雖父，人臣也。奈何令人主拜人臣！如此，則威重不行。”④指出劉邦是人主，雖然是兒子，也不能以子對父之禮拜見太公。因此，在劉邦再次前往朝見太公時，太公非常恭敬地迎到門前（太公擁彗，迎門卻行）。高祖大驚，上前扶太公，太公説道：“帝，人主也，奈何以我亂天下法！”因此，劉邦尊太公爲“太上皇”。⑤

漢昭帝是漢宣帝的叔祖父。漢宣帝即位後，想要追尊自己的祖父戾太子和父親史皇孫，因此下詔令議謚號和園邑之事。有司奏請曰：

禮“爲人後者，爲之子也”，故降其父母不得祭，尊祖之義也。陛下爲孝昭帝后，承祖宗之祀，制禮不踰閑。謹行視孝昭帝所爲故皇太子起位在湖，史良娣冢在博望苑北，親史皇孫位在廣明郭北。謚法曰“謚者，行之跡也”，愚以爲親謚宜曰悼（皇），母曰悼后，比諸侯王園，置奉邑三百家。故皇太子謚曰戾，置奉邑二百家。史良娣曰戾夫人，置守冢三十家。

①　（漢）班固：《漢書》卷八六《何武王嘉師丹傳》，第3505～3506頁。
②　（漢）班固：《漢書》卷一一《哀帝紀》，第339頁；卷八六《何武王嘉師丹傳》，第3509頁。
③　（漢）班固：《漢書》卷一一《哀帝紀》，第342頁。
④　（漢）司馬遷：《史記》卷八《高祖本紀》，第382頁。
⑤　（漢）司馬遷：《史記》卷八《高祖本紀》，第382頁。

園置長丞，周衛奉守如法。①

又過了八年之後，有司復言：

> 禮"父爲士，子爲天子，祭以天子"。悼園宜稱尊號曰皇考，立廟，因園爲寢，以時薦享焉。益奉園民滿千六百家，以爲奉明縣。尊戾夫人曰戾后，置園奉邑，及益戾園各滿三百家。②

有司的兩次奏請，第一次稱史皇孫的諡號爲悼（皇），並未稱考，第二次則提出"宜稱尊號曰皇考"。

平帝元始年間，大司馬王莽上奏，指出宣帝爲史皇孫上諡號、置邑、稱尊號爲"皇考"並立廟之事不當。王莽認爲，史皇孫之廟本不當立，累世奉之更是不對。他指出，宣帝以兄孫繼統爲昭帝之後，元帝時景帝廟、"皇考廟"不毀，是"兩統貳父，違於禮制"。對於"父爲士，子爲天子，祭以天子"的説法，王莽指出，這是像虞舜、夏禹、殷湯、周文、漢之高祖這樣的"受命而王者"才可以的。因此，他希望平帝能夠將皇高祖考廟奉明園毀勿修，罷南陵、雲陵爲縣，平帝同意。③

東漢後期，由於皇帝即位時大多年幼，在位時間又都不長，繼位之後追尊私親的現象更多。安帝劉祜是和帝之侄，殤帝之堂兄。殤帝崩後，皇太后以"禮昆弟之子猶己子""春秋之義，爲人後者爲之子，不以父命辭王父命"爲由，以祜爲和帝之嗣，繼位爲皇帝。④ 安帝本爲清河孝王劉慶之子，建光元年（121），追尊皇考清河孝王爲"孝德皇"，皇妣左氏爲"孝德皇后"，祖妣宋貴人爲"敬隱皇后"。⑤

桓帝即位之後，追尊其祖河間孝王爲"孝穆皇"，祖妣趙氏爲"孝穆皇后"，考蠡吾侯爲"孝崇皇"，尊母匽氏爲"孝崇博園貴人"。⑥ 上文提到，桓帝即位是作爲順帝之嗣，又是梁太后及外戚梁冀專權的結果，因此，梁太后才是他宗法意義上的嫡母。既尊梁太后爲皇太后，雖然其生母當時尚存，但在私親方

---

① （漢）班固：《漢書》卷六三《武五子傳》，第 2748 頁。
② （漢）班固：《漢書》卷六三《武五子傳》，第 2749 頁。
③ （漢）班固：《漢書》卷七三《韋賢傳》，第 3130 頁。
④ （南朝宋）范曄：《後漢書》卷五《孝安帝紀》，第 204 頁。
⑤ （南朝宋）范曄：《後漢書》卷五《孝安帝紀》，第 232 頁。
⑥ （南朝宋）范曄：《後漢書》卷七《孝桓帝紀》，第 288 頁。

面，他僅尊其生母爲貴人，直至梁太后崩後，才尊博園匽貴人爲孝崇皇后。①

靈帝即位之後，追尊其祖爲"孝元皇"，妣夏氏爲"孝元后"，考爲"孝仁皇"，母董氏爲"慎園貴人"。② 后因竇太后的父親竇武誅殺曹節失利，導致了竇太后被遷居南宮。③ 建寧二年（169），靈帝尊其生母爲"孝仁皇后"，並迎入永樂宮居住。④ 但這一尊本生母的行爲，被隨即認爲與氣候發生的一些天祥相關：

> 夏四月壬辰，青蚖見御座殿軒。癸巳，大風折木。詔群臣各上封事，靡有所諱。議郎謝弼上疏曰："蓋聞蚖者，女子之祥也。皇太后幽隔空宮，愁感天心所致也。皇太后定策帷幄，援立陛下，雖父兄不軌，非皇太后之罪。陛下當以其誅滅之故，特加慰釋之念；而反隔絕，靡有朝問之禮，大虧孝道，不可以示。四方昔周襄王不能事母，夷敵交侵，天命去之，遂陵遲不復興。禮：爲人後者爲之子。今以孝桓皇帝爲父，豈得不以皇太后爲母哉？《援神契》曰：'天子行孝，四夷和平。'方今邊境斥候，兵革鋒起，非孝無以濟之。願陛下上以堯、舜爲法，下以襄王爲戒，無令皇后憂愁於北宮。一旦有霧露之疾，陛下當何面目以見天下乎？"⑤

雖然均是外戚專權，但桓帝在梁太后崩後尊崇本生母爲皇后無人否定，靈帝在竇太后失勢後尊崇本生母則被詬病，可見"爲人後者爲之子"的觀念當時是深入人心的。

二、魏晉南北朝時期君位兄終弟及與服制、稱謂問題

魏明帝時曾經下詔，令支子繼承大宗的，不得爲父母加尊號：

> 禮，王后無嗣，擇建支子以繼大宗，則當纂正統而奉公義，何得復顧私親哉！漢宣繼昭帝後，加悼考以皇號；哀帝以外藩援立，而董宏等稱引亡秦，惑誤時朝，既尊恭皇，立廟京都，又寵藩妾，使比長信，敘昭穆於

---

① （南朝宋）范曄：《後漢書》卷七《孝桓帝紀》，第 296 頁。
② （南朝宋）范曄：《後漢書》卷八《孝靈帝紀》，第 328 頁。
③ （南朝宋）范曄：《後漢書》卷八《孝靈帝紀》，第 329 頁。
④ （南朝宋）范曄：《後漢書》卷八《孝靈帝紀》，第 330 頁。
⑤ （晉）袁宏：《後漢紀》卷二三《孝靈皇帝紀上卷》，第 446 頁。

前殿，並四位於東宮，僭差無度，人神弗佑，而非罪師丹忠正之諫，用致丁、傅焚如之禍。自是之後，相踵行之。昔魯文逆祀，罪由夏父；宋國非度，譏在華元。其令公卿有司，深以前世行事爲戒。後嗣萬一有由諸侯入奉大統，則當明爲人後之義；敢爲佞邪導諛時君，妄建非正之號以干正統，謂考爲皇，稱妣爲后，則股肱大臣，誅之無赦。其書之金策，藏之宗廟，著於令典。①

此詔下後，高貴鄉公曹髦、常道鄉公曹奐援此詔立，皆不追尊本生父母。西晉愍帝建興四年(316)，司徒梁芬議追尊之禮，愍帝不從，而右僕射索綝等亦稱引魏明帝此詔，認爲不可，最終只追贈吳王爲太保。②

東晉元帝太興二年(319)，有司指出，琅琊恭王宜稱皇考。賀循指出："禮典之義，子不敢以己爵加其父號。"元帝從之，不爲父加號。③

東晉穆帝崩後，琅琊王丕繼立，即是哀帝。哀帝是成帝的長子、康帝之侄、穆帝的堂弟。成帝和康帝是兄終弟及，儀曹郎王琨指出，哀帝應當繼穆帝，自稱"哀嗣"：

今立之，於大行皇帝屬則兄弟，凡奠祭之文，皆稱哀嗣。斯蓋所以仰參昭穆，自同繼體，在兹一人，不以私害義，專以所後爲正。今皇太后德訓弘著，率母儀於内，主上既纂業承統，亦何得不述遵於禮。④

尚書僕射江虨等四人也認爲，哀帝應爲穆帝之嗣："閔僖兄弟也，而爲父子，則哀帝應爲帝嗣。"但是，衛軍王述等二十五人則認爲哀帝應該繼承穆帝之父康帝司馬岳："成帝不私親愛，越授天倫，康帝受命顯宗。社稷之重，已

---

① （晉）陳壽：《三國志》卷三《魏書·明帝紀》，第 96 頁。《通典》中有類似的記載，但記爲魏文帝之事，原文如下："文帝制，以後如以旁枝入嗣大位，不得加父母尊號。詔曰：'依漢祖之尊太上皇是也。且禮"不以父命辭王父命"。漢氏諸侯之入，皆受天子之命胤於宗也；而猶顧其親親，僭擬天號，豈所謂爲人後之義哉！後代若有諸侯入嗣者，皆不得追加其私考爲皇、妣爲后也。敢有佞媚妖惑之人欲悦時主，謬建非義之事以亂正統者，此股肱大臣所當禽誅也。其著乎甲令，書之金策，藏諸宗廟，副乎三府，尚書中書亦當各藏一通。'"見（唐）杜佑：《通典》卷七二，第 1978～1979 頁。

② （唐）房玄齡等：《晉書》卷一九《禮志》，第 610 頁。

③ （唐）房玄齡等：《晉書》卷一九《禮志》，第 610 頁。

④ （唐）杜佑：《通典》卷八〇《天子爲繼兄弟統制服議》，第 2175～2176 頁。

移所授，纂承之序，宜繼康皇。"①尚書謝奉指出："夫帝位自以君道相承。"②
謝奉等六人認爲應當上繼顯宗，即成帝司馬衍："繼體之正，宜本天屬，考之
人情，宜繼顯宗也。"③

升平五年（361）十一月丙辰，哀帝下詔表示自己上繼顯宗：

> 顯宗成皇帝顧命，以時事多艱，弘高世之風，樹德博重，以隆社稷。
> 而國故不已，康穆早世，胤祚不融。朕以寡德，復承先緒，感惟永慕，悲
> 痛兼摧。夫昭穆之義，固宜本之天屬。繼體承基，古今常道。宜上嗣顯
> 宗，以修本統。④

哀帝生母周氏，最初被封爲貴人。哀帝即位之後，曾欲爲其加尊號。桓温
提議稱"太夫人"，江彪提議稱爲"皇太夫人"，但是最終哀帝爲其上封號爲"章
皇太妃"，儀服與皇太后相同。⑤ 江彪指出：

> 今稱皇帝策命命貴人，斯則子爵母也。貴人北面拜受，斯則母臣子
> 也。天尊地卑，名位定矣，母貴子賤，人倫序矣。雖欲加崇貴人，而實卑
> 之；雖顯明國典，而實廢之。且人主舉動，史必書之。如當載之方策，以
> 示後世，無乃不順乎！竊謂應告顯宗之廟，稱貴人仁淑之至，宜加殊禮，
> 以酬鞠育之惠。奉先靈之命，事不在己。妃后雖是配君之名，然自后以下
> 有夫人九嬪，無稱妃焉。桓公謂宜進號太夫人，非不允也。如以夫人爲
> 少，可言皇太夫人。皇，君也，君太夫人於名禮順矣。⑥

興寧元年（363），章皇太妃薨，哀帝欲爲其服三年之喪（"服重"）。江彪
指出不妥："先王制禮，應在緦服。"哀帝下詔欲降爲期年，彪又啓："厭屈私
情，所以上嚴祖考。"最終，哀帝爲皇太妃服緦麻三月。

---

① （唐）房玄齡：《晉書》卷二〇《禮志》，第 616~617 頁。
② （唐）杜佑：《通典》卷八〇《天子爲繼兄弟統制服議》，第 2176 頁。
③ （唐）房玄齡：《晉書》卷二〇《禮志》，第 617 頁。
④ （唐）房玄齡：《晉書》卷八《哀帝紀》，第 206 頁。
⑤ （唐）房玄齡：《晉書》卷二一《禮志》，第 657~658 頁。其事又見卷三二《後妃列傳
下》，第 974 頁："太尉桓温議宜稱夫人，尚書僕射江彪議應曰太夫人。"
⑥ （唐）房玄齡：《晉書》卷二一《禮志》，第 658 頁。

南朝齊明帝即位之後，追尊考始安貞王爲"景皇"，妣妃爲"懿后"。①

三、唐代君位兄終弟及與稱謂問題

唐代君位共出現過三次"兄終弟及"的情況：其一是睿宗繼承中宗，其二是敬宗、文宗、武宗三兄弟相及，其三是昭宗繼承僖宗。另外，宣宗是穆宗之弟，但是其繼承武宗之位，爲武宗之叔父。

唐玄宗李隆基是睿宗之子，中宗之侄。根據《唐大詔令集》，天寶八載（749），李隆基爲唐聖祖加號，爲高祖、太宗、高宗、中宗、睿宗加謚。在詔令中，李隆基於聖祖、高祖、太宗自稱"孝曾孫嗣皇帝臣隆基"，於高宗自稱"孝孫嗣皇帝臣隆基"，於中宗自稱"孝侄嗣皇帝臣隆基"，於睿宗自稱"孝子嗣皇帝臣隆基"。② 可見在玄宗時，中宗與睿宗被列爲同一代。

會昌六年（846），唐武宗遺詔立宣宗李忱爲"皇太叔"。據《舊唐書·禮志》記載，李忱即位之後，在太廟祫祭祝文中，稱穆宗爲"皇兄"，太常禮院認爲不妥，應當直接稱爲穆宗，自稱"嗣皇帝"，宣宗表示同意：

> 禘祫祝文稱號，穆宗皇帝、宣懿皇后韋氏、敬宗皇帝、文宗皇帝、武宗皇帝，緣從前序親親，以穆宗皇帝室稱爲皇兄，未合禮文。得修撰官朱儔等狀稱："禮敘尊尊，不敘親親。陛下於穆宗、敬宗、武宗三室祝文，恐須但稱嗣皇帝臣某昭告於某宗。"臣等同考禮經，於義爲允。③

另據《舊唐書·宣宗本紀》，太常博士閔慶之也上奏："夫禮有尊尊，而不敘親親。祝文稱弟未當，請改爲'嗣皇帝'。"④宣宗從之。

四、宋代的"濮議"與爲人後者之追崇問題

"濮議"是宋朝最著名的政治事件之一。宋仁宗在位之時，久而無子。濮王之子宗實幼年曾養於宮中，後被立爲皇子，並改名爲趙曙。仁宗崩後，皇子即位，是爲宋英宗。

英宗治平二年（1065），夏四月，詔議崇奉濮安懿王典禮。六月己酉，詔

---

① （南朝梁）蕭子顯：《南齊書》卷六《明帝本紀》，第85頁。
② （宋）宋敏求：《唐大詔令集》卷七八，民國適園叢書刊明鈔本。
③ （後晉）劉昫等：《舊唐書》卷二六《禮儀志》，第1010頁。
④ （後晉）劉昫等：《舊唐書》卷一八下《宣宗本紀》，第616頁。

尚書集三省、御史臺議奉濮安懿王典禮。甲寅，罷尚書省集議，令有司博求典故，務在合經。最終，治平三年春正月丁丑，皇太后下書中書門下："封濮安懿王宜如前代故事，王夫人王氏、韓氏、任氏，皇帝可稱親。尊濮安懿王爲皇，夫人爲后。"①這樣一來，英宗算是滿足了自己追崇本生父母的願望，但是只能"稱親"，不能稱"考"。濮議實際上非常激烈，朝臣分爲針鋒相對的兩派據理力争、互相攻訐，下文第三章還將詳細敘述。

五、明代君位兄終弟及與服制、稱謂問題

明代君位共出現過三次"兄終弟及"。第一次是代宗朱祁鈺繼承英宗朱祁鎮，第二次是世宗朱厚熜繼承武宗朱厚照，第三次是思宗朱由檢繼承熹宗朱由校。

代宗繼承英宗之事比較特殊，因爲隨後英宗又復位，代宗實際上並没有在皇帝之位上爲之服喪，服制也無從談起，在此從略。思宗朱由檢與熹宗朱由校均是光宗之子，不涉及追崇之事，在此也從略。

世宗繼承武宗之事，則同上文提到的"濮議"一樣，成爲歷史上重要的追崇事件，史稱"大禮議"。"大禮議"的内容下文還將具體敘述，在此僅簡略記述世宗服喪及追崇本生的情況。

正德十六年（1521）三月，明武宗崩，無嗣。四月，朱厚熜從安陸出發至京師。禮官準備了各項儀式，請朱厚熜以皇太子的身份即位。但是朱厚熜不允，認爲自己並非以皇子身份嗣位："遺詔以我嗣皇帝位，非皇子也。"②隨後，太后令群臣上箋勸進，朱厚熜才按照安排好的禮節即皇帝位，是爲明世宗，次年改元嘉靖。世宗即位後，稱武宗爲"皇兄"一直未變，孝宗則初爲"皇考"，後改爲"皇伯考"。其父興獻王的稱號隨着"大禮議"的不斷升級，最終變爲"皇考"。

即位之初，世宗即命禮臣集議其父興獻王的封號。最初，禮臣援引宋代程頤在濮議中的意見，提議以孝宗爲考，改稱興獻王皇叔父，世宗不允。七月，進士張璁提出，繼統不繼嗣，請世宗尊崇所生，立興獻王廟於京師。世宗下群臣議，楊廷和等抗疏力争，但世宗皆不聽。十月，世宗奉太后懿旨，追尊父興獻王爲興獻帝，祖母憲宗貴妃邵氏爲皇太后，母親興獻王妃爲興獻后。

由於朝廷議禮激烈，嘉靖元年（1522），世宗命稱孝宗爲皇考，慈壽皇太

① （元）脱脱等：《宋史》卷一三《英宗本紀》，第 257～259 頁。
② （清）張廷玉等：《明史》卷一七《世宗本紀》，中華書局，1974 年，第 215 頁。

后聖母，興獻帝后爲本生父母，不稱"皇"。三月，上慈壽皇太后尊號曰昭聖慈壽皇太后，武宗皇后曰莊肅皇后，皇太后尊號曰壽安皇太后，興獻后曰興國太后。①

嘉靖三年(1524)正月，南京刑部主事桂萼請將孝宗改稱爲"皇伯考"，世宗下廷臣議。二月丙午，楊廷和致仕。四月，世宗爲昭聖皇太后加尊號曰"昭聖康惠慈壽皇太后"，爲生母興國太后上尊號曰"本生聖母章聖皇太后"，追尊興獻帝爲"本生皇考恭穆獻皇帝"。編修鄒守益請罷興獻帝稱考立廟，下錦衣衛獄。五月，世宗遣使迎獻皇帝神主於安陸。此時衆多朝臣上奏議禮，均被下獄。② 七月，世宗更定章聖皇太后尊號，要去掉"本生"二字。廷臣伏闕力爭，下獄者衆。九月，世宗定稱孝宗爲"皇伯考"，昭聖皇太后爲"皇伯母"，獻皇帝爲"皇考"，章聖皇太后爲"聖母"，並詔告天下。③

嘉靖七年(1528)，世宗又追尊孝惠皇太后爲太皇太后，恭穆獻皇帝爲"恭睿淵仁寬穆純聖獻皇帝"，尊章聖皇太后爲"章聖慈仁皇太后"。④ 嘉靖十七年(1538)，世宗又爲其父上廟號爲睿宗，並且奉睿宗神主祔太廟，躋武宗上。大享上帝之時也奉睿宗配。⑤ 這樣一來，世宗完成了將其父由"本生"到"皇考"、再稱宗入廟的過程，"大禮議"也宣告終結。

六、清代君位兄終弟及與服制、稱謂問題

清人入關之後，皇位大多由父傳子，唯穆宗載淳與德宗載湉之間屬於兄終弟及。

同治十三年(1874)，穆宗載淳崩，没有子嗣。慈安皇太后、慈禧皇太后召惇親王奕誴、恭親王奕欣、醇親王奕譞，孚郡王奕譓、惠郡王奕詳，貝勒載澄，鎮國公奕謨，暨御前大臣、軍機大臣、内務府大臣，弘德殿、南書房諸臣等人，定議並下詔以載湉繼文宗爲子，入承大統，爲嗣皇帝。但詔書指出，待嗣皇帝載湉有子之後，以此子再繼承同治皇帝之位。⑥ 也就是説，載湉只是皇位傳遞中的一個中介，最終的皇統，還應是載淳之統，只不過是由載湉之子過繼給載淳之後再繼承罷了。

---

① （清）張廷玉等：《明史》卷一七《世宗本紀》，第 217 頁。
② （清）張廷玉等：《明史》卷一七《世宗本紀》，第 218~219 頁。
③ （清）張廷玉等：《明史》卷一七《世宗本紀》，第 219 頁。
④ （清）張廷玉等：《明史》卷一七《世宗本紀》，第 222 頁。
⑤ （清）張廷玉等：《明史》卷一七《世宗本紀》，第 228 頁。
⑥ 趙爾巽等：《清史稿》卷二三《德宗本紀》，中華書局，1977 年，第 851 頁。

載湉繼位之後，也曾有追崇之議。光緒十五年(1889)二月，吳大澂請敕議尊崇醇親王典禮，慈禧太后不同意，下懿旨斥之，並通諭中外臣民。① 到了光緒十六年(1890)十一月，醇親王薨，慈禧太后令光緒帝親視入殮，並下懿旨定稱號曰"皇帝本生考"，賜諡曰"賢"。光緒爲醇親王持服一年。這與此前吳大澂之議並無二致。②

綜上所述，追崇問題主要涉及以下幾方面内容：第一，是否稱考妣，自稱爲何；第二，是否上尊號爲帝后；第三，是否立廟奉祀或入太廟奉祀。

第五節　歷代兄弟相繼的宗廟及昭穆問題

本節依照朝代順序，依次分析漢代、魏晉南北朝、唐代、宋代、金代及明代兄弟相繼的宗廟和昭穆問題。

一、漢代兄弟相繼的宗廟及昭穆問題

1. 漢代宗廟設置存在的問題

漢代建立之初，並沒有按照周代的禮儀設立宗廟，而是令各個諸侯國都在王都設立太上皇廟。其後，惠帝時尊高帝廟爲太祖廟，景帝時尊孝文廟爲太宗廟，宣帝時尊孝武廟爲世宗廟。這些宗廟並不都在一起，而是設於陵寢之旁，而且也不是只設置於京師，凡行所巡狩之郡國皆立。萬斯同在《廟制圖考》中，指出西漢宗廟制度有"十二失"：

　　按宗廟之制西漢最爲不經。秦雖蔑禮，惟始皇獨廟爲非。其七廟之規，依然先王遺意也。至漢而古禮盡亡，其失有十二。立廟不於宮寢左，一失也；群廟不列都宮内，二失也；始立宗廟不祀近親，三失也；別祭昭靈後不配太上皇，四失也；立天子廟於郡國，五失也；諸帝生前自立廟，六失也；既有宗廟，復設原廟，七失也；宗廟日上食，陵寢亦如之，八失也；武哀昭哀置寢園與諸帝並，九失也；日祭月享，歲祠禮儀繁數，十失也；衣冠月出遊，十一失也；祔廟不迭毁，十二失也。後雖廷臣建議入序昭穆，又不復七廟之制，而爲同堂合享之制。夫太廟合享，時祫祭也。若

---

① 趙爾巽等：《清史稿》卷二三《德宗本紀》，第 893 頁。
② 趙爾巽等：《清史稿》卷二三《德宗本紀》，第 898 頁。

神主必各居一廟，不可雜處太廟。乃元成等欲序昭穆而不議及七廟之古制，亦豈得爲知禮哉！①

　　萬斯同指出的第十二失，就是漢初沒有宗廟迭毀的制度。直到永光元年（前43），元帝下詔議宗廟禮制，才有了宗廟迭毀的討論。然而直至西漢末，宗廟迭毀也沒有完全落實。

　　永光四年（前40），元帝下詔議罷郡國廟：

　　　　朕聞明王之御世也，遭時爲法，因事制宜。往者天下初定，遠方未賓，因嘗所親以立宗廟，蓋建威銷萌，一民之至權也。今賴天地之靈，宗廟之福，四方同軌，蠻貊貢職，久遵而不定，令疏遠卑賤共承尊祀，殆非皇天祖宗之意，朕甚懼焉。傳不云乎？"吾不與祭，如不祭。"其與將軍、列侯、中二千石、二千石、諸大夫、博士、議郎議。②

　　群臣對元帝的想法表示支持，指出在郡國的宗廟應不再修葺，也不再新修。因此，元帝罷昭靈后、武哀王、昭哀后、衛思后、戾太子、戾后園，皆不奉祠，裁置吏卒駐守。③

　　隨後，元帝下詔議宗廟制度，按照元帝的想法，太祖、太宗、世宗三廟萬世不毀，加上四親廟，正好與"天子七廟"之禮相合：

　　　　蓋聞明王制禮，立親廟四，祖宗之廟，萬世不毀，所以明尊祖敬宗，著親親也。朕獲承祖宗之重，惟大禮未備，戰栗恐懼，不敢自顓，其與將軍、列侯、中二千石、二千石、諸大夫、博士議。④

　　然而韋玄成等四十四人奏議認爲，應當只保留太祖廟與四親廟，太上皇、孝惠、孝文（太宗）、孝景廟皆親盡宜毀：

　　　　禮，王者始受命，諸侯始封之君，皆爲太祖。以下，五廟而迭毀，毀

---

① （清）萬斯同：《廟制圖考》，文淵閣四庫全書本。
② （漢）班固：《漢書》卷七三《韋賢傳》，第3116頁。
③ （漢）班固：《漢書》卷七三《韋賢傳》，第3117頁。
④ （漢）班固：《漢書》卷七三《韋賢傳》，第3118頁。

廟之主臧乎太祖，五年而再殷祭，言壹禘壹祫也。祫祭者，毀廟與未毀廟之主皆合食於太祖，父爲昭，子爲穆，孫復爲昭，古之正禮也。祭義曰："王者禘其祖自出，以其祖配之，而立四廟。"言始受命而王，祭天以其祖配，而不爲立廟，親盡也。立親廟四，親親也。親盡而迭毀，親疏之殺，示有終也。周之所以七廟者，以后稷始封，文王、武王受命而王，是以三廟不毀，與親廟四而七。非有后稷始封，文、武受命之功者，皆當親盡而毀。成王成二聖之業，制禮作樂，功德茂盛，廟猶不世，以行爲謚而已。禮，廟在大門之內，不敢遠親也。臣愚以爲高帝受命定天下，宜爲帝者太祖之廟，世世不毀，承後屬盡者宜毀。今宗廟異處，昭穆不序，宜入就太祖廟而序昭穆如禮。太上皇、孝惠、孝文、孝景廟皆親盡宜毀，皇考廟親未盡，如故。①

2. 漢惠帝廟的設置及惠帝、文帝宗廟的昭穆關係

韋玄成等人同時提出，當時"宗廟異處，昭穆不序"，應當將散在各處之廟合入太祖廟，並且以昭穆爲序。在昭穆的問題上，元帝君臣則有如下討論：

　　乃下詔曰："蓋聞王者祖有功而宗有德，尊尊之大義也；存親廟四，親親之至恩也。高皇帝爲天下誅暴除亂，受命而帝，功莫大焉。孝文皇帝國爲代王，諸呂作亂，海內搖動，然群臣黎庶靡不壹意，北面而歸心，猶謙辭固讓而後即位，削亂秦之跡，興三代之風，是以百姓晏然，咸獲嘉福，德莫盛焉。高皇帝爲漢太祖，孝文皇帝爲太宗，世世承祀，傳之無窮，朕甚樂之。孝宣皇帝爲孝昭皇帝后，於義壹體。孝景皇帝廟及皇考廟皆親盡，其正禮儀。"玄成等奏曰："祖宗之廟世世不毀，繼祖以下，五廟而迭毀。今高皇帝爲太祖，孝文皇帝爲太宗，孝景皇帝爲昭，孝武皇帝爲穆，孝昭皇帝與孝宣皇帝俱爲昭。皇考廟親未盡。太上、孝惠皆親盡，宜毀。太上廟主宜瘞園，孝惠皇帝爲穆，主遷於太祖廟，寢園皆無復修。"奏可。②

按照韋玄成的説法，可以確定爲昭的，是景帝、昭帝、宣帝；可以確定爲穆的，是惠帝和武帝。

---

① （漢）班固：《漢書》卷七三《韋賢傳》，第 3118 頁。
② （漢）班固：《漢書》卷七三《韋賢傳》，第 3120 頁。

但是《續漢書·祭祀志》的記載與《漢書·韋賢傳》不同：

> 舊制，三年一祫，毀廟主合食高廟，存廟主未嘗合。元始五年，始行
> 祫禮。父爲昭，南向；子爲穆，北向。父子不並坐，而孫從王父。……太
> 祖東面，惠、文、武、元帝爲昭，景、宣帝爲穆。惠、景、昭三帝非殷祭
> 時不祭。光武皇帝崩，明帝即位，以光武帝撥亂中興，更爲起廟，尊號曰
> 世祖廟。以元帝於光武爲穆，故雖非宗，不毀也。後遂爲常。①

這兩種昭穆的排法截然相反。《漢書·韋賢傳》中沒有明確説明文帝的昭
穆，但是文帝之子景帝爲昭，父子昭穆異，文帝自然爲穆，與惠帝相同。《續
漢書·祭祀志》中則惠帝、文帝均爲昭。

無論是哪種排法，都可以看出，在惠帝與文帝的昭穆問題上，《漢書》和
《續漢書》都持同昭穆的觀點。陳戍國指出："景帝以下繼承帝位者均文帝子
孫，而惠帝廟之設直到元帝時候才有人提出異議，後來廟毀而復立，這説明西
漢宗廟不太強調直系旁系之分。這種情形與甲骨學界所謂出組周祭卜辭反映的
殷商祀統，與《逸周書·世俘》反映的周初祭祀先人的系列，頗爲相似。"②

3. 光武帝對太廟四親廟和實際四親廟的處理

東漢劉秀即位之後，需要恢復漢室宗廟。根據范曄《後漢書·張曹鄭列
傳》，所立的是四代五帝廟，則顯然哀帝與平帝昭穆應當相同：

> 詔下公卿，大司徒戴涉、大司空竇融議："宜以宣、元、成、哀、平
> 五帝四世代今親廟，宣、元皇，於帝尊爲祖、父，可親奉祠，成帝以下，
> 有司行事，別爲南頓君立皇考廟。其祭上至舂陵節侯，群臣奉祠，以明尊
> 尊之敬，親親之恩。"帝從之。③

光武帝以宣、元、成、哀、平帝爲四親廟，不爲自己的父親南頓君上皇帝之尊
號，"別爲南頓君立皇考廟"，被後世禮學家所推重。但是，光武帝的"四親
廟"的實際奉祀地點並不相同。《後漢書·光武帝紀》記載：

---

① （晉）司馬彪：《續漢書》卷九《祭祀志》，第 3194~3195 頁。
② 陳戍國：《中國禮制史》（秦漢卷），第 117 頁。
③ （南朝宋）范曄：《後漢書》卷三五《張曹鄭列傳》，第 1194 頁。

十九年春正月庚子，追尊孝宣皇帝曰中宗。始祠昭帝、元帝於太廟，成帝、哀帝、平帝於長安，舂陵節侯以下四世於章陵。①

注云：

漢官儀曰："光武第雖十二，於父子之次，於成帝爲兄弟，於哀帝爲諸父，於平帝爲祖父，皆不可爲之後。上至元帝，於光武爲父，故上繼元帝而爲九代。故河圖云'赤九會昌'，謂光武也。"然則宣帝爲祖，故追尊及祠之。②

《續漢書·祭祀志》也有類似記載，實際上在洛陽的高廟加宣帝、元帝，凡五帝廟：

大司徒涉等議："宜奉所代，立平帝、哀帝、成帝、元帝廟，代今親廟。兄弟以下，使有司祠。宜爲南頓君立皇考廟，祭上至舂陵節侯，群臣奉祠。"時議有異，不著。上可涉等議，詔曰："以宗廟處所未定，且袷祭高廟。其成、哀、平且祠祭長安故高廟。其南陽舂陵歲時各且因故園廟祭祀。園廟去太守治所遠者，在所令長行太守事侍祠。惟孝宣帝有功德，其上尊號曰中宗。"於是洛陽高廟四時加祭孝宣、孝元，凡五帝。其西廟成、哀、平三帝主，四時祭於故高廟。東廟京兆尹侍祠，冠衣車服如太常祠陵廟之禮。南頓君以上至節侯，皆就園廟。南頓君稱皇考廟，巨鹿都尉稱皇祖考廟，鬱林太守稱皇曾祖考廟，節侯稱皇高祖考廟，在所郡縣侍祠。③

光武帝是高祖九世孫，與成帝同爲一代。因此，其雖然以宣、元、成、哀、平爲四親廟，實際上在洛陽新的宗廟中親自奉祀的只有宣帝廟與元帝廟，成帝以下則以有司奉祀於長安的舊廟。成帝於光武爲兄，光武不親祀成帝，即賀循所謂"殷之盤庚不序陽甲，漢之光武不繼成帝，別立廟寢"。光武帝對宗

---

① （南朝宋）范曄：《後漢書》卷一下《光武帝紀》，第70頁。
② （南朝宋）范曄：《後漢書》卷一下《光武帝紀》，第70頁。
③ （晉）司馬彪：《續漢書》卷九《祭祀志》，第3193頁。

廟的處理非常巧妙：一方面，以西漢末期的四代皇帝爲四親廟，明示自己帝位之正統來源；另一方面，將"四親廟"分東西二廟存放，成、哀、平置於長安舊廟，由有司奉祀，洛陽太廟中奉祀宣帝、元帝，避免了宗廟代數與實際代數的衝突。爲自己的本生父、祖、曾、高在郡縣立廟奉祀，也實現了追崇本生的願望，又不與太廟奉祀衝突。

4. 西漢陵寢體現的昭穆關係

由於當時"宗廟異處，昭穆不序"，探究西漢前期的昭穆問題，必須與陵寢的昭穆問題相結合。而平帝之康陵是王莽所立，對其進行研究，也可以看出兩漢之際對於"兄終弟及"昭穆問題的看法。

根據現存的遺跡和考古發現，西漢皇陵主要分佈在西安周圍的兩個區域內。除漢文帝霸陵、漢宣帝杜陵在渭河以南外，其他的帝陵都在咸陽原上，具體位置見圖 2-2。

西漢帝陵制度問題已有諸多學者討論，高鳳、徐衛民的《秦漢帝陵制度研究綜述(1949—2012)》一文總結了主要的觀點。帝陵是否按照昭穆排佈，學界意見不一。

以楊寬爲代表的學者認爲，昭穆制度決定了西漢帝陵的選址。他認爲："西漢早期三個陵都在咸陽原的東北地區，以高祖長陵爲中心，惠帝安陵在長陵之右，景帝陽陵在長陵之左，還是沿用古代'族墓'的制度：'先王之葬居中，以昭穆爲左右。'(《周禮·春官·冢人》)但是武帝以後，陵墓的安排就發生大變化……不再按左昭、右穆之制。"②雷百景、李雯則認爲，西漢帝陵除平帝康陵不遵昭穆制度外，其他帝陵均遵循昭穆之序。③

沈睿文、劉尊志等學者則認爲，西漢帝陵的選址不僅與昭穆有關，還受到了堪輿術等的影響。沈睿文提出，西漢帝陵實行的是"以太上皇萬年陵爲祖穴，在五音姓利學説的指導下進行選址的五音昭穆選址制度"④。劉尊志認爲，西漢陵墓的選址是在綜合考慮堪輿術、地理尤其是地勢、皇帝本人的愛好以及一些特殊原因的基礎上進行的。⑤

---

①　趙化成：《從商周"集中公墓制"到秦漢"獨立陵園制"的演化軌跡》，《文物》2006年第 7 期。

②　楊寬：《中國古代陵寢制度史研究》，上海古籍出版社，1985 年，第 201~202 頁。

③　雷百景、李雯：《西漢帝陵昭穆制度再探討》，《文博》2008 年第 2 期。

④　沈睿文：《西漢帝陵陵地秩序》，《文博》2001 年第 3 期。

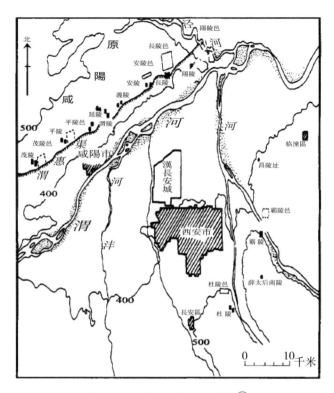

圖 2-2　西漢帝陵分佈示意圖①

認爲選址與昭穆無關的，則有焦南峰、馬永嬴、黃展嶽等人。

除上述綜述所載的文章外，朱峰、杜忠潮《論西漢帝陵位次排列中的昭穆制度》一文，則認爲西漢帝陵遵循"右昭左穆"的規律排列，並且根據祖陵的不同，分爲三個子系統。② 但是，"右昭左穆"一説找不到史實依據。根據《續漢書・祭祀志》的記載："父爲昭，南向；子爲穆，北向。……太祖東面，惠、文、武、元帝爲昭，景、宣帝爲穆。"③太祖東向，昭南向、穆北向，這是非常明確的"左昭右穆"。

雖然西漢帝陵之間的位置關係衆説紛紜，但是每一座帝陵與其皇后陵的相對關係卻存在一定規律。如劉衛鵬、岳起《由平陵建制談西漢帝陵制度的幾個

① 劉尊志：《西漢帝陵分佈及相關問題淺析》，《中原文物》2010 年第 5 期。

② 朱峰、杜忠潮：《論西漢帝陵位次排列中的昭穆制度》，《咸陽師範學院學報》2015 年第 1 期。

③ （晉）司馬彪：《續漢書》卷九《祭祀志》，第 3194～3195 頁。

問題》一文認爲："目前可以確定屬於'帝東后西'之制的有太上皇萬年陵、惠帝安陵、武帝茂陵、昭帝平陵、元帝渭陵，其后陵均位於帝陵的西北方；可以確定屬於'帝西后東'之制的有文帝霸陵、景帝陽陵、宣帝杜陵、哀帝義陵。高祖長陵、成帝延陵、平帝康陵還有一定的爭議。"①上文指出惠帝、武帝、元帝同昭穆，景帝、昭帝、宣帝同昭穆。除昭帝陵外，可以看出，惠帝、武帝、元帝昭穆相同，帝后陵之對應關係也相同；景帝、宣帝昭穆相同，帝后陵之對應關係也相同。

二、兩晉兄弟相繼的宗廟及昭穆問題

晉武帝泰始元年(265)十二月受禪，追尊其祖司馬懿爲宣皇帝、伯考司馬師爲景皇帝、父親司馬昭爲文皇帝。泰始二年(266)正月，有司奏置七廟。武帝考慮到興建七廟勞役太重，下詔權且只立一廟，並且使用了魏廟的舊宮。此廟中，追祭了征西將軍司馬鈞、豫章府君司馬量、高祖父潁川府君司馬儁、曾祖父京兆府君司馬防，與祖父司馬懿、伯父司馬師、父親司馬昭爲三昭三穆：

> 於是追祭征西將軍、豫章府君、潁川府君、京兆府君，與宣皇帝、景皇帝、文皇帝爲三昭三穆。是時宣皇未升，太祖虛位，所以祠六世與景帝爲七廟，其禮則據王肅說也。②

根據《宋書》等的記載，此時的晉朝宗廟之內，並没有始祖之位(宣皇未升，太祖虛位)，三昭三穆共六世七廟，很顯然景帝司馬師、文帝司馬昭應該同在穆位。

武帝崩後，征西將軍司馬鈞被移出宗廟，惠帝崩後，豫章府君也被移出宗廟。東晉建立之後，西晉都城宗廟已毀，新建的宗廟中，神主都爲新造。此時元帝將懷帝之神主移入，潁川府君之神主移出，宗廟中只剩下五世。③ 太興三年(320)，愍帝之神主祔廟，又將豫章府君、潁川府君之位還於昭穆之中。此時宗廟中仍是三昭三穆，但已有十室。

---

① 劉衛鵬、岳起：《由平陵建制談西漢帝陵制度的幾個問題》，《考古與文物》2007年第 5 期。

② (南朝梁)沈約：《宋書》卷一六《禮志三》，第 446~447 頁。《晉書》有相同的記載。

③ 原文："位雖七室，其實五世，蓋從刁協，以兄弟爲世數故也。"見《宋書》卷一六《禮志三》，第 447 頁。

元帝崩後，宗廟中應是遷出了豫章府君，明帝崩後則遷出了潁川府君，宗廟一直保持十室。成帝崩後，康帝以弟繼兄，沒有遷出京兆府君，宗廟變爲十一室。康帝崩後，京兆府君遷出，宗廟仍爲十一室。由於哀帝、海西公與穆帝爲兄弟，宗廟沒有變化。簡文帝即位之後，由於他是元帝之子，因此又將潁川府君、京兆府君遷回。簡文帝崩後，潁川府君第三次被遷出。孝武帝太元十六年（391）改作太廟，正室設有十六間，連同放置遷出神主的東儲和西儲共有十八間。孝武帝崩後，京兆府君又被遷出。

三、唐代兄弟相繼的宗廟及昭穆問題

唐睿宗景雲元年（710）冬，將葬中宗。按照禮制，中宗葬於定陵之後，應當行祔廟之事。但是此時，太廟第七室奉的是孝敬皇帝李弘及哀皇后裴氏。①李弘未嘗登基爲帝，因此中書令姚元之、吏部尚書宋璟上奏，希望能夠遷出其位，以將中宗置於太廟之中：

> 準禮，大行皇帝山陵事終，即合祔廟。其太廟第七室，先祔皇兄義宗孝敬皇帝、哀皇后裴氏神主。伏以義宗未登大位，崩後追尊，神龍之初，乃特令遷祔。春秋之義，國君即位未踰年者，不合列敍昭穆。又古者祖宗各別立廟，孝敬皇帝恭陵既在洛州，望於東都別立義宗之廟，遷祔孝敬皇帝、哀皇后神主，命有司以時享祭，則不違先旨，又協古訓，人神允穆，進退得宜。在此神主，望入夾室安置。伏願陛下以禮斷恩。②

遷祔義宗的提議被採納。隨後，中宗及皇后之神主被祔於太廟，義宗則於東都建廟享祀。

開元四年（716），睿宗崩，當時太廟七室已滿。太常博士陳貞節、蘇獻等奏議指出，睿宗與中宗是兄弟，不宜同在一廟，希望能將中宗神主另立別廟，以睿宗繼高宗：

> 謹按孝和皇帝在廟，七室已滿。今睿宗大聖真皇帝是孝和之弟，甫及仲冬，禮當祔遷。但兄弟入廟，古則有焉，遞遷之禮，昭穆須正。謹按禮

---

①　李弘於高宗上元元年（674）五月被追諡爲"孝敬皇帝"。中宗神龍元年（705）六月，祔孝敬皇帝神主於太廟，廟號"義宗"。《舊唐書》記載此事爲"非禮也"。

②　（後晉）劉昫等：《舊唐書》卷二五《禮儀志》，第949~950頁。

論，太常賀循議云："兄弟不相爲後也。故殷之盤庚，不序於陽甲，而上繼於先君；漢之光武，不嗣於孝成，而上承於元帝。"又曰："晉惠帝無後，懷帝承統，懷帝自繼於世祖，而不繼於惠帝。其惠帝當同陽甲、孝成，別出爲廟。"又曰："若兄弟相代，則共是一代，昭穆位同。至其當遷，不可兼毀二廟。"此蓋禮之常例也。荀卿子曰，"有天下者事七代"，謂從禰已上也。尊者統廣，故恩及遠祖。若傍容兄弟，上毀祖考，此則天子有不得全事於七代之義矣。孝和皇帝有中興之功，而無後嗣，請同殷之陽甲、漢之成帝，出爲別廟，時祭不虧，大祫之辰，合食太祖。奉睿宗神主升祔太廟，上繼高宗，則昭穆永貞，獻祼長序。①

其實，爲中宗另立別廟並不符合禮制要求，當時就有人提出反對意見。孫平子指出："中宗孝和皇帝既承大統，不合遷於別廟。"但是與禮官議定之時，太常博士蘇獻等堅持前議。最終，雖然孫平子引經據典，但是其議竟不得行。② 最終，將中宗遷出，睿宗祔廟。起初以儀坤廟爲中宗廟，後又改造中宗廟於太廟之西。

四、宋代兄弟相繼的宗廟及昭穆問題

宋代宗廟以宋太祖之高祖爲始祖，廟號爲僖祖。僖祖之下，依次是順祖、翼祖和宣祖，然後是太祖。宋太祖、宋太宗兄終弟及。繼承宋太宗的，是太宗之子、真宗趙恒。真宗即位當年（咸平元年，998），與朝臣就太祖、太宗的稱號、廟制等問題，展開了一系列的討論。

首先判太常禮院李宗訥等上書，指出當前僖祖等人的稱號與《爾雅》有衝突，希望更改：

> 僖祖稱曾高祖，太祖稱伯；文懿、惠明、簡穆、昭憲皇后並稱祖妣，孝明、孝惠、孝章皇后並稱伯妣。按爾雅有考妣、王父母、曾祖王父母、高祖王父母及世父之別。以此觀之，唯父母得稱考妣。今請僖祖止稱廟號，順祖而下，即依爾雅之文。③

① （後晉）劉昫等：《舊唐書》卷二五《禮儀志》，第 950 頁。
② （後晉）劉昫等：《舊唐書》卷二五《禮儀志》，第 953 頁。
③ （元）脫脫等：《宋史》卷一〇六《禮志》，第 2566 頁。

事下尚書省議之後，户部尚書張齊賢等人指出，《禮記·王制》所謂的"天子七廟"，是三昭三穆與太祖之廟而七。前代如有兄弟繼及的情況，也是昭穆不同。因此，《漢書》中"爲人後者爲之子"的説法，是尊本祖而重正統。又指出，禮有"天子絶期喪"的説法，所以宗廟中不能有伯氏之稱。唐及五代有稱"伯"的，是禮官之失，並非正典。因此，張齊賢等認爲，真宗應當於太祖與諸祖室自稱"孝孫、孝曾孫嗣皇帝"，於太宗室，則自稱"孝子嗣皇帝"。此前所稱"考妣""王父"等均應廢除。

真宗詔禮官議此事。禮官的意見與張齊賢等人相反，認爲太祖、太宗應當昭穆同位，祝文中真宗應並稱"孝子"，對太祖稱"皇伯考"，太宗稱"皇考"：

> 按《春秋正義》"躋魯僖公"云："禮，父子異昭穆，兄弟昭穆同。"此明兄弟繼統，同爲一代。又魯隱、桓繼及，皆當穆位。又尚書盤庚有商及王，《史記》云陽甲至小乙兄弟四人相承，故不稱嗣子而曰及王，明不繼兄之統也。又唐中、睿皆處昭位，敬、文、武昭穆同爲一世。伏請僖祖室止稱廟號，后曰祖妣，順祖室曰高祖，后曰高祖妣，翼祖室曰曾祖，后曰曾祖妣，祝文皆稱孝曾孫。宣祖室曰皇祖考，后曰皇祖妣，祝文稱孝孫。太祖室曰皇伯考妣，太宗室曰皇考妣。每大祭，太祖、太宗昭穆同位，祝文並稱孝子。其别廟稱謂，亦請依此。①

由於意見差别較大，真宗又詔都省集議，指出太祖和太宗之廟都是百世不祧之廟，一爲"祖"，一爲"宗"，應爲二世，昭穆不能同代：

> 古者，祖有功，宗有德，皆先有其實而後正其名。今太祖受命開基，太宗續承大寶，則百世不祧之廟矣。豈有祖宗之廟已分二世，昭穆之位翻爲一代？如臣等議，禮"爲人後者爲之子"，以正父子之道，以定昭、穆之義，則無疑也；必若同爲一代，則太宗不得自爲世數，而何以得爲宗乎？不得爲宗，又何以得爲百世不祧之主乎？《春秋正義》亦不言昭穆不可異，此又不可以爲證也。今若序爲六世，以一昭一穆言之，則上無毀廟之嫌，下有善繼之美，於禮爲大順，於時爲合宜，何嫌而謂不可乎？②

---

① （元）脱脱等：《宋史》卷一〇六《禮志》，第 2567 頁。
② （元）脱脱等：《宋史》卷一〇六《禮志》，第 2567 頁。

隨後，翰林學士宋湜指出，三代而下，兄弟相繼很多，但昭穆異位並無所見；並對都省所議提出的皇帝於太祖室稱孫表示疑問。

真宗於是詔令禮官再議。禮官列舉舊例與前代禮學家的觀點，指出兄弟應同爲一世：

> 按祭統曰："祭有昭穆者，所以別父子遠近長幼親疏之序而無亂也。"《公羊傳》，公孫嬰齊爲兄歸父之後，《春秋》謂之仲嬰齊。何休云："弟無後兄之義，爲亂昭穆之序，失父子之親，故不言仲孫，明不以子爲父孫。"晉賀循議兄弟不合繼位昭穆云："商人六廟，親廟四並契、湯而六，比有兄弟四人相襲爲君者，便當上毀四廟乎？如此，四世之親盡，無復祖禰之神矣。"溫嶠議兄弟相繼、藏主夾室之事云："若以一帝爲一世，則當不得祭於禰，乃不及庶人之祭也。"①

禮官認爲，兄弟同世，於恩於義都更爲合適。並且指出，唐玄宗時期，稱中宗爲"皇伯考"，睿宗爲"皇考"，同列於穆位。唐德宗也以中宗爲高伯祖。晉代王導和荀崧也有"大宗無子，則立支子"之議，又"爲人後者爲之子"，並没有兄弟相繼爲子之文。之所以立支子而不立弟，就是因爲兄弟一體，無父子之道。禮官指出，弟不能爲兄後，太宗享祀太祖時也自稱"孝弟"，因此應當在合祭之時，將太祖、太宗放於同位，皇帝於太祖也稱孝子。

此後，真宗、仁宗二主祔廟之時，也都有關於廟數與昭穆的討論。按照此前廷議的結果，太祖、太宗同爲一代，則至真宗祔廟之時，父、祖、曾、高四代應是翼祖、宣祖、太祖太宗、真宗。康定元年（1040），直秘閣趙希言奏於仁宗，言僖祖、順祖二廟當遷。同判太常寺宋祁則指出，對於天子七廟制度，鄭玄的說法有誤，應用荀子、王肅之說存七世，僖祖之廟當予以保存：

> 周制有廟有寢，以象人君前有朝、後有寢也。廟藏木主，寢藏衣冠。至秦乃出寢於墓側，故陵上更稱寢殿，後世因之。今宗廟無寢，蓋本於茲。鄭康成謂周制立二昭二穆，與太祖、文、武共爲七廟，此一家之說，未足援正。自荀卿、王肅等皆云天子七廟，諸侯五，大夫三，士一，降殺以兩。則國家七世之數，不用康成之説也。僖祖至真宗方及六世，不應便立祧廟。自周、漢每帝各立廟，晉、宋以來多同殿異室，國朝以七室代七

---

① （元）脱脱等：《宋史》卷一〇六《禮志》，第2568頁。

廟，相承已久，不可輕改。①

據此，宗廟制度並沒有大的修改，依舊是以七室代七廟，每室各題廟號。

嘉祐年間，仁宗將祔廟，修奉太廟使蔡襄上八室圖，爲十八間，真宗從之。

此前，禮院請增廟室，孫抃等指出，仁宗祔廟後，宗廟應增爲八室：

> 七世之廟，據父子而言，兄弟則昭穆同，不得以世數之。廟有始祖、有太祖、有太宗、有中宗，若以一君爲一世，則小乙之祭不及其父。故晉之廟十一室而六世，唐之廟十一室而九世。國朝太祖之室，太宗稱孝弟，真宗稱孝子，大行稱孝孫。而祔祫圖：太祖、太宗同居昭位，南向；真宗居穆位，北向。蓋先朝稽用古禮，著之祀典。大行神主祔廟，請增爲八室，以備天子事七世之禮。②

盧士宗、司馬光則認爲，太祖以上，應親盡則遷。若以太祖、太宗爲一世，則仁宗祔廟，僖祖親盡，當遷夾室，只祀三昭三穆。③

孫抃等復議指出，僖祖雖非始封之君，卻是立廟之祖，廟數未過七世，不應毀廟。於是僖祖廟得以保留。④

治平四年（1067），英宗將祔廟，太常禮院請以神主祔第八室，祧藏僖祖及文懿皇后神主於西夾室。自仁宗而上，以次遞遷。翰林承旨張方平等議："同堂八室，廟制已定，僖祖當祧，合於典禮。"於是於九月奉安八室神主，祧僖祖及后，祔英宗。⑤

五、金代兄弟相繼的廟制問題

金熙宗完顏亶即位後，先於天會十四年（1136）追尊九代祖以下皇帝、皇后，並定始祖、景祖、世祖、太祖、太宗廟皆不祧。⑥ 考金朝世系，熙宗追尊的九代祖中，第七代爲世祖、肅宗、穆宗三兄弟，第八代爲康宗、太祖、太宗

---

① （元）脫脫等：《宋史》卷一〇六《禮志》，第 2569~2570 頁。
② （元）脫脫等：《宋史》卷一〇六《禮志》，第 2570 頁。
③ （元）脫脫等：《宋史》卷一〇六《禮志》，第 2570 頁。
④ （元）脫脫等：《宋史》卷一〇六《禮志》，第 2570~2571 頁。
⑤ （元）脫脫等：《宋史》卷一〇六《禮志》，第 2571 頁。
⑥ （元）脫脫等：《金史》卷四《熙宗本紀》，第 71 頁。

三兄弟。熙宗皇統三年(1143)，在上京建立了太廟。① 此後，又先後在中都(燕，今北京)及南京(汴京，今開封)建立宗廟。

由於完顏亶爲完顏亮所弑，又無子嗣。世宗即位後，大定二年(1162)，有司奏議爲其另外立廟、不稱宗，以武靈爲廟號。② 大定十二年(1172)，關於別廟的設立問題，禮官又指出，根據晉惠帝與晉懷帝、唐中宗、後唐莊宗的升祔故事，武靈皇帝雖然無嗣，亦可以升祔太廟。③ 但在太廟的室次安排方面，禮官提出，目前的太廟有七世十一室，如果需要升祔武靈皇帝，則須另外祧一廟，不如在太廟中增設一室：

> 然中宗之祔，始則爲虛室，終則增至九室。惠懷之祔乃遷豫章、潁川二廟，莊宗之祔乃祧懿祖一室。今太廟之制，除祧廟外，爲七世十一室，如當升祔武靈，即須別祧一廟。荀子曰，"有天下者事七世"，若旁容兄弟，上毀祖考，則天子有不得事七世者矣。伏覩宗廟世次，自睿宗上至始祖，凡七世，別無可祧之廟。《晉史》云廟："以容主爲限，無拘常數。"東晉與唐皆用此制，遂增至十一室。康帝承統，以兄弟爲一室，故不遷遠廟而祔成帝。唐以敬、文、武三宗同爲一代。於太廟東間增置兩室，定爲九代十一室。今太廟已滿此數，如用不拘常數之説，增至十二室，可也。④

直接在太廟中增加一室，固然可以直接解決完顏亶的祔廟問題，但是，太廟中各帝需要按照昭穆排列，世宗又已追崇自己的父親完顏宗輔爲睿宗並祔廟。當時太廟中的"七世十一室"推測或爲：始祖(一世)，獻祖(二世)，昭祖(三世)，景祖(四世)，世祖、肅宗、穆宗(五世)，康宗、太祖、太宗(六世)，睿宗(七世)。⑤ 完顏亶於睿宗爲侄，世代不好調整，禮官也不敢輕易確定：

> 然廟制已定，復議增展，其事甚重，又與睿宗皇帝祏室昭穆亦恐更改。《春秋》之義不以親親害尊尊，《漢志》云："父子不並坐，而孫可從王父。"若武靈升祔，太廟增作十二室。依《春秋》尊尊之典，武靈當在十一

---

① (元)脱脱等：《金史》卷三〇《禮志三·宗廟》，第727頁。
② (元)脱脱等：《金史》卷三三《禮志六·別廟》，第727頁。
③ (元)脱脱等：《金史》卷三〇《禮志三·宗廟》，第728頁。
④ (元)脱脱等：《金史》卷三〇《禮志三·宗廟》，第728~729頁。
⑤ 按大定二十九年(1189)祧獻祖、昭祖，則此時德帝、安帝已祧。見(元)脱脱等：《金史》卷三〇《禮志三·宗廟》，第729頁。

室，禘祫合食。依孫從王父之典，當在太宗之下，而居昭位，又當稱宗。然前升祔睿宗已在第十一室，累遇祫享，睿宗在穆位，與太宗昭位相對，若更改祧室及昭穆序，非有司所敢輕議，宜取聖裁。①

根據禮官所述，目前太廟中太宗居昭位、睿宗居穆位，如果將武靈皇帝祔廟，則按照“尊尊”的要求、依照即位順序，應在太宗之下第十一室，且居昭位。但睿宗已居第十一室，《金史》中也只錄“十九年四月，禘祫閔宗，遂增展太廟爲十二室”，考之大定二十九年（1189）世宗祔廟時有司言“自世祖至熙宗（即閔宗、武靈皇帝）”②，似可推知熙宗最終應沒有被按照即位順序安排在太宗之下第十一室，而是被安排在了新加的太廟第十二室。

世宗將祔廟時，由於繼承者是其孫章宗，若直接在前述八世十二室的基礎上祔廟，如以“爲人後者爲之子”之禮，則世宗爲第九世，章宗無法追崇自己的父親入廟。因此，“用晉成帝故事”，將世宗與熙宗作爲一世，並追崇自己的父親爲顯宗祔廟：

> 二十九年世宗將祔廟，有司言：“太廟十二室，自始祖至熙宗雖係八世，然世宗與熙宗爲兄弟，不相爲後，用晉成帝故事，止係七世。若特升世宗、顯宗即係九世。”於是五月遂祧獻祖、昭祖，升祔世宗、明德皇后、顯宗于廟。③

金宣宗南遷汴京後，依舊制建立宗廟，其形制在《金史》中有記載：

> 汴京之廟，在宮南馳道之東。殿規，一屋四注，限其北爲神室，其前爲通廊。東西二十六楹，爲間二十有五，每間爲一室。廟端各虛一間爲夾室，中二十三間爲十一室。從西三間爲一室，爲始祖廟，祔德帝、安帝、獻祖、昭祖、景祖祧主五，餘皆兩間爲一室。世祖室祔肅宗，穆宗室祔康宗，餘皆無祔。每室門一、牖一，門在左，牖在右，皆南向。石室之龕於各室之西壁，東向。其世祖之龕六，南向者五，東向者一，其二其三俱二龕，餘皆一室一龕，總十八龕。祭日出主於北牖下，南向。禘祫則並出

---

① （元）脫脫等：《金史》卷三〇《禮志三·宗廟》，第 729 頁。
② （元）脫脫等：《金史》卷三〇《禮志三·宗廟》，第 729 頁。
③ （元）脫脫等：《金史》卷三〇《禮志三·宗廟》，第 728~729 頁。

主，始祖東向，群主依昭穆南北相向，東西序列。①

由於此廟是因舊制所建，從中可推知上述世宗、章宗時太廟之形制。

六、明代"大禮議"中的廟制問題

明世宗時期的廟制變革，與上文提到的"大禮議"問題密切相關。

明世宗即位後，於嘉靖二年（1523）開始爲其父興獻帝用十二籩豆和八佾之樂舞於家廟享祀，與太廟所用之數相同，並不顧忌"二統"之嫌。② 此前，監生何淵上書，請求立興獻帝的世室於太廟之東。禮部尚書汪俊等皆謂不可。但是世宗決定，於奉先殿側別立一室，以盡孝思。汪俊指出，興獻之廟應在安陸舊廟的基礎上增飾，而不應建在大内：

> 皇上入奉大宗，不得祭小宗。爲本生父立廟大内，從古所無。惟漢哀帝嘗爲共王立廟京師，師丹以爲不可。請於安陸廟增飾爲獻皇帝百世不遷之廟，俟他襲封興王子孫，世世奉享。陛下歲時遣官祭祀，亦足以伸至情矣。③

詹事石珤等亦言不可。世宗不聽，修葺奉慈殿後爲觀德殿以奉之。

嘉靖四年（1525）四月，何淵爲光祿寺署丞，再次上書請立世室，崇祀皇考於太廟。世宗命禮官集議，禮部尚書席書等指出獻皇帝未曾爲天子，立廟不妥：

> 《王制》："天子七廟，三昭三穆"。周以文、武有大功德，乃立世室，與后稷廟皆百世不遷。我太祖立四親廟，德祖居北，後改同堂異室。議祧則以太祖擬文世室，太宗擬武世室。今獻皇帝以藩王追崇帝號，何淵乃欲比之太祖、太宗，立世室於太廟，甚無據。④

---

① （元）脱脱等：《金史》卷三〇《禮志三·宗廟》，第 728 頁。
② （清）谷應泰等：《明史紀事本末》卷五〇《大禮議》，中華書局，1997 年，第 742 頁。
③ （清）谷應泰等：《明史紀事本末》卷五〇《大禮議》，第 745 頁。
④ （清）張廷玉等：《明史》卷一九七《席書列傳》，第 5205 頁。

世宗令再議，席書等指出："將置主於武宗上，則武宗君也，分不可僭。置武宗下，則獻皇叔也，神終未安。"①當時，廷臣在對興獻帝稱考還是稱伯的問題上，意見分歧就非常大，但是祔廟之事，並無一人認爲可以。就連一直支持對興獻帝稱皇考的張璁、桂萼，也認爲不可立廟。張璁指出，應當別立禰廟，不干正統：

> 今淵請入獻皇帝於太廟，不知序於武宗之上與？武宗之下與？昔人謂孝子之心無窮，分則有限。得爲而不爲與不得爲而爲之，均爲不孝。別立禰廟，禮之得爲者也。此臣昧死勸皇上爲之；入於太廟，禮之不得爲者也。此臣昧死勸皇上勿爲。②

席書、大學士費宏、石珤、賈詠，尚書廖紀、秦金及九卿、臺諫官等，都各上疏力爭。最終，張璁、桂萼向席書指出："觀德殿規制未備，宜聖心未慊也。須別立廟，不干太廟。尊尊親親，並行不悖。"於是席書等上議："宜於皇城內擇地，別立禰廟，不與太廟並列，祭用次日。尊尊親親，庶爲兩全。"③最終，按照漢宣帝舊事，於皇城內爲興獻帝立一禰廟，如文華殿制。籩豆樂舞，都依照天子之禮，世宗親定其名爲"世廟"。④

嘉靖五年(1526)七月，世宗又以觀德殿窄隘爲理由，欲別建新廟於奉天殿左。尚書趙璜勸阻失敗，於是在奉先殿之東新建世廟，叫作"崇先殿"。嘉靖十三年(1534)，世宗命將承天家廟改名"隆慶殿"。嘉靖十五年(1536)，爲了避渠道，世廟遷址，改名"獻皇帝廟"，舊世廟改名爲"景神殿"，寢殿爲"永孝殿"。⑤ 祔廟一事暫告一段落。

嘉靖十七年(1538)，豐坊上書世宗，請求將興獻帝稱宗以配明堂。⑥ 世宗命群臣議，嚴嵩等初議稱興獻爲宗，但不及祔廟，世宗大不悦，著《明堂或問》責難。嚴嵩等人惶恐，盡改前説，提議將興獻帝與孝宗置於同一廟中：

---

① （清）張廷玉等：《明史》卷五二《禮志》，第 1337 頁。
② （清）谷應泰等：《明史紀事本末》卷五〇《大禮議》，第 755 頁。
③ （清）谷應泰等：《明史紀事本末》卷五〇《大禮議》，第 755~756 頁。
④ （清）張廷玉等：《明史》卷五二《禮志》，第 1337 頁。
⑤ （清）張廷玉等：《明史》卷五二《禮志》，第 1337 頁。
⑥ （清）張廷玉等：《明史》卷五二《禮志》，第 1337 頁。

古者父子異昭穆，兄弟同世次。故殷有四君，一世而同廟，宋太祖、太宗同居昭位，前事可據。今皇考與孝宗當同一廟。①

此奏一上，群臣無敢異議者。於是九月，爲興獻帝上廟號曰"睿宗"，並祔於太廟。②

嘉靖二十年（1541），九廟火災，二十二年（1543）更新太廟，廷議睿宗、孝宗並居一廟，同爲昭。其議曰：

睿宗、孝宗，兄弟同氣，天性至親，並居一廟，同爲一昭，與古兄弟同世數之義實相符合。昔年輔臣嚴嵩嘗有此奏，聖駕詣閱視以爲孝宗室狹隘不能容奉二主。今地勢辟擴，東至河溝，則新建廟寢規模宏闊，二宗之主可以並容，四時之祭可以共享。不惟同在部宮具復進居昭列，與孝宗位同。位置崇嚴，氣脈聯絡，足以成昭代之徽典，垂萬世之宏圖。③

世宗指出，如果睿宗、孝宗同居昭位，廟名則不好定。江汝璧等認爲，應以昭穆爲名，稱昭第一廟、昭第二廟、昭第三廟及穆第一廟、穆第二廟、穆第三廟。世宗認爲，廟建典禮之事重大，諸臣前後所議卻都是牽泥舊文，並於昭穆世敘未見考析，無竭忠任事之誠。於是諸議俱寢。④

隨後，江汝璧又條陳《廟建五議》，其中第三條指出，將舊皇考廟遷於成祖廟之左，作爲以後的世室：

其一備親廟。謂皇上享祀宗宮，孝廟獨闕，典禮不備。宜奉皇考入居昭廟以備四親之禮。其二明昭穆。言皇考入廟當與孝宗同昭三宮，再遷則同昭二宮，又再遷則同昭一宮。其三崇世室。言皇考舊廟遷於成祖廟之左，虛以爲他日世室。其四拓規制。言太廟舊無東西夾室，今須備具以藏昭穆祧主。皇考入廟，則昭穆廟寢皆須量爲展闊。其五酌時宜。吉春特當改爲裕，且言若謂五事無可採，則會通之説，已窮其下。惟有

---

① （清）夏燮：《明通鑑》卷五七《世宗十七年》，第 1957 頁。
② （清）谷應泰等：《明史紀事本末》卷五〇《大禮議》，第 762 頁。
③ （明）徐階等纂修：《大明世宗肅皇帝實録》，清抄本，第 34852 頁。
④ （明）徐階等纂修：《大明世宗肅皇帝實録》，清抄本，第 34852 頁。

同堂異室議耳。①

疏下禮部，禮臣指出建立世室與古不合，未能通過。嘉靖二十三年（1544），右贊善郭希顏又欲於太祖廟文世室外，止立四親廟，而祧孝宗、武宗。以禮臣斥其妄而止。

嘉靖二十四年（1545）六月，新太廟成，遂奉睿宗於太廟之左第四，序躋武宗上，而罷特廟之祀。② 世宗曰：

> 既無昭穆，亦無世次，只序倫理。太祖居中。左四序成、宣、憲、睿，右四序仁、英、孝、武，不許差違。③

這樣的昭穆順序安排，的確如世宗所説，“既無昭穆，亦無世次”。此前的討論，均以孝宗、睿宗同昭穆，均居昭第三宮爲前提。世宗這一安排，則昭穆之序亂，孝宗、睿宗昭穆異，孝宗與武宗父子二人卻昭穆相同。

沈睿文在《西漢帝陵陵地秩序》一文中，對兄弟相繼爲君的昭穆問題進行了總結：“自西周以降，除春秋、戰國、秦朝、三國時期、北朝時期、隋朝、五代、遼朝以及明朝等朝代史無明文記載兄弟相繼爲君的昭穆異同問題外，兩漢、兩晉、南朝之齊朝、金朝和元朝等朝代的史志和禮書都明確載有兄弟相繼爲君而昭穆相異的史實。只有在唐、宋、清三朝中，兩種意見爭論不下，其宗廟中的昭穆排列次序時而以兄弟相繼爲君昭穆異位，時而又昭穆同位，遊移不定。”④根據本章的研究，這個説法並不完全成立。

根據上文的分析，在漢惠帝與文帝的昭穆問題上，《漢書》和《續漢書》都持同昭穆的觀點。而漢光武帝立宣帝、元帝、成帝、哀帝、平帝四代五廟，可知哀帝與平帝同爲一代，則昭穆相同也可推知。根據《宋書》等的記載，晉武帝時期設置三昭三穆共六世七廟，很顯然景帝司馬師、文帝司馬昭也同在穆位。唐宋時期，昭穆的排佈有所反復，但是最終也以兄弟同昭穆爲定論。

---

① （明）徐階等纂修：《大明世宗肅皇帝實錄》，清抄本，第 34852～34853 頁。《明史·禮志》記載爲：“已而左庶子江汝璧請遷皇考廟於穆廟首，以當將來世室，與成祖廟並峙。”

② （清）張廷玉等：《明史》卷五二《禮志》，第 1338 頁。

③ （明）徐階等纂修：《大明世宗肅皇帝實錄》，清抄本，第 35125 頁。

④ 沈睿文：《西漢帝陵陵地秩序》，《文博》2001 年第 3 期。

本 章 小 結

　　本章主要關注歷代"兄終弟及"之帝王的具體情況。首先，經過列舉統計可以看出，中國古代主要王朝的兄終弟及，大體可以分爲三類：皇帝預立弟爲繼承人，先帝崩後皇太后或大臣詔立弟繼承，因爲戰亂等原因由弟繼承。根據上文總結的表格，以同父兄弟繼承皇位的共 30 次，其他兄弟繼承的共 11 次。按照比例分析可以發現，父死子繼占君位繼承形式比例較高的朝代，社會較穩定；兄終弟及占君位繼承形式比例較高的朝代，社會較爲動蕩。

　　"皇太弟"的設置遠遠晚於兄終弟及繼承方式的出現。由於嫡長子繼承制一直是中國繼承制度的主流，傳位於弟往往是因爲無子、戰亂等情況。預先立弟爲儲君，是對父死子繼制度的補充。

　　君位"兄終弟及"時，繼位之君按照禮制，需要爲先君服三年之喪。歷史上，雖然服喪制度一再改革，繼位之君也並不總是承認所繼之統來自自己的兄弟，但是總體來說，以兄弟身份入繼的皇帝，爲先君服喪，多數還是符合禮制要求的。例如東晉康帝，在有司勸其周年除服的情況下，仍然堅持服喪，雖然不滿三年即崩，但可以看出其完成禮制規定之正服的信念。明世宗雖然通過"大禮議"追崇本親，但也爲武宗服了三年之喪。

　　在宗廟昭穆問題方面，在漢惠帝與文帝的昭穆問題上，《漢書》和《續漢書》都持同昭穆的觀點。而漢光武帝立宣帝、元帝、成帝、哀帝、平帝四代五廟，可知哀帝與平帝同爲一代，則昭穆相同也可推知。根據《宋書》等的記載，晉武帝時期設置三昭三穆共六世七廟，很顯然景帝司馬師、文帝司馬昭也同在穆位。唐宋時期，昭穆的排佈有所反復，但是最終也以兄弟同昭穆爲定論。

第三章　兄終弟及與禮學論爭

周秦以降，歷代都存在與兄終弟及有關的禮學論爭，其中又以明代的"大禮議"最爲盛大。與"大禮議"相關的研究成果已經非常豐碩，但仍有缺憾。本章將在前人研究的基礎上，採用一些新的材料，從新的角度對"大禮議"及相關禮學論爭作出分析。

第一節　"兄弟之子猶子"與"爲人後者爲之子"的現實衝突——從"六義十疑"到"大禮議"

"兄終弟及"不僅存在於同父同母兄弟、同父異母兄弟之間，也存在於"從父昆弟"也就是堂兄弟之間。漢平帝、漢安帝、晉哀帝、明世宗和清德宗，都是以堂兄弟的身份繼承帝位。與同父異母兄弟繼位後追崇自己的生母不同，堂兄弟繼承皇位之後，往往要求追崇自己的親生父親，其中尤以明世宗最甚。本節將梳理與堂兄弟繼承皇位有關的禮制原則及歷史上的相關討論，從另一個角度解釋"大禮議"的經學來源和相關問題。

一、君統何來："兄弟之子猶子"還是"爲人後者爲之子"？

《儀禮·喪服》"不杖期"章曰"昆弟之子"，意思是説，要爲自己兄弟的兒子服一年喪期。"《傳》曰：何以期也？報之也。"意思是説，侄子要爲世父母、叔父母服一年喪，世父母、叔父母相應地要爲侄子服一年喪。《儀禮·喪服》"不杖期"章，解釋了這樣服喪的理由：

> 《傳》曰：世父、叔父何以期也？與尊者一體也。然則昆弟之子何以亦期也？旁尊也。不足以加尊焉，故報之也。父子一體也，夫妻一體也，昆弟一體也。故父子，首足也；夫妻，胖合也；昆弟，四體也。故昆弟之

義無分，然而有分者，則辟子之私也。子不私其父，則不成爲子。故有東宮，有西宮，有南宮，有北宮，異居而同財，有餘則歸之宗，不足則資之宗。世母叔母何以亦期也？以名服也。①

這一段話中提到了三個"一體"，即"父子一體""夫妻一體"和"昆弟一體"。父爲尊，故父之昆弟與尊者一體。宋代禮學家黄榦指出，根據禮的規定，爲祖父應服一年，推之伯父、叔父，則應服大功九月。由於"昆弟一體"，則加至期年。而從世叔父母、族世叔父母則不加服，喪服分别爲小功和緦麻。敖繼公也同樣認爲爲世叔父期屬於加服："禮爲從父昆弟大功、世叔父期，以此傳考之，則世叔父之期乃是加服，從父昆弟之大功則其正服也。"郝敬則認爲"與尊者一體"有二義，其一是"雖不尊於祖父母而實與祖爲一體"，其二是"父至尊又與父爲一體"。按照郝敬的説法，與祖一體，則應在大功九月之基礎上加服爲一年，與父一體，則伯父、叔父之父應與父相同，但是父親爲至尊，三年之喪只能爲父服，因此要爲伯父、叔父降一等，服一年之喪。② 與之相應，身爲伯父、叔父，雖然侄子的地位不足爲尊，但也要爲昆弟之子報服一年之喪。

《禮記·檀弓》曰："喪服，兄弟之子猶子也，蓋引而進之也。""兄弟之子猶子"就與上文提到的爲昆弟之子服一年喪有關。

根據《儀禮·喪服》，爲自己的兒子(除嫡子外)應服一年。爲昆弟之子正與爲己之親子之服同，孔穎達指出："己子服期，昆弟之子亦服期，牽引進之，同於己子。"

"兄弟之子猶子也"是就喪服而言，"同産子"則是就襲爵而言。《居延新簡》中有"同産子皆得以爲後繼統"③之語(EPT5. 33)。尹在碩指出，此簡"涉及同産之子亦爲嗣(後子)而繼承祖統的事實。然而，這些僅是西漢後期或王莽新朝時期有關後子制的律文殘簡"④。事實上，西漢和東漢都有類似的規定。如《漢書·平帝紀》中："又令諸侯王、公、列侯、關内侯亡子而有孫若子同産

---

① 《儀禮注疏》卷三〇《喪服》，(清)阮元校刻《十三經注疏》本，第1105頁。

② 見(清)秦蕙田：《五禮通考》卷二五四，清文淵閣四庫全書本。

③ 甘肅省文物考古研究所等編：《居延新簡：甲渠候官》(上册)，中華書局，1994年，第8頁。

④ ［韓］尹在碩：《睡虎地秦簡和張家山漢簡反映的秦漢時期後子制和家系繼承》，《中國歷史文物》2003年第1期。

子者，皆得以爲嗣。"①顏師古指出："子同産子者，謂養昆弟之子爲子者。"
《後漢書·明帝紀》"爵過公乘，得移與子若同産、同産子"注曰："漢制，賜爵
自公士已上不得過公乘，故過者得移授也。同産，同母兄弟也。"②

董仲舒《春秋繁露》："魯莊公好宮室，一年三起臺。夫人內淫兩弟，弟兄
子父相殺。""子父"實際上指的是叔侄。蘇輿指出："莊公殺公子牙，是兄弟相
殺。慶父殺子般閔公，是子父相殺。古者從父與兄弟之子通稱父子。"③董仲舒
這種擴大的父子觀在當時應是較爲流行，下文還將提及。

清代學者王弘撰指出："父子之稱，不但謂所生也。父之兄弟，兄弟之
子，皆曰父子。今世俗稱父之兄曰伯，父之弟曰叔，兄之子曰侄，皆非也。
伯、叔特以行言，侄則婦女之稱耳。周公作爾雅，謂父之兄弟曰'從父'，兄
弟之子曰'從子'，此本稱也。"④

歷代帝王和貴族在無子的情況下，往往援引"兄弟之子猶子"的原則，立
兄弟之子爲嗣。

晉惠帝太安元年（302），皇太孫司馬尚薨。齊王司馬冏表示應當及早建
儲，即引"兄弟之子猶子"爲理由：

> 禮，兄弟之子猶子，故漢成無嗣，繼由定陶；孝和之絕，安以紹興。
> 此先王之令典，往代之成式也。清河王覃神姿岐嶷，慧智早成，康王正妃
> 周氏所生，先帝衆孫之中，於今爲嫡。昔薄姬賢明，文則承位。覃外祖恢
> 世載名德，覃宜奉宗廟之重，統無窮之祚，以寧四海顒顒之望。覃兄弟雖
> 並出紹，可簡令淑還爲國胤，不替其嗣。輒咨大將軍穎及群公卿士，咸同
> 大願。請具禮儀，擇日迎拜。⑤

北魏世祖拓跋燾無子，曾親自撫養安樂王拓跋範之子拓跋良，其理由也是

---

① （漢）班固：《漢書》卷一二《平帝紀》，第349頁。
② （南朝宋）范曄：《後漢書》卷二《明帝紀》，第96頁。章帝也有相同的規定，見
《後漢書》卷三《章帝紀》，第129頁。
③ （漢）董仲舒著，（清）蘇輿校證：《春秋繁露義證·王道第六》，中華書局，1992
年，第128頁。蘇輿還舉了其他例子："故蕭同侄子，左氏傳直稱叔子。漢疏廣傳'父子並
爲師傅'，蔡邕傳'欲陷臣父子'，是也。"
④ （清）王弘：《山志·初集卷一·父子》，中華書局，1999年，第9頁。
⑤ （唐）房玄齡等：《晉書》卷六四《清河康王遐列傳》，第1723頁。

"兄弟之子猶子也"①。

西魏、北周時大將軍豆盧寧起初無子，養其弟豆盧永恩之子豆盧績。後來，豆盧寧有了親兒子豆盧贊，親屬皆請立贊爲嗣。豆盧寧曰："兄弟之子，猶子也，吾何擇焉。"②於是仍以豆盧績爲世子。豆盧寧死後，則由豆盧績襲爵。

可以説，從皇帝本人的角度，認可"兄弟之子猶子"作爲帝統傳續的理由。與之相對，"爲人後者爲之子"則是繼統者即位之後，以禮官爲代表的群臣對新皇帝提出的要求。前文提到立"皇太弟"的帝王，則並無以弟爲子的要求。

民間也有以兄弟之子爲子的例子，可以看作是社會思想的反映。最遲至南北朝時期，"猶子"成爲兄弟之子的代稱，"猶子"的地位也隨着時間的發展逐漸與親子接近。

庾信《哀江南賦》中，有"伯兮叔兮，同見戮於猶子"之句。③ 意思是説，湣懷太子元良及始安王方略等，皆見害於元帝之侄獄陽王詧。

唐代詩人元稹《哭女樊四十韻》中，將"猶子"與"外甥"對舉："騎竹癡猶子，牽車小外甥。"④

正史中，《北史》最早出現"猶子"的用法。《司馬膺之列傳》稱司馬膺之爲其叔父的"猶子"："天平中，叔父子如執鈞當軸。膺之既宰相猶子，兼自有名望，所與遊集，盡一時名流。"⑤《李曉列傳》："其上三兄皆遇害。曉乃携諸猶子，微服潛行，避難東郡。"⑥

《舊唐書》有"王晏權者，智興之猶子也"和"引而進之，觸類而長，猶子咸衣苴枲，季父不服總麻，推遠之情有餘，睦親之義未足"以及"辛讜，故太原尹雲京之孫，壽州刺史晦之猶子也"的説法。⑦

此後的史書中，"某，某之猶子也"的説法逐漸多見。

---

① （北齊）魏收：《魏書》卷一七《明元六王列傳第五·樂安王範》，第 415 頁。

② （唐）令狐德棻等：《周書》卷一九《豆盧寧列傳》，第 310 頁。

③ （北周）庾信：《庾子山集注》卷二《哀江南賦》，（清）倪璠注，中華書局，1980 年，第 165 頁。

④ （唐）元稹：《元稹集》卷九《傷悼詩·哭女樊四十韻》，中華書局，2010 年，第 119 頁。

⑤ （唐）李延壽：《北史》卷五四《司馬膺之傳》，中華書局，1974 年，第 1950 頁。

⑥ （唐）李延壽：《北史》卷一〇〇《李曉傳》，第 3338 頁。

⑦ （後晉）劉昫等：《舊唐書》，卷一九上《懿宗本紀》，第 666 頁；卷二七《禮儀志》，第 1026 頁；卷一八七下《辛讜列傳》，第 4914 頁。

朱子曾專就"猶子"這一稱呼作辯證:

> 或問:"'侄'字,本非兄弟之子所當稱?"曰:"然。伊川嘗言之。胡文定家子弟稱'猶子',禮'兄弟之子,猶子也',亦不成稱呼。嘗見文定家將伊川語録凡家書説'侄'處,皆作'猶子',私嘗怪之。後見他本只作'侄'字,乃知'猶子'字文定所改,以伊川嘗非之故也。殊不知伊川雖非之,然未有一字替得,亦且只得從俗。若改爲'猶子',豈不駭俗!據禮,兄弟之子當稱'從子'爲是。自曾祖而下三代稱'從子',自高祖四世而上稱'族子'。"①

> 姊妹呼兄弟之子爲侄,兄弟相呼其子爲從子。禮云:"喪服,兄弟之子猶子也。"以爲己之子與爲兄之子其喪服一也。爲己之次子期,兄弟之子亦期也。今人呼兄弟之子爲"猶子",非是。②

> 侄對姑而言。今人於伯叔父前,皆以爲"猶子"。漢人謂之"從子",卻得其正,蓋叔伯皆從父也。③

然而朱子之辯證並没有止住用"猶子"指代兄弟之子的風氣,此後的文章中,無論是自稱、稱呼對方還是指代某人之侄,都有"猶子"的用法。

例如,金代詩人元好問本爲元德明之子,過繼給其弟元格爲嗣子。在祭奠其嗣母之青詞中,元好問自稱"猶子":"禮名猶子,嗣續之道存。"④

清代學者劉寶楠,則將兄弟之子與己之子的關係進一步混同。他將自己所生的三子全部後嗣兄弟之無後者,曰:"兄弟之子猶子,己之子亦猶兄弟之子。"⑤

清代孔廟祭祀時,將孔子兄孟皮之子孔忠列於大成殿東廡,位於狄黑之下,公西蒇之上。俞樾認爲,孔忠是孔子兄子,子思子的從伯叔父。子思爲四配之一,祭於殿上,而孔忠卻祭於廡,在倫理上不順。對比顏路、曾晳二人,

---

① (宋)黎靖德編:《朱子語類》卷八五《儀禮·喪服經傳》,中華書局,1986年,第2200~2201頁。

② (宋)黎靖德編:《朱子語類》卷八七《小戴禮·檀弓上》,第2234頁。

③ (宋)黎靖德編:《朱子語類》卷八七《小戴禮·檀弓上》,第2234頁。

④ (金)元好問:《元好問文編年校注》卷二《太夫人五七青詞》,狄寶心校注,中華書局,2012年,第133頁。

⑤ 徐世昌等編:《清儒學案》卷一〇六《端臨學案·端臨家學·劉先生寶楠·附録》,第4224頁。

雖然都是孔子弟子，宜從祀大成殿兩廡，其祀卻在崇聖祠，就是因爲避其子顏子和曾子。孔忠和子思雖然不是父子，然而禮曰："兄弟之子，猶子也。"①俞樾指出，孔忠宜移祀崇聖祠，以安子思之神。

俞樾還指出，無子而以兄弟之子爲後的行爲俗稱"過房"，並考證《朱子言行録》有"曾無子，欲令弟子過房"之語，認爲宋時已有"過房"的説法。②

那麽，立兄弟之子爲後與兄弟之子"爲人後"究竟有何區别呢？可以看晉代的一個例子。

二、"六義十疑"與"統嗣二分"：晉於氏養兄子爲後之議

東晉成帝時，散騎侍郎賀喬妻於氏曾上表申訴其養兄之子爲後之事，紀録在《通典》之中。於氏是賀喬之妻，婚後無子，初養其兄賀群之子賀輝爲子，後賀輝夭折，又養賀群之子賀率爲子。賀率一歲之後，賀喬之妾張氏才生一子賀纂。在賀率六歲、賀纂五歲那年，賀群死亡。此後，抱子之事走漏了風聲，賀率才知道自己並非親生，漸漸疏遠了於氏。賀率長大後，親戚們有人説，賀喬既已經有子賀纂，賀率如果不離開，則是"與爲人後"。此後，賀率回到了生母陶氏身邊。此時賀喬尚在，認爲不妥，但是旋即病亡。

於氏上書，闡述了自己的六條不解與十項疑問，被稱爲"六義十疑"。現簡要總結其義如下：

六條不解主要闡述了"爲人後"與以兄弟之子爲子的不同：

(1)爲人後者與養子不同。"凡言後者，非並時之稱，明死乃至喪，生不先養。今乃以生爲人子，亂於死爲人後，此妾一不解也。"

(2)爲人後者應後大宗。"今喬上非大宗，率不爲父後，何繫於有纂與無纂乎？此妾二不解也。"

(3)立後是爲了序昭穆，繼宗統。"今以兄弟之子，而比之族人之子後大宗，此妾三不解也。"

(4)爲人後者與從小長在人家中的養子不同。"今以義合之後，比成育之子，此妾四不解也。"

(5)爲後者是義比與子，與有養育之恩的養子不同。"今乃以爲後之公義，奪育養之至恩，此妾五不解也。"

---

① 徐世昌等編：《清儒學案》卷一八三《曲園學案·俞先生樾·茶香室經説·孔忠移祀崇聖祠議》，第7083~7084頁。

② (清)俞樾：《茶香室叢鈔》卷五《過房》，中華書局，1995年，第129~130頁。

(6)"與爲人後"是在族人已經爲無後的大宗立後的情況下主動爲之後，目的是爲了爵位或者財物。"非謂如率爲嫡長先定，庶少後生，而當以爲譏。此妾六不解也。"

十項疑問：

(1)父母於子之生養之恩各半。自己對於賀率有養育之功，"豈言在名稱之間，而忘成育之功？此妾一疑也"。

(2)父子、兄弟、夫妻皆爲一體，因此兄弟之子猶己之子。"今更以一體之親，擬族人之疏；長養之實，比出後之名。此妾二疑也。"

(3)父命尊貴，養賀率爲後是其親生父親賀群的決定。"妾之母率，尊命則由群之成言，本義則喬之猶子，計恩則妾之懷抱。三者若此，而今棄之，此妾三疑也。"

(4)諸葛亮無子時，取其兄諸葛瑾之子諸葛喬爲子。等到有子諸葛瞻之後，仍以諸葛喬爲嫡。諸葛恪絕嗣之後，諸葛喬之子諸葛攀返爲諸葛恪之後。假使諸葛恪不絕後，則諸葛攀必不得還。"亮近代之純賢，瑾正達之士，其兄弟行事如此，必不陷子弟於不義，而犯非禮於百代。此妾四疑也。"

(5)《春秋》傳曰："陳女戴嬀生桓公，莊姜以爲己子。""以爲己子"是當成自己的兒子將其養大，與爲人後者的"往而承之"不同。"莊姜可得子戴嬀之子，繫之於夫也；兄弟之子可以爲子，繫之於祖也。名例如此，而論者弗尋，此妾五疑也。"

(6)董仲舒在決斷漢代的疑案時，曾將養父子列入"父爲子隱"的範疇。"夫異姓不相後，禮之明禁，以仲舒之博學，豈其義哉！蓋知有後者不鞠養，鞠養者非後，而世人不別，此妾六疑也。"

(7)漢代有親生父親不養其子者，其子長大之後，生父反對其稱"汝是吾子"。其子杖生父，生父告官，董仲舒認爲生父未能養育，父子之義已絕，不應定罪。"夫拾兒路旁，斷以父子之律，加杖所生，附於不坐之條，其爲予奪，不亦明乎！今説者不達養子之義，唯亂稱爲人後，此妾七疑也。"

(8)漢代有個叫秦嘉的人早亡，其妻收養了一個兒子。其妻死後，養子回到所生之家。朝廷通儒則尋到此子，令其還繼秦氏之祀。"異姓尚不爲嫌，況兄弟之子！此妾八疑也。"

(9)吳國有叫周逸的博學之人，本是左氏之子，爲周氏所養。周氏有親子後，周逸仍不復本姓。"逸敷陳古今，故卒不復本姓，識學者咸謂爲當矣。此妾九疑也。"

(10)世人對於禮儀節文不能通達理解，往往做出違禮的事情。"生而殺之如此，生而棄之，受成長於他人，則追名曰‘本吾子也’，乃全責以父子之恩，自同長養之功，此妄十疑也。”

當時的朝廷諸臣，對於氏之表發表了不同的意見。

博士杜瑗贊同於氏，議云：“夫所謂爲人後者，有先之名也，言其既没，於以承之耳，非並存之稱也。率爲喬嗣，則猶吾子，群之平素，言又惻至，其爲子道，可謂備矣，而猥欲同之與爲人後，傷情棄義，良可悼也。昔趙武之生，濟由程嬰，嬰死之日，武爲服喪三年。夫異姓名義，其猶若此，況骨肉之親，有顧復之恩，而無終始之報！凡於氏所據，皆有明證，議不可奪。”

廷史陳序則引用當時的法令，指出賀率應當另立爲户：“令文：‘無子而養人子以續亡者後，於事役復除無回避者聽之，不得過一人。’令文：‘養人子男，後自有子男，及閹人非親者，皆別爲户。’按喬自有子纂，率應別爲户。”

尚書張闓則引用了賀喬之嫂陶氏之表，指出賀率應去。議：“賀喬妻於氏表，與群妻陶辭所稱不同。陶辭：喬妻於無子，夫群命小息率爲喬嗣。一年，喬妾張生纂。故驃騎將軍顧榮謂群，喬已有男，宜使率還，問與爲人後者不。故司空賀循取從子紘爲子，鞠養之恩，皆如率，循後有晚生子，遣紘歸本。率今欲喬，即便見遣。於表養率以爲己子，非謂爲人後，立六義十疑，以明爲後不並存之稱，生言長嫡，死乃言後，存亡異名。又云‘乞養人子而不以爲後’，見於何經？名不虛立，當有所附，於古者無此事也。今人養子，皆以爲後。於又云‘爲人後者，族人選支子爲之嗣，非謂如率爲嫡先定，庶幼後生，而以爲譏’。此乃正率宜去，非所以明其應留也。且率以若子之輕義，奪至親之重恩，是不可之甚也。於知禮無養子之文，故欲因今世乞子之名，而博引非類之物爲喻，謂養率可得自然成子，避其與後之譏乎！”

丹陽尹臣謨認爲於氏的説法是强詞奪理，應當依照張闓的説法。議：“按於所陳，雖煩辭博稱，並非禮典正義，可謂欲之而必爲之辭者也。臣按尚書闓議，言辭清允，折理精練，難於之説，要而合典，上足以重一代之式。愚以爲宜如闓議。”

於氏的奏議實際上反映的就是“統嗣二分”的思想，即爲人子不必爲人後。爲人後主要是繼承宗統，爲人子則更主要的是養育之恩。“爲人後”與“爲人子”並不互爲充要條件，於氏的奏議主要從“繼嗣”的角度論述，最終目的，應是讓賀率繼續作爲自己之子，爲自己養老。她的這一觀點極少被禮學家提及，但是到了明代“大禮議”之時，張璁又提出了“統嗣二分”之説，主要論點正好相反，即“爲人後者不必爲人子”。

三、王廷相"變禮"之説與明代大禮議

前文提到，"兄弟之子猶子"與"爲人後者爲之子"存在着矛盾。

明代之"大禮議"，研究成果已經十分豐碩。學者王廷相的論述，學界則鮮有提及。王廷相是明代著名的理學家，主張"氣本論"和道寓於"六經"。由於他求道於"六經"而不講"四書"，在經學問題上與宋儒有别。禮學方面，世行《王氏家藏集》載《禮論》一卷、《喪禮論》一卷、《答趙生習家禮疑問》、《夏小正集解》一卷、《論五首解一首》（即《明史》所載《深衣圖論》）一卷。《明史·藝文志》還記載有《昏禮圖》一卷、《鄉射禮圖注》一卷。① 另外還有《喪禮備纂》兩卷及散在其他作品中的禮學考證若干。在"大禮議"過程中，王氏一直在外爲官，没有直接參與朝廷議禮，其與"大禮議"有關之論主要見於書信和文章、策論，主要有《答張元傑》、《天子廟制》、《漢哀追尊恭皇論》（上、下）等。

《答張元傑》是寫給王廷相的好友張漢卿的。張漢卿是"大禮議"中支持楊廷和一派的人物之一。嘉靖三年（1524），"左順門事件"中，張漢卿與楊慎、王元正等人皆被杖於廷。② 王廷相的觀點與楊廷和、張漢卿等人不同：

> 又承集議大禮之教，僕不敢放言。但《禮》云："嫡子不後，一子不後，大宗不得奪小宗。"今然乎？不然，是變禮矣。以禮之變者處天子，而以禮之常者處天子之父，而曰"爲人後者不得顧私親"，可乎不可乎？利天子之尊，突然使其親絶祀，使今議禮諸君子與吾執事自處其父母，將且爲之乎？僕意不但諸君子與吾執事不肯爲，凡有仁愛之心者，決不肯爲矣。此於治禮所傷不細，不但係一時文字得失而已也。蓋既以變禮處天子，亦當以變禮處天子之父，此爲適均。漢宋二代事情，與今迥然不同，豈可執一而論？此在當國者一轉移之間，可以立萬世之大防。執事今在議禮之次，漫以此義奉助，不罪幸幸！③

王廷相認爲，當今的情況與經典所載不同，屬於"變禮"。而既以變禮處

---

① （清）張廷玉等：《明史》卷九六《藝文志》，第 2359 頁。

② （清）張廷玉等：《明史》卷一九二《楊慎傳》，第 5082 頁。

③ （明）王廷相：《王廷相集·王氏家藏集》卷二七《答張元傑》，中華書局，1989 年，第 475～476 頁。

天子，就應當以變禮處天子之父。漢宋兩代之事與現狀不同，不能"執一而論"。

這封與張漢卿的書信較短，未能完全反映王廷相對"大禮議"的看法。王氏觀點的禮學來源，可以參見《漢哀追尊恭皇論》兩篇。

在此文章中，王廷相認爲，漢哀帝追尊定陶王，不屬於違禮。師丹所持"爲人後者爲之子"即不可以顧私親之說，是"舉其一而廢其二"。因爲禮制規定不止這一條，"一子不後，嫡子不後"也是重要的禮制規定。哀帝是定陶王之獨子，爲人後則親嗣不存。因此，"丹也執'爲之子'之說，而不論乎'一子不後'之禮，是以禮之變者處哀帝，而以禮之常者處恭王"。

王廷相指出，祖宗之統和父子之親輕重相等，繼承祖統而忘父子之親，是"陷於一偏而利天下矣"。他舉出孟子的例子，認爲孟子稱贊舜"竊負而逃，遵海濱而處，終身忻然，樂而忘天下"是仁人之心"獨知有親，而不知有物"。哀帝想要追尊父親，是"天性之不能已也"。王廷相指出，三代天子之禮現在已經不可考，但是禮以義起，以情制，因此後世之事，也不可只以諸儒之論作爲準則。①

最值得注意的是，王廷相在此文中，將繼承分成了三類："繼體""繼統"和"繼興"。三類的代表人物分別是宋英宗、漢宣帝和漢光武帝：

> 宋英宗，仁宗已親育之如子焉，此之曰繼體。漢宣帝以母后大臣之議，帝崩之久而後立之，是以祖宗之統不可不傳，求賢而置之者也，是曰繼統。光武，國祀已絕，崛起民間，以返漢祚，是曰繼興。②

王廷相認爲，就"一子不後"而言，漢哀帝與宣帝是一致的，因此，追尊生父也應該屬於合禮。如果哀帝後成帝，則其父絕嗣，"傷倫害義，不可以訓也"。並且，按照"兄終弟及"的古禮，"弟亡則伯終侄及，倫序之次也"。因此，王廷相指出，哀帝繼承成帝之事，"謂之繼統可也，爲後不可也"。

至於成帝之嗣，王廷相認爲，兄弟皆是祖之正脈，而且"兄弟之子猶子"，從成帝的角度看雖然像是絕嗣，但是從元帝的角度看，則是一脈相傳。他指

---

① （明）王廷相：《王廷相集·王氏家藏集》卷三五《禮論八首·漢哀追尊恭皇論上》，第627頁。

② （明）王廷相：《王廷相集·王氏家藏集》卷三五《禮論八首·漢哀追尊恭皇論上》，第627頁。

出："況承位則統不絕，承廟則祀不絕。"

可以看出，王廷相將"繼統"和"爲人後"（"繼體"）分開，並且強調"兄弟之子猶子"，實際上是承認兄弟之子有如同親子一樣的政治身份，但在血緣上則無須同政治身份合一。爲後之禮可以權制："所後者稱曰父母，喪以三年，義權有所奪也；所生者，稱曰本生父母，喪以期，天性不可泯也。"

四、明代理學的轉向與"大禮議"

與王廷相同時期的明代大儒王陽明，也被卷入"大禮議"，甚至還作詩諷刺。其詩曰："無端禮樂紛紛議，誰與青天埽宿塵。"①但是張璁、席書等人在"大禮議"中表現出的思想，實與王陽明契合。王陽明也在一些書信中表現出對席書等人觀點的暗許。可以説，"大禮議"正是明代理學轉向在政治上的一次重要表現，是對程朱理學"不近人性"之特點的一次反省。

陽明論禮，更重人情。他指出：

　　蓋天下古今之人，其情一而已矣。先王制禮，皆因人情而爲之節文，是以行之萬世而皆準。其或反之吾心而有所未安者，非其傳記之訛闕，則必古今風氣習俗之異宜者矣。此雖先王未之有，亦可以義起，三王之所以不相襲禮也。若徒拘泥於古，不得於心，而冥行焉，是乃非禮之禮，行不著而習不察者矣。後世心學不講，人失其情，難乎與之言禮！然良知之在人心，則萬古如一日。苟順吾心之良知以致之，則所謂不知足而爲履，我知其不爲蕢矣。②

張立文指出："'先王制禮，皆因人情'，實乃以本生父爲皇考、統與嗣之辨的理論依據，反對徒拘泥於古，而不察今，不得於心的冥行，指出這是非禮之禮，好像這段話就是針對'大禮議'而言的。"③

卜正民指出："嘉靖帝欲尊生父爲皇考在禮制上站不住腳，但正因如此，此舉成了這個國家最高權威的首次公開聲明——個人能夠在典章制度的範圍之

① （明）王守仁：《王文成公全書》卷二〇《外集二·居越詩三十四首·碧霞池夜坐》，中華書局，2015年，第933頁。
② （明）王守仁：《陽明先生集要·理學編》卷四《寄鄒謙之》，（明）施邦曜輯評，中華書局，2008年，第276頁。
③ 張立文：《論"大禮議"與朱熹王陽明思想的衝突》，《南昌大學學報》（人文社科版）1999年第2期。

外獲得一定程度的道德自主性。王陽明關於良知爲心之本體的哲學不再是袖手論道，而獲得了政治立足點。"①

王陽明所主的"人情"之説，與前文提到的王廷相所主的"天性"之説，與宋代"濮議"時歐陽修、韓琦等人的觀點正同。韓琦指出：

> 伏以臣聞出於天性之謂親，緣於人情之謂禮。雖以義制事，因時適宜，而親必主於恩，禮不忘其本。此古今不易之常也。②

這一觀點與程頤的觀點正相反。程頤雖然也認爲"先王制禮，本緣人情"，但是"天地之大義"是仁宗、濮王和英宗之間的名分關係，這種名分關係爲統緒所繫，如果錯亂，就是"亂大倫"：

> 竊以濮王之生陛下，而仁宗皇帝以陛下爲嗣，承祖宗大統，則仁廟，陛下之皇考；陛下，仁廟之適子，濮王，陛下所生之父，於屬爲伯；陛下，濮王出繼之子，於屬爲侄。此天地大義，生人大倫，如乾坤定位，不可得而變易者也。固非人意所能推移，苟亂大倫，人理滅矣。陛下仁廟之子，則曰父，曰考，曰親，乃仁廟也。若更稱濮王爲親，是有二親。則是非之理昭然自明，不待辯論而後見也。③

張壽安指出："雖然兩宋儒學界也有相當的反對聲音，但隨着理學理論系統之逐漸完備，道統譜系之建立，理學觀念下的'名分定式'也就成爲新的社會綱紀，我們或可稱之爲天理觀念下的'名分綱紀'。……明代大禮議楊廷和所引據的，正是程朱之言。這就是支持楊廷和的最要理據。"④

綜上所述，本節討論了四個問題。第一個問題，皇位由堂兄弟繼承，究竟是根據"兄弟之子猶子"的原則，以繼位之君爲先君父之親子，按照"子繼"的方式繼嗣，還是根據"爲人後者爲之子"的原則，以繼位之君爲先君之子。根據《儀禮》和《禮記》，爲兄弟之子服喪應如親子。在歷史上，"猶子"也成了兄

①　［加］卜正民：《挣扎的帝國：元與明》，中信出版社，2016年，第97~98頁。

②　（宋）李燾：《續資治通鑑長編》卷二〇一《英宗治平元年》，第4872頁。

③　（宋）程顥、（宋）程頤：《二程集·河南程氏文集》卷五《代彭思永上英宗皇帝論濮王典禮疏》，中華書局，2004年，第515~516頁。

④　張壽安：《十八世紀禮學考證的思想活力——禮教論爭與禮秩重省》，第158頁。

弟之子的代稱。因此，從立後的角度看，立兄弟之子爲嗣具有天然的合法性。但是從繼統者的角度看，以堂兄弟身份繼位的皇帝往往事先沒有得到過伯父、叔父的立嗣要求，因此也無法用"兄弟之子猶子"爲自己確立合法性。"爲人後者爲之子"則一直被禮官堅持。

第二個問題是東晉於氏提出的"六議十疑"。於氏最先闡釋了"爲人後"與以兄弟之子爲子的不同。她指出，"爲人後"與"爲人子"並不互爲充要條件，事實上反映了"統嗣二分"的思想。

第三個問題是明代王廷相的"變禮"之説。王廷相在"大禮議"中的觀點，過去鮮有人提及。他將繼承分爲三類：繼體、繼統和繼興。這與"大禮議"中張璁等人"統嗣二分"的觀點相合。王廷相承認兄弟之子與親子在政治身份上的同一性，但是血緣關係不須與政治身份合一。

第四個問題是明代理學與"大禮議"的關係。雖然王陽明曾經在詩中諷刺"大禮議"，但是他的觀點與張璁、席書等人契合。陽明論禮更重人情，與宋儒"天地之大義"之説相反。

第二節　天子之位、大宗之統與父子之親：從繼統到易統

上一節提到，"統嗣二分"的説法在明代"大禮議"時出現，但類似的思想此前即已有之。但是從整體來説，"繼統"和"繼嗣"在明代以前仍然是合一的。例如《漢書》成帝時"至今未有繼嗣"，立定陶王劉欣爲太子，並"封中山王舅諫大夫馮參爲宜鄉侯，益中山國三萬户，以慰其意"。顏師古釋曰："以不得繼統爲帝之後，恐其怨恨。"①

那爲什麼在明代，這種思想最終被官方接受利用，成爲世宗追崇其父的主要依據呢？本節將梳理歷代學者對於"統"與"嗣"的觀點。

一、"君之宗之"：君統與宗統的關係

《詩經·大雅·公劉》"食之飲之，君之宗之"一句，毛傳曰"爲之君，爲之大宗也"，鄭箋則指出："宗，尊也，公劉雖去邰國來遷，群臣從而君之尊之，

---

① （漢）班固：《漢書》卷一〇《成帝紀》，第 328 頁。

猶在邰也。"①毛、鄭二人對"宗"不同的理解，給後世經解創造了兩條不同的路徑。按照毛傳，君、大宗爲一體，即君統與宗統合二爲一；按照鄭箋，則此處"宗"另有其一，不與君統合一。

毛傳在解釋《大雅·板》篇"大邦維屏，大宗維翰"句時，也認爲"王者天下之大宗"，即君主與大宗一體。② 鄭箋則再次與毛傳不同，認爲"大宗，王之同姓之嫡子也"③。丁鼎指出："顯然，毛傳將大宗解釋爲王者本人，是將宗統與君統看成合一的，也就是將天子、諸侯納入了宗法系統之中。而鄭箋將大宗解釋爲王之同姓嫡子，就是認爲君統與宗統不是合一的，天子、諸侯不在宗法系統之中。"④

《儀禮》和《禮記》的説法，與毛傳也正好相反，認爲天子諸侯並不是大宗，別子才是大宗，並且有"天子諸侯絶旁期"的説法，將別子與繼承天子諸侯之位者區別開來。《儀禮·喪服》指出，諸侯之別子不能設立諸侯之廟而祭之："諸侯之子稱公子，公子不得禰先君，公子之子稱公孫，公孫不得祖諸侯；此自卑於尊者也。"⑤《禮記·喪服小記》和《禮記·大傳》都有"別子爲祖，繼別爲宗，繼禰者爲小宗"的説法，明大宗繼別子之後，與繼承君位者相區別。⑥

《禮記·大傳》中還指出："君有合族之道，族人不得以戚戚君，位也。"⑦也就是説，雖然君恩可以下施，有合會族人之道，但族人都是君之臣，不能以與君的父子兄弟之親自稱。金景芳指出，宗法制最基本的特點就是《禮記·大傳》與《禮記·喪服小記》中的"別子爲祖"。所謂"別子"，就是令公子、公孫與君統相區別，即從君統中分離出來，另立宗統。公子與公（新君）雖有兄弟之親，但實行宗法後，公子應稱公（新君）爲君，不能稱公爲兄或弟。其實質是使血族關係服從政治關係，即政治關係高於血族關係。⑧

首先看諸侯之宗。《禮記·大傳》曰："有小宗而無大宗者，有大宗而無小

①　《毛詩正義》卷一七《大雅》，（清）阮元校刻《十三經注疏》本，第 542 頁。
②　《毛詩正義》卷一七《大雅》，（清）阮元校刻《十三經注疏》本，第 550 頁。
③　《毛詩正義》卷一七《大雅》，（清）阮元校刻《十三經注疏》本，第 550 頁。
④　丁鼎：《〈儀禮·喪服〉考論》，社會科學文獻出版社，2003 年，第 268 頁。
⑤　《儀禮注疏》卷三二《喪服》，（清）阮元校刻《十三經注疏》本，第 1115 頁。
⑥　《禮記正義》卷三二《喪服小記》，（清）阮元校刻《十三經注疏》本，第 1495 頁；卷三四《大傳》，第 1508 頁。
⑦　《禮記正義》卷三四《大傳》，（清）阮元校刻《十三經注疏》本，第 1508 頁。
⑧　金景芳：《論宗法制度》，《東北人民大學人文科學學報》1956 年第 2 期。

宗者，有無宗亦莫之宗者，公子是也。公子有宗道。公子之公，爲其士大夫之庶者宗其士大夫之適者，公子之宗道也。"①公子指的是公之庶子，其身份是大夫或者士，"公子有宗道"，即大夫和士級別的公之庶子，應當以公之嫡子（君之同母弟）爲君。鄭注也解釋了公子宗道的三種形式：

> 公子不得宗君，君命嫡昆弟爲之宗，使之宗之，是公子之宗道也。所宗者嫡，則如大宗死爲之齊衰九月，其母則小君也，爲其妻齊衰三月。無嫡而宗庶，則如小宗死爲之大功九月，其母妻無服。公子唯己而已，則無所宗，亦莫之宗。②

第一種情況，是君（繼承公之位者，即公之嫡子）有嫡兄弟，立嫡兄弟爲宗。第二種情況，君無嫡兄弟，則遣庶兄弟一人爲宗。第三種情況，公子唯一，則既無其他兄弟可宗，也無其他兄弟可宗於己。這三種情況都是就公之庶子而言，也就是説，"宗道"最高只達於士大夫級別。

關於君道與宗道，《白虎通》指出：

> 宗者，何謂也？宗者，尊也。爲先祖主者，宗人之所尊也。《禮》曰："宗人將有事，族人皆侍。"古者所以必有宗，何也？所以長和睦也。大宗能率小宗，小宗能率群弟，通其有無，所以紀理族人者也。宗其爲始祖後者爲大宗，此百世之所宗也。宗其爲高祖後者，五世而遷者也。故曰：祖遷於上，宗易於下。宗其爲曾祖後者爲曾祖宗，宗其爲祖後者爲祖宗，宗其爲父後者爲父宗。父宗以上至高祖，皆爲小宗，以其轉遷，別於大宗也。別子者，自爲其子孫祖，繼別者各自爲宗，所謂小宗有四，大宗有一，凡有五宗，人之親所以備矣。諸侯奪宗，明尊者宜之。大夫不得奪宗何？曰：諸侯世世傳子孫，故奪宗。大夫不傳子孫，故不奪宗也。《喪服》經曰"大夫爲宗子"，不言諸侯爲宗子也。③

"諸侯奪宗"，意思是説，如果支子被封爲諸侯，宗子爲大夫，諸侯則應

---

① 《禮記正義》卷三四《大傳》，（清）阮元校刻《十三經注疏》本，第 1508 頁。
② 《禮記正義》卷三四《大傳》，（清）阮元校刻《十三經注疏》本，第 1508 頁。
③ （漢）班固：《白虎通義》卷八《宗族·論五宗》，第 393~397 頁。

該"奪宗"，另外立廟，不得祭於大夫（宗子）之家。"大夫不得奪宗"，因爲大夫之子不恒爲大夫，因此不用奪去宗子之位。諸侯、宗子與支子的關係，可以簡要參考圖 3-1。

諸侯（始封之君）						
繼世	別子爲祖					
君	繼別爲宗	禰				
君	大宗	繼禰小宗	禰			
君	大宗	繼祖小宗	繼禰小宗	禰		
君	大宗	繼曾祖小宗	繼祖小宗	繼禰小宗	禰	
君	大宗（百世不遷）	繼高祖小宗（世遷）	繼曾祖小宗	繼祖小宗	繼禰小宗	禰

圖 3-1　諸侯、宗子與支子的關係圖

從圖 3-1 可以清晰地看出，君統一系不變，大宗百世不遷，但兩者是分開的兩條脈絡。《白虎通》提出"天子諸侯絕期"①，《禮記·中庸》也指出"期之喪達乎大夫，三年之喪達乎天子"②。宗統統於大宗，是以血緣關係統領宗族，

---

① （漢）班固：《白虎通義》卷一一《喪服·論諸侯爲天子》，第 505 頁。
② 《禮記正義》卷五二《中庸》，（清）阮元校刻《十三經注疏》本，第 1628 頁。

即《禮記·大傳》所云"親親故尊祖，尊祖故敬宗，敬宗故收族，收族故宗廟嚴"①。君統別於宗統，則是將政治權力與血緣關係相剝離，一方面"示同愛百姓，明不獨親其親"②；另一方面，嚴密的宗族體系也可以爲政治統治所用，達到"宗廟嚴故重社稷，重社稷故愛百姓，愛百姓故刑罰中，刑罰中故庶民安，庶民安故財用足，財用足故百志成，百志成故禮俗刑，禮俗刑然後樂"③的效果。

接着看"天子"之宗。"天子"的君統與諸侯的還有所不同。周初的分封，既有同姓的諸侯，也有異姓的諸侯。對同姓諸侯而言，始封之君本身就是天子之別子，世代繼承王位，在天子所建之國中，可以視爲大宗。在諸侯國内部，則依據前文所説，立別子爲宗，是爲諸侯國内的大宗。如清儒陳立所言："天子以別子爲諸侯，其世爲諸侯者，大宗也。諸侯以別子爲卿，其世爲卿者，大宗也。卿以別子爲大夫，其世爲大夫者，大宗也。大夫以別子爲士，其世爲士者，大宗也。"④

對異性諸侯而言，天子與諸侯之間，並不存在以血緣關係爲前提的宗法關係。異性諸侯並不自稱"宗國"，但是與同姓諸侯一樣，需要履行諸侯國的義務，也享有自己國土範圍内的政治權力。

王夫之對這一問題的議論最爲精到：

> 大宗者，非天子之謂也。《禮》曰："別子爲祖，繼別爲宗。"宗者，百世不遷；而天子之位，父死子繼，兄終弟及，乃至本支絶而旁親立，國中斬而支庶興，初非世次相承而不可越。故天子始興，而母弟爲大宗。尊者嗣位，親者嗣宗。宗者，一姓之獨尊也，位者，天下之同尊也，天子之非大宗明矣。大宗無後，就大宗之支子以次而嗣，遞相衍以百世，而昭穆不亂，故以宗爲重而絶子者也。使漢而立大宗焉，抑唯高帝之支子相承不絶，天下雖亡而宗不圮，非王莽所得篡，而光武亦弗能嗣焉。⑤

---

① 《禮記正義》卷三四《大傳》，（清）阮元校刻《十三經注疏》本，第1508頁。
② （漢）班固：《白虎通義》卷一一《喪服·論諸侯爲天子》，第505頁。
③ 《禮記正義》卷三四《大傳》，（清）阮元校刻《十三經注疏》本，第1508頁。
④ （漢）班固：《白虎通義》卷四《封公侯·論爲人後》，第152頁。
⑤ （清）王夫之：《讀通鑑論》卷六，中華書局，1975年，第152頁。

二、"兄弟之子猶子"：繼統與繼嗣的關係

宗統與君統既應二分，則第一章所提到的兩個春秋時期的公案，也當分而視之。僖公繼承閔公，是繼承諸侯之位，即繼承"君統"；仲嬰齊繼承歸父，則屬於繼承"宗統"。前文提到，僖公繼承閔公之時，《春秋》不書"公即位"。《公羊傳》指出："繼弑君，子不言即位。此非子也，其稱子何？臣子一例也。"①僖公是以臣的身份繼承閔公之君統，這一繼承雖然是發生在有血緣的家庭成員內部，但是其政治意義遠高於其宗族意義。仲嬰齊爲歸父之後，前文也已經提到，是因爲歸父出奔，"魯人徐傷歸父之無後也"，繼承宗族的意義高於政治意義。

然而無論是"臣子一例"，還是"爲人後者爲之子"，其最終目的，都是爲了"繼統"，即延續政治地位與宗族地位，而並非"繼嗣"，即延續血緣與家庭地位。《白虎通》指出，小宗可絶，大宗不可絶：

> 《禮服傳》曰："大宗不可絶，同宗則可以爲後爲人作子何？明小宗可絶，大宗不可絶。故舍己之後，往爲後於大宗。所以尊祖重不絶大宗也。"《春秋傳》曰："爲人後者爲之子。"②

小宗可絶，明因"絶嗣"而絶小宗之統是宗法社會中可以被接受的現象。但是大宗不可絶，一旦大宗絶嗣，即要爲大宗立後，則説明大宗的"宗統"地位重要。"繼統"的意義要高於繼嗣。

如果小宗有嗣、大宗無嗣，是否絶大宗，有兩種説法。《通典》引石渠禮議云：

> 大宗無後，族無庶子，已有一嫡子，當絶父祀以後大宗否？戴聖曰："大宗不可絶，言嫡子不爲後者，不得先庶耳。族無庶子，則當絶父以後大宗。"聞人通漢云："大宗有絶，子不絶其父。"宣帝制曰："聖議是也。"③

① 《春秋公羊傳注疏》卷一〇，(清)阮元校刻《十三經注疏》本，第 2246 頁。
② (漢)班固：《白虎通義》卷四《封公侯》，第 151 頁。
③ (唐)杜佑：《通典》卷九六《總論爲人後議》，第 2581 頁。

戴聖認爲大宗不可絶，如果族内没有庶子，則需要以小宗之嫡子爲大宗之後。這個觀點被漢宣帝認可。聞人通漢則認爲大宗可絶，小宗之子不能絶父親之嗣。清儒陳立指出，《儀禮·喪服》"齊衰期"傳有"嫡子不得後大宗"之語，"斬衰"傳有"何如而可以爲人後，支子可也"的説法，這些都説明如果有支子，小宗嫡子不能爲大宗之後。然而小宗五世則遷，地位不如大宗重要，因此在没有支子的情況下，小宗並不是不可絶：

> 天子建國，則諸侯於國爲大宗，對天子言，則小宗，未聞天子之統可絶，而國統不可絶也。諸侯立家，則卿於家爲大宗，對諸侯則小宗，未聞諸侯之統可絶，而卿之家統不可絶也。卿置側室，大夫二宗，士之隸子弟等，皆可推而著見也。[1]

漢魏之際經學家田瓊則認爲，小宗之長子出後大宗，可以以其庶子還嗣其父："以長子後大宗，則成宗子。禮，諸父無後，祭於宗子家，後以其庶子，還承其父之祀。"田瓊是鄭玄的弟子，這一思想應是來源於鄭玄。黄以周認爲："此説最通。國朝有獨子兼承宗祧之例，義生於斯。"[2]

以仲嬰齊爲例，仲嬰齊之父仲遂，是莊公之别子，其兄歸父繼承仲遂爲大宗，嬰齊作爲仲遂之别子，如果不爲歸父之後，則自應傳子作爲小宗。根據前文結論，仲嬰齊實際上是繼統而不繼嗣，繼承了歸父之爵邑，並不必爲歸父之子。但是歸父無後，使嬰齊爲後，嬰齊的子孫則成爲大宗之後。

《儀禮·喪服》指出："大宗者，尊之統也；大宗者，收族者也，不可以絶。"[3]前文曾經提到，爲人後者爲自己的父母不能服三年之喪，因爲他繼承了大宗，只能爲所繼承之人服斬衰。

三、清代學者論繼統與繼嗣問題

明代"大禮議"之時，繼統和繼嗣的關係引起了廣泛的討論。張璁的"統嗣二分"説一石激起千層浪，但明世宗也並不完全認可。世宗從即位之初就没有打算繼承武宗之統，也不想繼承孝宗之統。他自己認爲的繼位依據，是太祖遺詔。最終，經過了激烈而持久的朝廷鬥爭，世宗提出了"只序倫理"的口號，

---

① （漢）班固：《白虎通義》卷四《封公侯》，第 152 頁。
② （清）黄以周：《禮書通故》第八《宗法通故》，第 298 頁。
③ 《儀禮注疏》卷三〇《喪服》，第 1106 頁。

將生父列入太廟。這樣一來，無論是"統嗣二分"派還是"統嗣合一"派，都失去了自己的陣地——世宗追求的不是"繼統"，而是"易統"。

到了清代，學者們開始對這一問題進行反思。張壽安指出："宋明儒循'義理論辯'，高舉'天理'，裁斷秩序。而清儒則循'制度考證'，藉經典史例，呈現'禮義整體'。"①

清初的朱子學家大多仍與明代楊廷和等人的意見一致。例如刁包指出："繼統便當繼嗣，不繼嗣便不得繼統也。"但朱子學者中也有學者開始回歸經傳文本，對程朱的思想提出了反思。清初著名的朱子學家陸隴其指出，"爲後"有兩種含義：

> 《曾子問》言宗子爲殤而死，庶子勿爲後也。此爲後是謂以父道事之。與《喪服小記》爲殤後不同。《小記》是以繼統言，《曾子問》是以繼嗣言。然以殤而弗繼嗣，則固有繼嗣者矣。嘉靖時大禮議主繼統不繼嗣者，固不爲無見。然概云爲人後者爲人子是漢儒附會之説，則亦無以服漢儒。②

陸隴其所指的兩種爲後，一種是《禮記·喪服小記》中的"爲殤後者，各以其服服之"，陸氏認爲這屬於繼統；另一種是《禮記·曾子問》中的"宗子爲殤而死，庶子弗爲後也"，陸氏認爲這屬於繼嗣，因此要"以父道事之"。可以推知，陸隴其認爲繼統的情況下，不需要服子爲父的喪服。《禮記·喪服小記》的"各以其服服之"，注疏中，鄭、孔都認爲是以本親之服服之，陳皓在《禮記集説》中則認爲是以子爲父之服服之。陸隴其支持鄭、孔之説，與"繼統"的説法相合。③

因此，陸隴其認爲"大禮議"時主張"繼統不繼嗣"的人"不爲無見"，但也認爲當時張璁等人對漢儒的指責没有道理。至於明世宗應以何人爲禰，又應如何對待興獻王，陸隴其並没有提及，但可從他對於爲人後者"不可降心"的態度上略知一二。他指出：

---

① 張壽安：《十八世紀禮學考證的思想活力——禮教論爭與禮秩重省》，第 162 頁。

② （清）陸隴其：《讀禮志疑》卷一，文淵閣四庫全書本。

③ 參見本人碩士學位論文《陸隴其〈讀禮志疑〉研究》，武漢大學，2011 年。文中的結論是："陸隴其顯然是没有注意到這兩者的關係，因此没有將注疏和《集説》的説法置於一定的情境當中對待，盲從了注疏。"從本書所引的材料來看，這一結論有問題。陸隴其並不是盲從注疏，而是將"繼統"和"繼嗣"分而言之。詳見正文。

禮，爲人後者爲其本生父母降期。然服雖降，而一切食稻衣錦之事，必有不安於心者。蓋可降者服，不可降者心也。①

陸氏認爲"服"和"心"爲二，實際上是指出了身份與情感之間的衝突。與宋儒相比，陸氏"心不可降"之説擺脱了"名分綱紀"的束縛。

站在程朱理學外部對"大禮議"進行全面檢討的則是毛奇齡，並開乾嘉學者論"大禮議"風氣之先。張壽安指出："毛氏的辨析簡明有力，他説'繼爵不繼人'，'世宗當後武宗，不後孝宗'。"②張壽安認爲："毛氏既然説繼統是'繼爵不繼人'，就表示繼統和尊親並無衝突，一承爵位，一存本生，可以並立。"③在毛奇齡之後，雖然仍有許多學者認同統嗣合一，但是學者們對"大禮議"的研究逐漸變得更加深入，結論日趨公允。

在毛奇齡之後，論述此問題邏輯性最強的是任啓運。他認爲，雖然張璁是"大禮議"的罪人，但是張氏"繼統不繼嗣"和"繼統公立後私"之語都是不易之論，楊、何等人是以人廢言。他指出，君統在武宗，繼武宗才謂之繼統。而以孝宗爲父是私，尊興獻也是私，"不以私害公，乃可以繼統"④。與毛奇齡相同，任啓運也認爲應當爲武宗後。

任啓運認爲，《儀禮·喪服》的"爲人後"章與《公羊傳》的"爲人後者爲之子"並不相同。他指出："繼統何昉乎？《喪服》'爲人後者'，是其義也。"⑤意思是説，繼統起源於《儀禮·喪服》中爲人後者爲所後者之服。⑥ 任啓運認爲，雖然《儀禮·喪服》所言是宗法之事，宗法並不施於天子，但是舜繼堯、禹繼

---

①　(清)陸隴其：《三魚堂文集》卷六，清康熙刻本。

②　張壽安：《十八世紀禮學考證的思想活力——禮教論争與禮秩重省》，第163頁。

③　張壽安：《十八世紀禮學考證的思想活力——禮教論争與禮秩重省》，第164頁。

④　徐世昌等：《清儒學案》卷五三《鈞臺學案·任先生啓運·文集·爲人後者爲之子辨中》，第2111頁。

⑤　徐世昌等：《清儒學案》卷五三《鈞臺學案·任先生啓運·文集·爲人後者爲之子辨中》，第2110頁。

⑥　張壽安在《十八世紀禮學考證的思想活力——禮教論争與禮秩重省》一書中對任啓運此言也有論述，但是理解有誤。張壽安指出："任氏並不反對繼統，他説：'繼統何昉乎？《喪服》"爲人後者"是其義也。'"（第172頁）實際上，"昉"是"開始"之義，任啓運此處並沒有支持或者反對繼統的意思。任氏也不是"考證公羊氏此語不可信"。本書第一章第三節已經指出，任啓運是唯一一個發現了《公羊傳》論述有邏輯漏洞的人。他認爲《公羊傳》"立説不審"，本應重統，卻因爲强行建立父子關係而以親奪統，失去了本意，也對後世產生了負面的影響。

舜可以認爲是"繼統之初"。任啓運指出，舜奉堯之祀，受堯之終於堯之祖廟，足可見其不親祀瞽叟。他認爲，這才是"繼嗣"的起源。他認爲，學者沒有找到這一起源，而是引用《公羊傳》"爲人後者爲之子"，所以產生了一系列的問題。前文已經指出，任啓運在《爲人後者爲之子辨上》中點出了《公羊傳》的邏輯漏洞。在《爲人後者爲之子辨中》篇，任啓運則指出了《公羊傳》的說法可以導致自相矛盾：統賴父子而定→不重統而重親→重親則應不重其名而重其實→重實則應當以自己的父爲父，而不是以所繼者爲父。任啓運認爲，《公羊傳》也是想要重統的，只是"立說不審"而已。既然重統，則不應當"以私害公"，不能尊私親而忽視了統從何處得來。

張壽安指出："任氏此舉動搖了爲人後者必定得爲之子的過繼命題，把爲人後和爲之子拆開，也打破了程頤、楊廷和的經典依據，指向一個開放的觀念：爲人後不等於爲之子。"此說基本可從。值得注意的是，任啓運最推崇的做法，是漢代霍光以宣帝爲昭帝嗣的情況。結合他認爲《儀禮·喪服》的"爲人後"與《公羊傳》"爲人後"有別，可以推知，任啓運對"大禮議"的看法應當是：繼武宗之統，爲武宗之後，爲興獻王之子，但是不可過分追崇。

本節從"統"和"嗣"的角度討論繼承問題，分析了宗統與君統、繼統與繼嗣問題的禮學根源。《詩經》毛傳與鄭箋對於"宗"字不同的理解，造成了後世經解不同的闡釋。根據毛傳，君統與宗統應當合二爲一；根據鄭箋，則君統、宗統應當分而視之。根據《儀禮》《禮記》對於宗法的記載，本書認爲鄭箋的說法更符合禮制，繼統與繼嗣問題也當分開，但是在明代"大禮議"中，這一問題並不是明世宗關注的重點。明世宗試圖將宗統易於自己的父系，這顯然是違禮的。清儒跳出了前代禮學家討論這一問題時的框架，有了新的解釋系統。

第三節　兄終弟及與以弟祭兄——兄弟相繼的廟制問題

《周禮·春官》云："冢人掌公墓之地，辨其兆域而爲之圖，先王之葬居中，以昭穆爲左右。"[1]意思是說，冢人的職責是執掌公墓之地，明確四周的界綫，始祖居中，左昭右穆。由於歷代帝王皇位繼承的歷史背景不同，兄終弟及的情況下，禰廟如何設立，成爲重大的經學問題。

宋真宗咸平元年(998)，禮官上書，指出如果兄弟相繼同爲一代，則宋太

---

[1] 《周禮注疏》卷二二《春官宗伯》，(清)阮元校刻《十三經注疏》本，第786頁。

宗不得自爲世數，也就無法稱"宗"，自然也就無法成爲百世不祧之主。禮官認爲，唐代孔穎達的《左傳正義》只説了兄弟昭穆同，並没有説昭穆不可異。《左傳正義》中指出："若兄弟相代則異昭穆，設令兄弟四人皆立爲君，則祖父之廟即以從毀，故先儒無作此説。"禮官認爲，這種説法是考慮魯國爲諸侯之國，五廟之中如果有四世爲兄弟，祖父之廟則在當毀之列。而宋朝是天子之國，魯國之事則不能比附。①

實際上，針對天子之禮，三國時期的經學家賀循曾經舉商代的例子做過類似的假設：

> 殷人六廟，比有兄弟四人襲爲君者，便當上毀四廟乎？如此四代之親盡，無復祖禰之神矣。又按殷紀，成湯以下至於帝乙，父子兄弟相繼爲君，合十二代，而正代唯六。《易·乾鑿度》曰："殷帝乙，六代王也。"以此言之，明不數兄弟爲正代。②

賀循認爲，殷人只有六廟，如果兄弟四人相繼爲君，昭穆不同，那祖禰之廟都在當遷之列。而《史記·殷本紀》中，成湯至帝乙共十二帝，父死子繼和兄終弟及相間，《易·乾鑿度》中説商代到帝乙是六代王便是明證。

而針對七廟之禮，晉代經學家徐邈也曾經做出過一個假設：如果兄弟六人相繼爲君，昭穆不同，那麼後世祭祀的時候，由於迭毀之制，祖禰都將遷出。這顯然是不合禮的。

提出兄弟六人爲君，歷史背景是三國時期經學家王肅提出的與漢代鄭玄不同的見解。鄭玄認爲，周制天子七廟指的是始祖廟、文武祧廟和父、祖、曾、高四親廟。王肅則認爲，文武之廟不遷，周制七廟實際上是九廟，在鄭玄七廟的基礎上，還應增加高祖、高祖之父二廟。這樣一來，兄弟四人爲君，不足以出現祖廟當毀的情況，但是兄弟六人爲君的極端情況下，便會如徐邈之言，祖廟在當毀之列。

唐代的《大唐開元禮》也從王肅之説，雖廟制改爲同堂異室，"但僅從數量上看來，《開元禮》九室之制從王肅之説已一目了然"③。雖然没有出現兄弟四

---

①　(宋)歐陽修等：《太常因革禮》卷九二《伯祖昭穆異同議》，清廣雅叢書本。

②　(唐)杜佑：《通典》卷五一《兄弟不合繼位昭穆議》，第1425~1426頁。

③　楊華：《論〈開元禮〉對鄭玄和王肅禮學的擇從》，《中國史研究》2003年第1期。

人或者六人爲君的情況，但是中宗、睿宗是兄弟相及，敬宗、文宗、武宗是三兄弟相及。前文提到，睿宗祔廟之時，起初遷出了中宗，開元十一年（723）才將中宗遷回。中宗、睿宗兄弟别廟之時，曾有孫平子上書指出不妥，但是陳貞節等人指出，兄弟不可爲世，不相入廟：

> 殷兄弟四君，若以爲世，方上毁四室，乃無祖禰，是必不然。古者縣禰極祖，雖迭毁迭遷，而三昭穆未嘗闕也。禮，大宗無子，則立支子。又曰："爲人後者爲之子。"無兄弟相爲後者，故舍至親，取遠屬。父子曰繼，兄弟曰及，兄弟不相入廟，尚矣。借有兄弟代立承統，告享不得稱嗣子、嗣孫，乃言伯考、伯祖，何統序乎？殷十二君，惟三祖、三宗，明兄弟自爲别廟。①

陳貞節所舉殷兄弟四君之事，與孔穎達《左傳正義》正同。當然，在處理中宗廟制問題上，開元初年的做法顯然是錯誤的，開元十一年（723）中宗復入太廟時才糾正過來。

此後，敬宗、文宗祔廟之時，昭穆相異，到了武宗祔廟時，出現了高祖德宗當遷的情況。最終，擬定敬、文、武三宗爲一代，終唐之廟爲九代十一室。這與孔穎達《左傳正義》的看法相同，卻和賈公彦《周禮疏》意見相左。前文提到，賈公彦認爲兄弟昭穆相異："若然，兄死弟及俱爲君，則以兄弟爲昭穆，以其弟已爲臣，臣子一列，則如父子，故别昭穆也。"

北宋慶曆年間，經學研究的風氣轉向。宋初，章句注疏之學與以《五經正義》爲代表的唐代經學一脈相承。慶曆年間，以劉敞等人爲代表，發明經旨，質疑前儒之説，開宋學之先。劉敞在《爲兄後議》中對"兄弟六人爲君"的假設，有了自己獨特的看法：

> 禮有所極，義有所繼。爲之後者爲之子，所以正授受、重祖統也。兄弟六人相代爲君，亦六代祀祖禰矣。假令非兄弟相代，其祖亦當遷矣，不得故存也。即如此言，使有兄弟六人爲君，各自稱昭，是有十三廟也。又其最後一君當上繼先君，而五君終爲無後也。豈其所以傳重授國之意乎？

---

① （宋）歐陽修、（宋）宋祁：《新唐書》卷二〇〇《儒學下·陳貞節》，第5695～5696頁。

禮，爲人後者降其私親。設兄弟六君，故當各自爲嗣，義不可曲顧其親，何謂祀不及祖禰哉！凡言禮者，惡其謟時君之意，苟曰益廣宗廟大孝之本，而不詳受授之道。春秋之義，使當傳國者不忍以國與其宗，曰非吾子也。當受國者，又不肯以臣子之禮事其君，曰非吾父也。至令宗廟猥衆，昭穆駢積，而鬼有不嗣者，推生嗣死，獨何悖哉！獨何悖哉！①

劉敞支持兄弟異昭穆之説，認爲：兄弟六人相代爲君，每一位繼位者，都應立前代之廟爲禰廟。如果各自稱昭，廟數就變爲十三。顯然，劉敞認爲，兄弟同爲昭時，穆位都應空缺，這才有"五君終爲無後"的可能。劉敞的這種説法將"禰廟"和"父廟"相分離，成爲一種由繼承關係確立的"身份廟"。

與劉敞幾乎同時代的程頤也認爲，兄弟相繼昭穆應當不同。但是這種情況僅用於皇帝傳位，不能用於士大夫："國家弟繼兄，則是繼位，故可爲昭穆，士大夫則不可。"②他認爲，祧廟遇到絕服的情形，可以以義起：

問："祧廟如何？"曰："祖有功，宗有德，文、武之廟永不祧也。所祧者，文、武以下廟。"曰："兄弟相繼，如何？"曰："此皆自立廟。然如吳太伯兄弟四人相繼，若上更有二廟不祧，則遂不祭祖矣。故廟雖多，亦不妨祧，只祧得服絕者，以義起之可也。如本朝太祖、太宗皆萬世不祧之廟，河東、閩、浙諸處皆太宗取之，無可祧之理。"③

清朝學者陳立在《白虎通疏證》中提出，服制和廟制可以不同：

《公羊》注云："惠公與莊公，當同南面西上。隱、桓與閔、僖，亦當同北面西上。自先君言之，隱、桓及閔、僖各當爲兄弟，顧有貴賤耳。自繼代言之，有父子君臣之道。"是以論服制自如子之繼父，論廟制則仍兄弟同例也。④

---

① （宋）劉敞：《公是集》卷四一，文淵閣四庫全書本。
② （宋）程顥、（宋）程頤：《二程集·河南程氏遺書》卷二二上《伊川先生語八上·伊川雜録》，中華書局，2004 年，第 278 頁。
③ （宋）程顥、（宋）程頤：《二程集·河南程氏遺書》卷二二下《伊川先生語八下·附雜録後》，第 301 頁。
④ （漢）班固：《白虎通義》卷四《封公侯·論昆弟相繼》，第 150 頁。

本 章 小 結

　　本章討論與"兄終弟及"有關的禮學問題，主要有以下幾項内容：

　　第一，皇位由堂兄弟繼承，究竟是根據"兄弟之子猶子"的原則，以繼位之君爲先君父之親子，按照"子繼"的方式繼嗣，還是根據"爲人後者爲之子"的原則，以繼位之君爲先君之子？根據《儀禮》和《禮記》，爲兄弟之子服喪應如親子。在歷史上，"猶子"也成了兄弟之子的代稱。因此，從立後的角度看，立兄弟之子爲嗣具有天然的合法性。但是從繼統者的角度看，以堂兄弟身份繼位的皇帝往往事先没有得到過伯父、叔父的立嗣要求，因此也無法用"兄弟之子猶子"爲自己確立合法性。"爲人後者爲之子"則一直被禮官堅持。

　　第二，爲人後和爲人子是何關係？東晉於氏提出的"六議十疑"，最先闡釋了"爲人後"與以兄弟之子爲子的不同。她指出，"爲人後"與"爲人子"並不互爲充要條件，這事實上反映了"統嗣二分"的思想。明代王廷相將繼承分爲三類：繼體、繼統和繼興。這與"大禮議"中張璁等人"統嗣二分"的觀點相合。王廷相承認兄弟之子與親子在政治身份上的同一性，但是血緣關係不須與政治身份合一。雖然王陽明曾經在詩中諷刺"大禮議"，但是他的觀點與張璁、席書等人契合。陽明論禮更重人情，與宋儒"天地之大義"之説相反。

　　第三，宗統與君統、繼統與繼嗣究竟是何關係？《詩經》毛傳與鄭箋對於"宗"字不同的理解，造成了後世經解不同的闡釋。根據毛傳，君統與宗統應當合二爲一；根據鄭箋，則君統、宗統應當分而視之。根據《儀禮》《禮記》對於宗法的記載，本書認爲鄭箋的説法更符合禮制。繼統與繼嗣問題也當分開，但是在明代"大禮議"中，這一問題並不是明世宗關注的重點。明世宗試圖將宗統易於自己的父系，這顯然是違禮的。清儒跳出了前代禮學家討論這一問題時的框架，有了新的解釋系統。

第四章　兄終弟及與中國
古代兄弟倫理

　　兄弟之間的倫理關係，是中國傳統思想重要的組成部分，也是儒家"五倫"之一。這一倫常關係在先秦時期就得到諸多思想家的關注。《禮記·禮運》篇中有"十人義"，即"父慈、子孝、兄良、弟弟、夫義、婦聽、長惠、幼順、君仁、臣忠"①。《周易》也有"父父子子，兄兄弟弟，夫夫婦婦，而家道正。正家，而天下定矣"的説法。出土文獻中，也有一些與兄弟倫理有關的篇章，可以補傳世文獻在流傳中的缺失。本章將分論傳世文獻與出土文獻中與兄弟倫理有關的内容。

第一節　兄終弟及與"悌道"

　　"悌道"，是弟事兄之道，與"孝道"密不可分，是廣義"孝道"的一部分。《左傳》指出，兄弟之間的感情以愛維繫："史佚有言曰：'兄弟致美。'救乏、賀善、吊災、祭敬、喪哀，情雖不同，毋絶其愛，親之道也。"兄弟相處的方法，則應是"兄友弟恭"。但是由於社會動蕩等原因，父喪之後，幼子經常由長兄長嫂撫養長大，弟對兄的"悌道"往往表現爲"事兄如父"。與"爲人後者爲之子"不同，事兄如事父是從人情出發，更側重"親親"。在帝王之家，兄弟間的關係就變得更爲複雜，由於嫡長子繼承制是主要的繼承方式，嫡長兄享受的權利遠遠超過諸弟。兄弟相争、兄弟相殘不僅有違"悌道"，也會造成政治動亂和社會問題。維持兄弟之間的平衡有助於維繫儒家倫理和宗法制度，而這二者也是維護兄弟關係的重要手段。

---

　　①　(清)孫希旦：《禮記集解》卷二二《禮運第九》，中華書局，1989年，第606~607頁。

一、《論語》所見兄弟觀及早期兄弟倫理關係

《尚書·君陳》篇，有"惟孝友於兄弟，克施有政"①之語。定公初年，孔子不仕，有人問原因，孔子引此答曰，兄弟之間的關係施於政治，即是"爲政"：

> 或謂孔子曰："子奚不爲政?"子曰："《書》云：'孝乎惟孝，友於兄弟，施於有政。'是亦爲政，奚其爲爲政?"②

魯定公是昭公之弟，昭公薨於乾侯之後，季平子廢昭公之子公衍、公爲而立定公。定公即位後，季平子又立煬宮，意欲輔證定公即位之合法性。定公對季平子的做法没有反對，因此孔子恥爲之臣，"托孝友之言以譏之"③。

在孔子看來，魯定公的的行爲，違背了兄弟之間的孝友原則。劉逢祿《論語述何》指出，引用《尚書》"友於兄弟"爲孝，是因爲"繼體之君臣與子一例"，定公是昭公之弟，並不宜立。他認爲，定公"受國於季孫意如而不知討賊，則爲政之本失矣"④。

孔子認爲，爲"士"的標準之一，是可以與人互相批評(切切偲偲)，又能和諧共處(怡怡如也)。⑤ 與朋友可以互相批評，與兄弟則要和諧共處。這還可以從孔子對閔子騫的評價中看出。孔子曰："孝哉閔子騫! 人不間於其父母昆弟之言。"⑥別人對閔子騫父母兄弟評價他的話没有異議，足以證明在家庭之中，閔子騫很好地處理了與父母兄弟之間的關係。孔門對於孝悌非常看重，認爲孝悌是"仁"之本。孔子弟子有子也曾説："其爲人也孝弟，而好犯上者，鮮矣; 不好犯上，而好作亂者，未之有也。"⑦

然而，在孔子眼中，"兄弟"並不僅僅限於血緣關係。"弟子入則孝，出則悌"⑧，"悌"不僅僅是對家中的兄長，也應推廣到其他比自己年長的人身上。

---

① 《尚書正義》卷一八《君陳》，（清）阮元校刻《十三經注疏》本，第 236 頁。
② 《論語注疏》卷二《爲政》，（清）阮元校刻《十三經注疏》本，第 1463 頁。
③ 程樹德：《論語集釋》卷四《爲政下》，程俊英、蔣見元點校，中華書局，1990 年，第 124 頁。
④ 程樹德：《論語集釋》卷四《爲政下》，第 125 頁。
⑤ 《論語注疏》卷一三《子路》，（清）阮元校刻《十三經注疏》本，第 2508 頁。
⑥ 《論語注疏》卷一一《先進》，（清）阮元校刻《十三經注疏》本，第 2498 頁。
⑦ 《論語注疏》卷一《學而》，（清）阮元校刻《十三經注疏》本，第 2457 頁。
⑧ 《論語注疏》卷一《學而》，（清）阮元校刻《十三經注疏》本，第 2458 頁。

孔子的弟子司馬牛曾經憂歎他人都有兄弟，只有自己没有。子夏表示："商聞之矣：死生有命，富貴在天。君子敬而無失，與人恭而有禮。四海之内，皆兄弟也。君子何患乎無兄弟也?"①子夏"聞之"的來源很可能就是孔子。

二、曾子的兄弟倫理觀念

前文提到，孔門弟子在"孝悌"方面的認識，與孔子基本一致。曾子曾與其父曾點一同受教於孔子。他的思想上承孔子，下開思孟學派之源，從他的論述中，也可以窺見孔門的孝悌之道。《大學》相傳爲曾子所作。其中提到"君子不出家而成教於國。孝者所以事君也，弟者所以事長也，慈者所以使衆也"，以及"宜兄宜弟，而後可以教國人"，這與孔子以孝悌作爲爲政之本是一脈相承的。②

同爲孔門弟子，曾子也曾經表述了類似於子夏"四海之内皆兄弟"的思想。當時，曾子的弟子要到晉國去，對曾子説："我没有相知的人(吾無知焉)。"③曾子指出，如果能夠做到"執仁立志，先行後言"，那麽千里之外都是兄弟；④如果做不到，則即便是親戚都不會親近。

《禮記》中有《曾子問》篇，《大戴禮記》中也有數篇與曾子有關的篇章，内容更加細緻深入，可以參看。

曾子非常重視孝悌之道。在疾病之時，指出了孝悌之道須及時行之："親戚既殁，雖欲孝，誰爲孝? 年既耆艾，雖欲弟，誰爲弟? 故孝有不及，弟有不時，其此之謂與!"⑤

曾子對於"悌道"的解説更明確。具體要求是："夫弟者，不衡坐，不苟越，不干逆色，趨翔周旋，俛仰從命，不見於顔色，未成於弟也。"⑥《大戴禮記·曾子立事》篇講了事父、事兄和使子、使弟的要求："事父可以事君，事兄可以事師長；使子猶使臣也，使弟猶使承嗣也。"⑦"承嗣"即冢子，使弟如使承嗣，可以與後世"事兄如父"相參。

---

① 《論語注疏》卷一二《顔淵》，(清)阮元校刻《十三經注疏》本，第 2503 頁。
② 《禮記正義》卷六〇《大學》，(清)阮元校刻《十三經注疏》本，第 1674 頁。
③ 方向東：《大戴禮記彙校集解》卷五《曾子制言上》，中華書局，2008 年，第 547 頁。
④ 方向東：《大戴禮記彙校集解》卷五《曾子制言上》，第 547 頁。
⑤ 方向東：《大戴禮記彙校集解》卷五《曾子疾病》，第 576 頁。
⑥ 方向東：《大戴禮記彙校集解》卷五《曾子事父母》，第 524 頁。
⑦ 方向東：《大戴禮記彙校集解》卷四《曾子立事》，第 469 頁。

《大戴禮記·曾子立孝》篇講了父子、兄弟和君臣之間的使命：

> 曾子曰："君子立孝，其忠之用，禮之貴。故爲人子而不能孝其父者，不敢言人父不能畜其子者；爲人弟而不能承其兄者，不敢言人兄不能順其弟者；爲人臣而不能事其君者，不敢言人君不能使其臣者也。故與父言，言畜子；與子言，言孝父；與兄言，言順弟；與弟言，言承兄；與君言，言使臣；與臣言，言事君。"①

此段可與上博簡《内禮》篇相對照，下節將專門論述。本篇還提道：

> 是故未有君而忠臣可知者，孝子之謂也；未有長而順下可知者，弟弟之謂也；未有治而能仕可知者，先修之謂也。②

《大戴禮記·曾子事父母》篇則專門論述了事兄使弟之道。兹録如下：

> 單居離問曰："事兄有道乎？"
> 曾子曰："有。尊事之以爲己望也，兄事之不遺其言。兄之行若中道，則兄事之；兄之行若不中道，則養之。養之内，不養於外，則是越之也；養之外，不養於内，則是疏之也：是故君子内外養之也。"
> 單居離問曰："使弟有道乎？"
> 曾子曰："有。嘉事不失時也。弟之行若中道，則正以使之；弟之行若不中道，則兄事之。詘事兄之道，若不可，然後舍之矣。"
> 曾子曰："夫禮，大之由也，不與小之自也。飲食以齒，力事不讓，辱事不齒，執籥豆杯豆而不醉，和歌而不哀。夫弟者，不衡坐，不苟越，不干逆色，趨翔周旋，俛仰從命，不見於顏色，未成於弟也。"③

曾子認爲，對待兄長應當尊敬，兄長之令要不遺漏地執行。如果兄長的行爲"中道"，就按照對待兄長的辦法對待他，反之，則内心和表象都要表現出

---

① 方向東：《大戴禮記彙校集解》卷四《曾子立孝》，第 487 頁。
② 方向東：《大戴禮記彙校集解》卷四《曾子立孝》，第 496 頁。
③ 方向東：《大戴禮記彙校集解》卷四《曾子事父母》，第 521～523 頁。

對兄長的憂愁，希望兄長能夠感悟(內外養之)。① 對待弟弟也是如此，如果弟弟的行爲"中道"則使之，反之則用對待兄長的辦法對待他，希望他能夠感悟。

"悌道"的具體表現，曾子也有所提及。《大戴禮記·曾子制言》篇論述了爲人弟需要具體做到的行爲：行路的時候要負責背東西(行則爲人負)，要爲尊者整理寢具(無席則寢其趾)，不做違禮之事(使之爲夫人則否)。②

兄弟之間，除了友愛之外，還要同讎敵愾。曾子指出，兄弟如果有讎人，則不能與其居同國(兄弟之讎，不與聚國)。這應該是孔子對門人傳授的思想。《禮記》中記載了子夏與孔子對這一問題的討論：

> 子夏問於孔子曰："居父母之讎，如之何?"夫子曰："寢苫枕干，不仕，弗與共天下也。遇諸市朝，不反兵而鬥。"曰："請問居昆弟之讎如之何?"曰："仕弗與共國，銜君命而使，雖遇之不鬥。"曰："請問居從父、昆弟之讎如之何?"曰："不爲魁，主人能，則執兵而陪其後。"③

在《禮記·曲禮》篇中，這種思想被概括爲"父之讎弗與共戴天，兄弟之讎不反兵，交遊之讎不同國"④。《周禮》中也有類似的概括，並引申到了君、師長和主友：

> 凡和難，父之讎辟諸海外，兄弟之讎辟諸千里之外，從父兄弟之讎不同國；君之讎視父，師長之讎視兄弟，主友之讎視從父兄弟。⑤

孟子將其引申到對待他人之父兄之上：

> 孟子曰："吾今而後知殺人親之重也。殺人之父，人亦殺其父；殺人

---

① 內外養之，謂憂誠於中，形於外，冀感悟之也。(清)王聘珍：《大戴禮記解詁》卷四《曾子事父母》，中華書局，1983年，第87頁。
② 方向東：《大戴禮記彙校集解》卷五《曾子制言上》，第529~530頁。對"使之爲夫人則否"一句有不同的解釋。方向東認爲任銘善之說爲長："爲亦助也，使之助夫人則否之，男女授受不親也。"(第539~540頁)本書認同此種說法。
③ 《禮記正義》卷七《檀弓上》，第1284~1285頁。
④ 《禮記正義》卷三《曲禮上》，第1250頁。
⑤ (清)孫詒讓：《周禮正義》，中華書局，1987年，第1025~1026頁。

之兄，人亦殺其兄：然則非自殺之也，一間耳！"①

三、《中庸》《孟子》所見兄弟倫理觀念

子思是孔子之嫡孫，孔子的思想由曾子傳於子思，再由子思的門人傳於孟子。《中庸》相傳是子思的作品。《中庸》曰："天下之達道五，所以行之者三，曰君臣也、父子也、夫婦也、昆弟也、朋友之交也。"兄弟之道爲五達道之一。

孟子對於"孝悌"也非常看重。他認爲，孝悌是人不用學習和思慮就能夠獲得的"良能"和"良知"。年幼的孩子，都能夠知道愛他的親人，長大了之後，也都會知道尊敬他的兄長。② 孟子認爲："親親，仁也。敬長，義也。"③這種親親與敬長之心來源於人的內在，落實到行動上，則事親是"仁之實"，從兄是"義之實"。④

孟子指出，孝悌之義是教育的重要組成部分："謹庠序之教，申之以孝悌之義，頒白者不負戴於道路矣。"而如果人人都懂得孝悌之道，天下就會太平（人人親其親，長其長，而天下平）。

悌之道在孟子眼中並不難實現。他指出，說難以做到的，只是不去做罷了：

> 徐行後長者謂之弟，疾行先長者謂之不弟。夫徐行者，豈人所不能哉？所不爲也。堯舜之道，孝弟而已矣。子服堯之服，誦堯之言，行堯之行，是堯而已矣。子服桀之服，誦桀之言，行桀之行，是桀而已矣。⑤

能夠讓人民做到這一點的人就是君子。君子以道德教化人民，移風易俗，可以讓跟從他的子弟都做到孝悌忠信。孟子認爲，這正是君子"不素餐兮"而可以領俸祿的原因。⑥

---

① （清）焦循：《孟子正義》卷二八《盡心章句下》，中華書局，1987年，第968頁。
② "孩提之童，無不知愛其親者；及其長也，無不知敬其兄也。"（清）焦循：《孟子正義》卷二六《盡心章句上》，第898頁。
③ （清）焦循：《孟子正義》卷二六《盡心章句上》，第899頁。
④ （清）焦循：《孟子正義》卷一五《離婁章句上》，第532頁。
⑤ （清）焦循：《孟子正義》卷二四《告子章句下》，第815頁。
⑥ 孟子曰："君子居是國也，其君用之，則安富尊榮；其子弟從之，則孝悌忠信。不素餐兮，孰大於是！"

　　與孔子一樣，孟子將兄弟一倫的關係運用到治國理政方面。齊宣王問孟子齊桓公、晉文公之事，孟子引用《詩經》中"刑於寡妻，至於兄弟，以御於家邦"之語，指出先給妻子做出榜樣，然後推廣到兄弟，再進而推廣到封邑和國家，就可以達到安定天下的目的（推恩足以保四海）。

　　齊國大夫陳賈在燕國反抗齊國之時，曾經與孟子討論過周公是否能夠預見管叔之叛的問題。陳賈認爲，周公讓管叔監督殷國，管叔卻率領殷人造反，如果周公不曾預見，那麼就説明聖人也會有過錯。孟子指出，周公是弟弟，管叔是哥哥，弟弟不能疑心哥哥會造反，所以犯了這種錯誤也合乎情理。

　　孟子認爲，人之所以爲人，就在於教化，吃飽穿暖卻没有教育，就與禽獸没什麼區别。而教化的内容就是"人倫"："父子有親，君臣有義，夫婦有别，長幼有敍，朋友有信。"這五條在後世被稱爲"五倫"。

　　投射在社會生活中，兄弟之倫是否和諧，可以體現人的品格，也是人生存快樂與否的標準。萬章問孟子交朋友的原則，孟子指出，交朋友是因爲朋友的品德，不能倚仗自己年齡大（不挾長），不能倚仗自己地位尊貴（不挾貴），也不能倚仗自己的兄弟（不挾兄弟而友）。孟子認爲君子有三樂，第一個層次就是父母兄弟健康没有災禍（父母俱存，兄弟無故）。

四、"事兄如父"與"悌道"

　　在後世，"悌道"最重要的表現就是"事兄如父"。正史之中有相當多的記載。①

　　有指點自己孫女嫁人之後要以此道侍奉兄嫂的，如漢代的張負：

　　　　負誡其孫曰："毋以貧故，事人不謹。事兄伯如事父，事嫂如母。"②

　　三國時期中山恭王以兄弟之道教育世子：

　　　　事兄以敬，恤弟以慈；兄弟有不良之行，當造膝諫之。諫之不從，流

---

　　①　關於歷史上的兄弟關係，鄭州大學王仁磊的博士學位論文《魏晉南北朝家庭關係研究》（2010 年）有"兄弟關係"一章，頗爲詳細。本書認同其觀點。關於"悌道"，方旭東《儒家倫理學與不偏倚性——就新儒家有關悌道的論述而談》主要論述了宋代儒者對於東漢第五倫對待兄子與己子是否公平問題的看法，見《思想與文化》第 11 輯《生活世界與思想世界》，華東師範大學出版社，2011 年，第 113~127 頁。

　　②　（漢）司馬遷：《史記》卷五六《陳丞相世家》，第 2051~2052 頁。

涕喻之；喻之不改，乃白其母。①

　　後唐愍帝李從厚即位後，其兄李從珂（後唐明宗李嗣源養子）起兵叛亂。李從厚指出自己事兄從未失節，如果局勢無法逆轉，則可遜位於兄：

　　朕新即位，天下事皆出諸公，然於事兄，未有失節，諸公以大計見迫，不能獨違。事一至此，何方轉禍？吾當率左右往迎吾兄，遜以位，苟不吾信，死其所也！②

　　顏之推《顏氏家訓》指出，父母雙亡之後，兄弟之間應當如形與影、聲與響一般互相照顧。③ 歷史上，少孤而事兄如父的人往往被贊譽稱道，如南朝宋名將檀道濟等：

　　檀道濟，高平金鄉人，左將軍韶少弟也。少孤，居喪備禮。奉姊事兄，以和謹致稱。④

　　從史載"事兄"的細節上看，與事父的要求基本一致。在生活上如：

　　景先沉敏方正，事兄恭謹，出告反面，晨昏參省，側立移時，兄亦危坐，相敬如對賓客。兄曾寢疾，景先侍湯藥，衣冠不解，形容毀瘁。親友見者莫不哀之。⑤

　　顏之推指出，如果對待兄長不像對待父親一樣，則不能期待兄愛弟如子：

　　人之事兄，不可同於事父，何怨愛弟不及愛子乎？是反照而不明也。沛國劉璡，嘗與兄瓛連棟隔壁，瓛呼之數聲不應，良久方答。瓛怪問之，

---

① （晉）陳壽：《三國志》卷二〇《魏書·武文世王公傳·武帝子·中山恭王袞》，第584頁。

② （宋）歐陽修：《新五代史》卷二七《唐臣傳·康義誠》，（宋）徐無黨注，中華書局，1974年，第297頁。

③ （北齊）顏之推：《顏氏家訓集解》，王利器校注，中華書局，1993年，第26頁。

④ （南朝梁）沈約：《宋書》卷四三《檀道濟傳》，第1341頁。

⑤ （北齊）魏收：《魏書》卷四三《房景先傳》，第978頁。

乃曰："向來未著衣帽故也。"以此事兄，可以免矣。①

對待兄長的缺點，如：

> 弘微少孤，事兄如父。友睦之至，舉世莫及。口不言人短，見兄曜好臧否人物，每聞之，常亂以他語。②

對父兄也有要求：

> 曰身行不足遺之後人。欲求子孝必先慈，將責弟悌務爲友。雖孝不待慈，而慈固植孝；悌非期友，而友亦立悌。③

在經濟方面，悌道表現爲將收入交給兄嫂，以及兄亡後恭謹事嫂、撫育孤侄：

> 又早喪父母，事兄嫂甚謹。所得俸禄，不入私房。④
> 弘智事兄弘安，同於事父，所得俸禄，皆送於兄處。及兄亡，哀毁過禮，事寡嫂甚謹，撫孤侄以慈愛稱。⑤

兄弟志趣相投，如唐代李乂：

> 乂事兄尚一、尚貞孝謹甚，又俱以文章自名，弟兄同爲一集，號《李氏花萼集》，乂所著甚多。⑥

以兄爲師，如明代楊守阯、清代錢大昭：

> 守阯博極群書，師事兄守陳，學行相埒。其爲解元、學士、侍郎，皆

① （北齊）顔之推：《顔氏家訓集解》，第29頁。
② （唐）李延壽：《南史》卷二〇《謝弘微傳》，第552頁。
③ （南朝梁）沈約：《宋書》卷七三《顔延之傳》，第1894頁。
④ （唐）令狐德棻等：《周書》卷三一《韋孝寬傳》，第544頁。
⑤ （後晉）劉昫等：《舊唐書》卷一八八《趙弘智傳》，第4922頁。
⑥ （宋）歐陽修、（宋）宋祁：《新唐書》卷一一九《李乂傳》，第4297頁。

與兄同。又對掌兩京翰林院，人尤艷稱之。守陳卒，守阯爲位哭奠者三年。①

　　　大昭少於大昕者二十年，事兄如嚴師，得其指授，時有兩蘇之比。②

　　下面談談宋儒對於事兄的理解。北宋大儒程頤指出，如果事兄符合禮節，卻不得兄之歡心，亦當"起敬起孝，盡至誠，不求伸己可也"③。

　　南宋道學家呂本中指出，事親之道即是爲官之道，侍奉官長應如事兄：

　　　事君如事親，事官長如事兄，與同僚如家人，待群吏如奴僕，受百姓如妻子，處官事如家事，然後爲能盡吾之心。如有毫末不至，皆吾心有所未盡也。故事親孝，故忠可移於君；事兄弟，故順可移於長；居家理，故事可移於官。豈有二理哉！④

　　南宋理學家陳淳認爲，"道"是天地間本然所有的，而"德"則是人爲實現"道"而做的功夫。行道而有得於心就是"德"。譬之孝悌，則"如實能事親，便是此心實得這孝。實能事兄，便是此心實得這悌"⑤。

　　南宋大儒朱熹認爲，人的仁心表現在行動上，就是"事親孝，事兄弟，及物恕"⑥。悌道是仁的重要表現。他指出："孝弟便是仁。仁是理之在心，孝弟是心之見於事。"⑦"事父母則爲孝德，事兄長則爲悌德。德是有得於心，是未事親從兄時，已渾全是孝弟之心。此之謂德。"⑧

　　朱熹認爲，孝悌之事，應當是幼年入學即學習的"小學"，是"當然"⑨，

---

① （清）張廷玉等：《明史》卷一八四《楊守阯》，第 4878 頁。
② 趙爾巽等：《清史稿》卷四八一《錢大昭傳》，第 13234 頁。
③ （宋）程顥、（宋）程頤：《二程集·河南程氏遺書》卷一八《伊川先生語四·劉元承手編》，第 243 頁。
④ （清）黃宗羲：《宋元學案》卷三六《紫微學案·滎陽家學·文清呂東萊先生本中·舍人官箴》，中華書局，1986 年，第 1237 頁。
⑤ （宋）陳淳：《北溪字義·北溪字義卷下·德》，中華書局，1983 年，第 42 頁。
⑥ （清）黃宗羲：《宋元學案》卷四八《晦翁學案上·延平門人·文公朱晦庵先生熹·仁說》，第 1511 頁。
⑦ （宋）黎靖德編：《朱子語類》卷二〇，第 474 頁。
⑧ （宋）黎靖德編：《朱子語類》卷三四，第 865 頁。
⑨ "如事親當孝，事兄當弟之類，便是當然之則。"（宋）黎靖德編：《朱子語類》卷一八，第 414 頁。

只需要依據規矩做：

> 小學是事，如事君、事父、事兄、處友等事，只是教他依此規矩做去。大學是發明此事之理。①

而孝悌之道，即行孝悌之事的道理，則是“大學”，需要體會其“所以然”。②道理講明，則“自是事親不得不孝，事兄不得不弟，交朋友不得不信”③。

朱熹認爲，時人將事父看得較重，而將事兄看得較輕，這是不對的：

> 今人將孝弟低看了。“孝弟之至，通於神明，光於四海”，直是如此。④

他指出，事親是“有愛底意思”，事兄則是“有嚴底意思”“有敬底意思”，並不相同。“只是一個道理，發出來偏於愛底些子，便是仁；偏於嚴底些子，便是義。”⑤朱熹認爲，人在幼小的時候就知道愛父母，但是長大了才知道“從兄”，因此從兄是“義之實”。⑥

陸九淵則將能事兄作爲對自己重要的評價之一：

> 嘗謂學者曰：“汝耳自聰，目自明，事父自能孝，事兄自能弟，本無欠闕，不必它求，在乎自立而已。”⑦

五、繼承制度對兄弟關係的影響

兄弟之間的友愛是天性所在。兄弟之間，在親情上表現爲親密無間，但在宗法上，則表現爲尊卑有序。林安梧指出：“就兄弟而言，其階應是平等的，

---

① （宋）黎靖德編：《朱子語類》卷七，第 125 頁。
② “然事親如何卻須要孝，從兄如何卻須要弟，此即所以然之故。”（宋）黎靖德編：《朱子語類》卷一八，第 414 頁。
③ （宋）黎靖德編：《朱子語類》卷九，第 152~153 頁。
④ （宋）黎靖德編：《朱子語類》卷五六，第 1333 頁。
⑤ （宋）黎靖德編：《朱子語類》卷五六，第 1333~1334 頁。
⑥ （宋）黎靖德編：《朱子語類》卷五六，第 1334 頁。
⑦ （元）脫脫等：《宋史》卷四三四《陸九淵傳》，第 12881 頁。

但其位卻是不平等的。"嫡長子繼承制使得長子擁有較多的特權。這樣一來，兄弟之間也經常會產生矛盾，"兄弟鬩於牆"的事情屢見於史。

　　兄弟之間關於繼承的矛盾，可以主要分爲爭位(身份繼承)、爭財(財產繼承)兩類，本書主要討論前者。在每一類繼承問題中，又存在爭嫡、嫡庶相爭和長幼相爭、叔侄相爭。這些爭執往往導致原配子與後妻子之間、嫡子與庶子之間、異母兄弟之間、弟與兄子(兄與弟子)之間產生矛盾。

　　爭嫡之事自古有之，商代的兄終弟及很多都與爭嫡有關："自中丁以來，廢適而更立諸弟子，弟子或爭相代立，比九世亂，於是諸侯莫朝。"①

　　爭嫡有時與娶後妻相關。《説苑》記載，尹吉甫有二子，前妻生子伯奇，後妻生子伯封，兄弟二人相處和諧。伯封之母欲立伯封爲太子，便設計陷害伯奇，致其投河而死。② 曾子出妻後不再娶，並對其子曾元表示："吾不及吉甫，汝不及伯奇。"《顏氏家訓·後娶》篇認爲，因爲孤兒不敢與後父之子爭家，後夫多寵愛前夫之孤；而前妻之子在方方面面都居於後妻之子之上，後妻防之，所以多虐。顏之推指出"繼親虐則兄弟爲讎"，爭嫡之事由此而來。③

　　諸子爭嫡、爭位往往導致倫理悲劇。東周時，景王之子子朝、子丐爭立，國人立景王長子猛爲王(周悼王)，但被子朝攻殺。晉人平王室之亂，攻子朝而立丐，是爲周敬王。④ 諸侯國中諸子爭立的情況更多，齊、楚、趙等皆有。齊桓公病時，五公子樹黨爭立，桓公卒後，竟然無法入棺。"桓公屍在床上六十七日，屍蟲出於户。"⑤

　　根據《魏書》記載，北魏盧道虔先娶了濟南長公主，生子昌宇、昌仁。又娶司馬氏，生子昌裕。後出司馬氏，娶元氏，生二子昌期、昌衡。五個兒子中，"昌宇不慧，昌仁早卒"⑥。其他的兒子爭襲父親爵位，到了北齊的時候還未襲爵。最著名的爭嗣之事，應屬康熙諸子，最終清世宗胤禛繼立，其間頗有委曲故事。

　　類似的事情還發生在叔侄之間。隋文帝時，有"内史侍郎晉平東與兄子長

① (漢)司馬遷：《史記》卷三《殷本紀》，第 101 頁。
② (漢)劉向：《説苑校證·説苑佚文輯補》，向宗魯校證，中華書局，1987 年，第 550 頁。
③ (北齊)顏之推：《顏氏家訓集解》，第 37 頁。
④ (漢)司馬遷：《史記》卷四《周本紀》，第 156 頁。
⑤ (漢)司馬遷：《史記》卷三二《齊太公世家》，第 1494 頁。
⑥ (北齊)魏收：《魏書》卷四七《盧淵傳》，第 1052 頁。

茂争嫡，尚書省不能斷，朝臣三議不決"①。明代郭英在太祖時被封爲武定侯。郭英有三個兒子，其位初由次子郭銘之子郭玹嗣。英宗時，永嘉公主(長子郭鎮之妻)請求以其子郭珍嗣侯。郭玹卒後，其子郭聰與郭珍争嗣，兩人都無法襲侯。後來，郭珍之子郭昌以詔恩得襲，郭聰無法再争。郭昌卒後其子郭良當嗣，郭聰仍有争嗣之心，指郭良非郭昌之子，襲侯之事再次中斷。因爲屢次争嗣，郭聰還一度下獄。最終，廷臣認爲郭良是郭英之嫡孫(實際上是曾孫，統言爲孫)，令郭良嗣侯，争嗣之事才告一段落。②

本節主要論述儒家思想中有關兄弟倫理的部分。從孔子起，儒家哲學就十分注重和諧兄弟之間的關係，並將這一關係推而廣之，到了治國理政的層面。儒家的兄弟倫理，最重要的表現就是"悌道"，即弟對於兄的順從。然而實際生活中，由於繼承制度實際上偏向嫡長子，兄弟之間經常會產生矛盾，也會爲社會帶來不安定的因素。

第二節　出土文獻與中國古代兄弟倫理

一、郭店楚簡《六德》篇與"親親""尊尊"

郭店楚簡《六德》篇存簡共49枚，與本節討論内容有關的，主要是第26~31簡，内容如下：

> 仁，内也；義，外也；禮、樂，共也。内立父、子26、夫也，外立君、臣、婦也。疏斬布経杖，爲父也，爲君亦然；疏衰27齊牡麻経，爲昆弟也，爲妻亦然；袒免，爲宗族也，爲朋友28亦然。爲父絶君，不爲君絶父；爲昆弟絶妻，不爲妻絶昆弟；爲29宗族離朋友，不爲朋友離宗族。人有六德，三親不斷。門内30之治恩掩義，門外之治義斬恩……31③

這一段首先明確了在喪服制度上，父與君一致，昆弟與妻一致，宗族和朋

---

①　(唐)魏徵等：《隋書》卷六六《高構傳》，中華書局，1973年，第1556頁。
②　(清)張廷玉等：《明史》卷一三〇《郭英傳》，第3822頁。
③　陳偉等：《楚地出土戰國簡册〔十四種〕》，經濟科學出版社，2009年，第237頁。引用時釋文有改動。

友一致。但是，這幾層關係内外有别。父、昆弟、宗族是"門内之治"，君、妻、朋友是"門外之治"。處理"門内"的關係，要以"仁"爲標準，即"恩掩義"；處理"門外"的關係，則以"義"爲標準，即"義斬恩"。在《禮記·喪服四制》篇中，也有類似的説法："門内之治恩掩義，門外之治義斷恩。"①

對君與父的地位衝突，荀子曾有總結："君者，國之隆也；父者，家之隆也。隆猶尊也。隆一而治，二而亂，自古及今，未有二隆争重而能長久者。"②當父喪和君喪存在衝突的時候，《六德》篇傾向於"爲父絶君"，體現了先秦儒家對於親情的重視。③ 傳世文獻中也有"君不如父重"的説法：

> 齊宣王謂田過曰："吾聞儒者喪親三年，喪君三年，君與父孰重？"田過對曰："殆不如父重。"王忿然怒曰："然則何爲去親而事君？"田過對曰："非君之土地，無以處吾親；非君之禄，無以養吾親；非君之爵位，無以尊顯吾親。受之君，致之親。凡事君，所以爲親也。"宣王邑邑而無以應。④

田過對齊宣王指出，事君所得到的土地、俸禄、爵位都是爲了事親，即事

---

① 《禮記正義》，（清）阮元校刻《十三經注疏》本，第 1695 頁。

② （清）王先謙：《荀子集解·致士篇第十四》，中華書局，1988 年，第 263 頁。

③ "爲父絶君"一句，彭林與魏啓鵬兩位教授的討論最爲熱烈。參見林素英《〈六德〉研讀》（《國學學刊》2014 年第 2 期）："魏啓鵬以'繼'爲説（於 1999 年 8 月'新出簡帛國際學術研討會'簡略發言；其後，彭林正式爲文相詰難；再來，魏氏針對彭氏之問難提出答辯，於《中國哲學史》2001 年第 2 期提出《釋〈六德〉'爲父絶君'》，於《世界中國哲學學報》刊登《釋〈六德〉'爲父絶君'——兼答彭林先生》）。彭林《再論郭店簡〈六德〉'爲父絶君'及相關問題》（簡帛研究網首發），以'絶'無'減殺'或'減省'之義，主張'絶'爲'斷'義，乃指'斷而無服'的'絶服'之義。"林素英認爲："將《六德》該段之服喪紀録與上述《曾子問》的文獻兩相對照，則從爲人子、爲人臣者並遭父喪、君喪之雙重喪服時，則必須權衡輕重緩急，採取情義兼顧、交互服喪以盡哀的措施，可見並無僅服父喪而不服君喪之的'絶而不服'之狀況，而是先服父喪至於停殯（或者安葬），然後趕赴國君處所協辦治喪以盡哀。倘若究其實，如此交互爲父、爲君服喪，僅可説是暫時斷絶爲父所服之喪，而改服當時爲君應服之服；而當其參與國君之'殷事'再重返爲父服喪時，亦是暫時斷絶爲君所服之喪，如此交相更替，至於除服爲止。至於先遭君喪而後遭父喪之時，亦採取相對的措施。故知如此並遭二喪之時，其'絶'與'繼'乃是交相而爲之者，而此種交相而爲之之狀況，正好可展現人倫必須兼顧親親之情與尊尊之義的細密思想處。"

④ （漢）劉向：《説苑校證》卷一九《修文》，向宗魯校證，中華書局，1987 年，第 495 頁。《韓詩外傳》卷七亦有此篇，文字略有差别。

君是手段，事親才是目的。因此，雖然君喪與父喪都是三年，但是父的地位更高。謝耀亭指出："父重於君，是當時思想界的普遍認識，郭店簡《六德》'爲父絶君，不爲君絶父'（第 29 簡）正是父重於君的思想在喪制上的表現。"①

賈海生指出，"七十子後學所撰釋禮的記文，並非都主張親親重於尊尊"，例如《禮記・曾子問》引孔子語指出"有君喪服於身，不敢私服"，以及《禮記・雜記上》"其國有君喪，不敢受吊"。②《六德》篇言親親重於尊尊，"當是有感而發，目的是爲了匡救時弊"③。

不容忽視的是，儒家倫理强調"親親"的重要性時，從未將與私人領域相對的公共領域置於完全對立的位置，只是在"序"和"度"的層面將二者進行對比。

首先説序。在儒家看來，私德是公德的出發點，在次第方面是由私入公的，最終形成的整體人格則公私合宜。傳統儒家强調仁德與修身的重要性，在《大學》"八條目"中，我們可以很清楚地看到這條由私德修養推及公德實踐的路綫。"齊家"與"治國"之間的轉換，是由私德領域進入公德領域的關鍵。這種轉換如何實現？用孟子的話則是靠"推恩"——"推恩足以保四海，不推恩無以保妻子"。推恩不是單純將治理家庭的法則運用到治理國家之上，而是在治國之時灌注對家人的仁愛情感。其次説度。無論是提倡"親親互隱"的孔子，還是推崇"竊負而逃"的孟子，都傾注了更多的心力於公共領域。儒家的終極關懷在於公共領域。

這樣看來，《六德》篇的"不爲君絶父"與後世入繼之帝王要求爲本生父母服喪、追崇本生父母之間具有一致性。尊崇本生是人的天性，屬於"親親"；要求"統嗣合一"，主要考慮的則是"尊尊"。雖然"不爲君絶父"的説法，傳世文獻未見記載，但是歷代禮學家在處理君喪與父喪之事時，大多與此相合。要求入繼之君絶父喪的不多見，比較著名的是明清之際的大儒王夫之，他指出：

　　天子絶期，不得於此而復制期服。蓋天子者，皇天上帝明禋之所主，

---

① 謝耀亭：《郭店簡〈六德〉篇探析》，《陝西師範大學學報》（哲學社會科學版）2012年第 1 期。

② 賈海生：《郭店竹簡〈六德〉所言喪服制度》，虞萬里主編：《傳統中國研究輯刊》第 9、10 合輯，上海人民出版社，2012 年，第 137 頁。出現這種情況的原因，賈海生認爲"當是傳聞異辭，師説不同"。

③ 賈海生：《郭店竹簡〈六德〉所言喪服制度》，第 137 頁。

七廟先皇禘祫之所依，天下生民元後父母之所托。故於伯叔父之應服期者，生而臣之，没而從爲諸侯錫衰之禮，尊伸而親屈，是以絶期。而出後於天子，則先皇委莫大之任於其躬，可以奪其所自生之恩德，固與世禄之子僅保其三世之祀者殊也。則使英宗立而後濮王薨，不得爲之服；不得爲之服，則父母之稱，不足以立矣。①

王夫之的"天子絶期"論與前人所論皆不同。前文曾經提及，"天子絶期"主要就宗統而言，爲人後者所服之期，是由三年之喪降而得之。爲人後者之本生父母，並不是宗族意義上的期喪之親，不應在"絶"列。如果君父同喪，只應有所降殺。"王氏之意在凸顯'帝統'的唯一性，也因此，他的'繼嗣觀念下的繼統論'就含有更强烈的排他性，也可以説是更加決斷的排他性。"②

二、上博楚簡《昔者君老》篇與立子立弟

《上海博物館藏戰國楚竹書(二)》(後文將上海博物館藏戰國楚竹書統一簡稱爲上博楚簡)中，有《昔者君老》篇，存簡僅四支。其中，第1、3、4三支簡較爲完整，第2支簡殘缺。根據福田哲之的研究，上博楚簡(五)中《季康子問於孔子》篇的第16簡應爲本篇第2支簡殘缺的一部分。③

根據現有簡文、整理者釋文及相關研究，《昔者君老》篇内容大致如下：

　　君子曰：昔者君老，太子朝君，君之母弟是相。太子昃聽，庶叩，叩進。太子前之母弟，母弟送，退，前之，太子再三，然後並聽之。太子、母弟……1
　　至命於閤門，以告寺人。寺人内告於君。君曰：(召)之。太子入見，如祭祀之事。2……之必敬，如賓客之事也。君曰："薦禮……《季康子問於孔子》16
　　能事亓親。君子曰：子省，蓋喜於内不見於外，喜於外不見於内；慍於外不見於内。内言不以出，外言不以入。舉美廢惡……3
　　……爾司，各恭爾事，廢命不赦。君卒，太子乃亡聞、亡聽，不問不

---

① (清)王夫之：《宋論》卷五《英宗》，中華書局，1964年，第112頁。
② 張壽安：《十八世紀禮學考證的思想活力——禮教論争與禮秩重省》，第161頁。
③ [日]福田哲之：《上博四〈内豊〉附簡、上博五〈季康子問於孔子〉第十六簡的歸屬問題》，簡帛網，2006年3月7日。

命，唯哀悲是思，唯邦之大務是敬。4①

　　其中，簡1提到了在君老之時，太子朝見的情形。對"君老"有兩種解釋，季旭昇、陳嘉淩認爲"老"是對死的諱言，林素清、彭浩、曹峰、趙炳清等人則認爲"老"有"致仕""告老傳家"的意思。韓英指出："'昔者君老'之後，簡文仍有'君曰''君卒'等語，可見此時國君仍在世，可從陳嘉淩之説，將'君老'視作'國君將要去世'爲好。"本書認同此觀點。

　　既是國君將要去世，太子和君之母弟在側，就必然涉及二者地位的問題。如曹峰所言："對太子而言，在君'老'之後，'君之母弟'是政治上最不可忽視的人物，所以也有必要着力描述兩人之間的禮讓關係。"②從"君之母弟是相"一句可以看出，國君之弟對於太子，起到的是輔佐的作用。

　　"太子晨聽"一句有諸多解釋，本書認爲應解釋爲"側聽"，是"形容太子入宮門後，肅立待命的恭謹、專注的神情"③。經過"庶叩、叩進"（多次傳謁、傳令進見)的環節後，太子準備見君，具體儀節上則略有爭議。

　　整理者認爲，應是"太子趨於母弟之前；母弟將太子送往寢宮，以聽君命；母弟送太子達宮然後退，以示其佑導程序完成；太子返回見母弟，趨於母弟之前；太子再三要求母弟同去見君"④。

　　季旭昇認爲，"母弟送退"與預防君之母弟篡位有關。他指出："君之母弟已經把太子送上前去了，太子爲什麽不繼續前進，而要讓叔叔再三敦請他，然後才肯和叔叔一起上前呢？一般人聽到父親病危，一定是飛奔前去見最後一面，但是身爲太子，又多了一層尷尬：既希望能見到父親最後一面，但走得太急、太直接，又好像急着想接位，所以會躊躇爲難，君之母弟因此要再三前之太子，敦請太子前去晉見父王。禮的規定在這兒很明確地把太子這種心理儀式

---

　　① 參見馬承源主編：《上海博物館藏戰國楚竹書(二)》，上海古籍出版社，2002年，第242~246頁。集釋參見韓英：《〈昔者君老〉與〈内豊〉集釋及相關問題研究》，吉林大學碩士學位論文，2008年，第27~68頁。爲了行文方便，簡文改爲通行字，重文符還原爲重文。

　　② 曹峰：《楚簡〈昔者君老〉新注》，丁四新主編：《楚地簡帛文獻思想研究》，湖北教育出版社，2005年，第36頁。

　　③ 林素清：《上博楚竹書〈昔者君老〉新釋》，上海大學古代文明研究中心編：《上博館藏戰國楚竹書研究續編》，上海書店出版社，2004年，第197頁。

　　④ 陳佩芬整理：《昔者君老》，馬承源主編：《上海博物館藏戰國楚竹書(二)》，上海古籍出版社，2002年，第243頁。

化，讓太子的角色表現得恰到好處。"①這種說法顯然是有問題的，父子之情至深，即便父親是國君，自己是儲君，父親臨終病危之時，也不必顧忌自己是否走得太急。

林素清認爲句讀應爲"太子前之母弟，母弟遜退，前之太子；再三，然後並聽之"。意思是："太子請叔父先行，叔父遜讓，請太子先行，太子再請叔父先行，叔父再遜讓，請太子先行；太子第三次請叔父先行，叔父仍表示遜讓，請太子先行；終於太子與叔父一起上前，兩人並立而聽君命。"②與整理者相比，林素清的解釋中，儀節更爲簡便，也與傳世文獻中"三讓"的説法相合。

林素清指出："兩人的孰先孰後，也反映了太子與叔父的主從之別。國君臨終，太子進宮請謁，此時叔父身爲王室尊親、朝廷重臣，當然可以佑導太子；經謁者通報傳呼，將進入内寝，叔父禮讓太子先行，則以太子繼統在即，此時此地應當以太子爲主體，叔父從旁加以協助；最後兩人'並聽之'則體現了'君薨，百官總已以聽於冢宰三年'的西周'顧命'之禮的精神。簡文敘述兩人互相謙讓，其進退中節井然有序，不僅切合先秦禮制，而且忠實傳遞出儒家理想的顧命之禮所蘊含的深意。"

曹峰指出："在'君老'之際，太子和君之母弟這兩位最重要的政治人物'再三'謙讓，這種姿態正是《昔者君老》所描述的儒家理想中的'禮'吧。"③

三、上博楚簡《多薪》篇與兄弟感情

《上海博物館藏戰國楚竹書（四）》中，有《多薪》篇，存簡僅兩支，均不完整。整理者馬承源指出："《多薪》是歌詠兄弟二人之間親密無比的關係。"④現將殘存的簡文整理抄錄於下：

①　季旭昇：《上博二小議（四）：〈昔者君老〉中的"母弟退送"及君老禮》，簡帛研究網，2003 年 6 月 17 日。
②　林素清：《上博楚竹書〈昔者君老〉新釋》，上海大學古代文明研究中心編：《上博館藏戰國楚竹書研究續編》，上海書店出版社，2004 年，第 199 頁。
③　曹峰：《楚簡〈昔者君老〉新注》，丁四新主編：《楚地簡帛文獻思想研究》，湖北教育出版社，2005 年，第 43 頁。
④　馬承源整理：《逸詩》，馬承源主編：《上海博物館藏戰國楚竹書（四）》，上海古籍出版社，2004 年，第 173 頁。

□□□□，□□□□；兄及弟斯，鮮我二人。①

多薪多薪，莫如雚葦；多人多人，莫如兄〔弟〕。

□□□□，□□□□；〔多人多人〕，莫如同生。②

多薪多薪，莫如松籽（梓）；多人多人，莫如同父母。

全詩首句缺失，根據《詩經》中諸多詩歌的寫作風格，可以推測是起興之語，內容和"薪"有關，又與下文"多薪多薪，莫如某某"句式不同。"兄及弟斯，鮮我二人"的"鮮"，廖明春等人釋爲"寡少"，其説可從。③　全句的意思是："兄與弟啊，少得只有我們兩個人了。"

兄弟二人相互依存，與"多薪""多人"形成對比。"兄弟""同生""同父母"則從三個不同的層次展現了二人的關係。本章上一節已經指出，"兄弟"既可以指有血緣關係的兄弟，也可以是"四海之內皆兄弟"的"廣義兄弟"。然而無論是否有血緣關係，可以稱得上"兄弟"的人，一定比沒有兄弟關係的"多人"要更親密。"同生"，有學者釋爲"同姓"，即和自己有親緣關係的兄弟。"多人"不如"同姓"，範疇縮窄，親密的程度更近了一層。最後，再近一層，"同父母"則僅僅指親兄弟，也就是上文提到的"我二人"。"多人"不如"同父母"，正是此詩作者對自己唯一的兄弟表達的真正心聲。

與這種"多人"和從疏到親的兄弟關係之對比相對應的，是每句詩中"多薪多薪"和"雚葦""松梓"等的對比。吳洋在《上博（四）〈多薪〉詩旨及其〈詩經〉學意義》一文中指出："'多薪'正相當於'多人'，而'雚葦'等則相當於'兄弟'等。'雚葦''松梓'爲天然生長之植物，正與'兄弟'的天然血緣關係相類似，其與'兄弟''同父母'的意義關聯上文也已經略作闡述；而'薪'則爲人工採伐、捆紮之柴火，正與'多人'是因爲人爲的社會關係而聯繫在一起的性質相合。"④

與"兄弟""同生""同父母"三者存在遞進關係一樣，"雚葦"、□□和"松

---

①　"斯"，整理者作"淇"。劉樂賢、董珊皆指出實爲"斯"字。（劉樂賢：《楚簡〈逸詩·多薪〉補釋一則》，簡帛研究網，2005 年 2 月 20 日。董珊：《讀〈上博藏戰國楚竹書（四）〉雜記》，簡帛研究網，2005 年 2 月 20 日。）見呂佩珊：《〈上博（四）〉逸詩《多薪》析論》，《詩經研究叢刊》第 20 輯，學苑出版社，2011 年，第 64~65 頁。

②　〔〕內原缺，根據上下文補出。其他句中的闕文，也有學者根據《詩經》及上下文補出，但是並無定論。由於不影響詩旨，本書從闕。

③　廖明春：《楚簡"逸詩"〈多薪〉補釋》，《文史哲》2006 年第 2 期。

④　吳洋：《上博（四）〈多薪〉詩旨及其〈詩經〉學意義》，《文學遺產》2013 年第 6 期。

梓"之間也應當存在遞進關係。如吳洋所説，"蘆葦""松梓"都是天然生長的植物，它們之間存在何種遞進關係呢？"蘆葦"是水邊之草，"松梓"則是高大的喬木。蔡根祥指出："看來本詩的作者，有可能是將不同的薪木植物，按照它們的屬性、高矮，層遞式地排序。"①這樣看來，排在"蘆葦"和"松梓"之間的，應爲某種灌木。廖明春所補"蕭(香蒿)茀(掃帚菜)"與"蘆葦"同爲草本，且植株過小②；季旭昇所補"栗榛"則與"松梓"同爲喬木，植株過大。③ 蔡根祥補爲"棘荆"，可取。蔡根祥指出："這樣的話，整首詩的對比意象'薪木'，由生於水邊陸地兩種相似的，形成層不發達的脆弱草本植物'蘆、葦'，進而爲生長在荒野郊原，低矮叢生而帶刺的灌木植物'棘、荆'，再遞進而爲生長於較高處的山林，樹幹高聳的喬木植物'松、梓'。這樣一來，象徵兄弟的物象就具有鮮明的層遞變化；而且在詩篇敘述上，有了空間性的推移與轉換；甚至時間性上，可以聯想成兄弟兩人從小到大成長過程的綫性結構呢！"④

本書認爲，"蘆葦""棘荆""松梓"與"兄弟""同生""同父母"相對應，反映的是層層更密切的倫理關係。《詩經》中多規勸詩，本篇逸詩的詩旨，很可能就是向自己的親兄弟强調二人之間無可比擬的親情，從而實現對兄弟規勸的目的。規勸的原因，則有可能是兄弟之間存在矛盾。

四、上博楚簡《内禮》篇與兄長的責任

《上海博物館藏戰國楚竹書(四)》中有《内禮》篇，是研究儒家倫理觀念的重要材料。其中，與兄終弟及有關的，主要是第4、5、6三支簡，兹録如下：

> 故爲人兄者，言人之兄不能慈弟者，不與言人之弟之不能承兄者；故爲人弟者，言人之弟之不能承兄4〔者，不與言人之兄不能慈弟者〕⑤……曰：與君言，言使臣；與臣言，言事君。與父言，言畜子；與子言，言孝

---

① 蔡根祥：《〈上博(四)〉逸詩〈多新〉再論》，《傳統中國研究集刊》第6輯，上海人民出版社，2009年。

② 廖明春：《楚簡"逸詩"〈多薪〉補釋》，《文史哲》2006年第2期。

③ 季旭昇主編：《上海博物館戰國楚竹書(四)讀本》，臺北萬卷樓圖書公司，2007年，第43~45頁。

④ 蔡根祥：《〈上博(四)〉逸詩〈多新〉再論》，《傳統中國研究集刊》第6輯，上海人民出版社，2009年。

⑤ 〔〕内是根據上下文補出的内容。

父；與兄言，言慈弟；5與弟言，言承兄。反此亂也……6①

這一段內容與《大戴禮記》中《曾子立孝》篇高度相似：

　　曾子曰：君子立孝，其忠之用，禮之貴。故爲人子而不能孝其父者，不敢言人父不能畜其子者；爲人弟而不能承其兄者，不敢言人兄不能順其弟者；爲人臣而不能事其君者，不敢言人君不能使其臣者也。故與父言，言畜子；與子言，言孝父；與兄言，言順弟；與弟言，言承兄；與君言，言使臣；與臣言，言事君。②

　　不同的是，《內禮》篇中，君臣、父子、兄弟的關係都是相互的，對雙方的倫理責任都做了要求，而《曾子立孝》篇則單方面強調對爲人子、爲人弟、爲人臣的要求。整理者李朝遠指出："簡文更體現了儒家'君君、臣臣、父父、子子'和'兄兄、弟弟'的思想。"③梁濤指出："《曾子立孝》'爲人君''爲人父''爲人兄'三句應是在後來流傳中被刪除了，而被刪除的原因可能與後來儒家君臣父子關係被絕對化，竹簡要求君臣父子互'愛'、互'禮'的觀點顯得大逆不道、難以被接受有關。"④

　　傳世文獻中，提到"爲人兄"者之責任的，只有《荀子・君道》篇："請問爲人兄？曰：慈愛而見友。請問爲人弟？曰：敬詘而不苟。"⑤梁靜認爲："可見這種雙向的要求在戰國末期文獻中仍是存在的，今本對於原始材料的改變，當是在秦漢大一統的社會産生之後，統一意識形態的影響下而發生的。"⑥

五、張家山漢簡《二年律令》與兄弟繼承問題

　　張家山漢簡《二年律令》中，有《置後律》一篇，展現了西漢初年的財産、爵位繼承方法。其中與"兄終弟及"有關的是以下兩條：

　　①　馬承源主編：《上海博物館藏戰國楚竹書（四）》，上海古籍出版社，2004 年，第223~224 頁。

　　②　方向東：《大戴禮記彙校集解》卷四《曾子立孝》，第 487 頁。

　　③　馬承源主編：《上海博物館藏戰國楚竹書（四）》，第 220 頁。

　　④　梁濤：《上博簡〈內禮〉與〈大戴禮記・曾子〉》，簡帛研究網，2005 年 6 月 26 日。

　　⑤　（清）王先謙：《荀子集解》，中華書局，1988 年，第 232 頁。

　　⑥　梁靜：《上博楚簡〈內禮〉研究》，《文獻》2012 年第 4 期。

　　□□□□爲縣官有爲也，以其故死若傷二旬中死，皆爲死事者，令子
男襲其爵。毋爵者，其後爲公士。毋子男以女，毋女以父，毋父以母，毋
母以男同産，毋男同産以女同産，毋女同産以妻。諸死事當置後，毋父
母、妻子、同産者，以大父，毋大父以大母與同居數者。369~371
　　同産相爲後，先以同居，毋同居乃以不同居，皆先以長者。其或異
母，雖長，先以同母者。378①

　　引文第一條列出了繼承"死事者"爵位的順序。首先是"子男"，即兒子。
在沒有兒子的情況下，按照女（女兒）、父、母、男同産（兄弟）、女同産（姐
妹）、妻、大父（祖父）、大母（祖母）的順序繼承。兄弟排在子女和父母的
後面。
　　引文第二條則介紹了由兄弟繼承時，選擇繼承人的順序。首先選擇共同居
住的同母兄弟。如果兄弟別居，則選擇同母兄弟中年長之人。異母兄弟則排在
同母兄弟之後。
　　尹灣漢代木牘《武庫永始四年兵車器集簿》背面第五欄最末一行，有"毋次
以不同居長者代"之文。魯家亮《讀〈武庫永始四年兵車器集簿〉所遺"置後"文
獻小劄》一文認爲，該行文字很可能是對《二年律令·置後律》中第 378 號簡的
摘抄，"即涉及同産爲'後'的情況，'不同居'者不在考慮之列，'同居者'中
又以年長者居先。'兵車器集簿'抄録的簡文'毋次以不同居長者代'似可理解
爲兩部分，即'毋次以不同居''長者代'，屬於簡 378 所反映律條的核心詞匯，
其摘録性質也由此可見一斑"②。
　　按，"代"應指"代户"。《二年律令·置後律》中對"代户"有相關規定，以
兒子、父母、妻、女兒、孫、耳孫、祖父母、同産子的順序相代：

　　死毋子男代户，令父若母，毋父母令寡，毋寡令女，毋女令孫，毋孫
令耳孫，毋耳孫令大父母，毋大父母令同産子代户。同産子代户，必同居
數。棄妻子不得與後妻子爭後。379~380③

────────────

　　① 彭浩、陳偉、[日]工藤元男：《二年律令與奏讞書——張家山二四七號漢墓出土
法律文獻釋讀》，上海古籍出版社，2007 年，第 236、238 頁。
　　② 魯家亮：《讀〈武庫永始四年兵車器集簿〉所遺"置後"文獻小劄》，簡帛網，2011
年 2 月 7 日。
　　③ 彭浩、陳偉、[日]工藤元男：《二年律令與奏讞書——張家山二四七號漢墓出土
法律文獻釋讀》，第 238 頁。

《武庫永始四年兵車器集簿》中的"毋次以不同居長者代"，應該是對"同產子代戶"條件的補充，即如果没有同居之同產子，則以不同居之同產子中長者代戶。"同產子"是兄弟之子。

《二年律令·置後律》簡 379 提到兄弟可以爲後襲爵，但是簡 379～380 提到"代戶"時，則兄弟没有資格。兄弟之子不在襲爵的序列中，卻在代戶的序列中，排在大父母之後。這樣看來，如果上文提到的襲爵序列中的人全都不存，排在大母之後的，就應該是兄弟之子。《居延新簡》中提到的"同產子皆得以爲嗣繼統"説的就是這種情況。①

《漢書》記載，平帝時有"又令諸侯王、公、列侯、關内侯亡子而有孫若子同產子者，皆得以爲嗣"②之令。同產子和孫都具有繼嗣的權利。

本節討論了五則出土文獻中與兄弟倫理有關的篇章。其一是郭店楚簡《六德》篇。這一篇主要强調了"親親"的重要性，要求"不爲君絶父"。這與入繼帝王要求追崇本生父母等做法具有一致性。其二是上博楚簡《昔者君老》篇。這一篇提到了君老之時太子與君之母弟朝見之事。可以看出，太子的地位高於君之母弟，在有太子的情況下，君之母弟没有繼承王位的優先權，應起到輔佐太子的作用。其三是上博楚簡《多薪》篇。這一篇展現了古代兄弟之間親密無間的感情，有可能是在兄弟之間存在矛盾的情況下，一方對另一方的規勸。其四是上博楚簡《内禮》篇。這一篇與《大戴禮記》中《曾子立孝》篇高度相似，但是突出了"爲人兄"者與"爲人弟"者之間相互的關係。上文提到，傳世文獻更强調"悌道"，《内禮》篇對此是一種補充。其五是張家山漢簡《二年律令》中的《置後律》篇。這一篇提到了兄弟之間的繼承方式。根據《置後律》，兄弟可以爲後襲爵，兄弟之子則如同自己的兒子，可以"代戶"。根據文本分析，如果能夠襲爵的親屬全部不存，則兄弟之子也能夠襲爵。

本 章 小 結

本章主要從儒家倫理的角度論述。從孔子起，儒家哲學就十分注重和諧兄弟之間的關係，並將這一關係推而廣之，到了治國理政的層面。儒家的兄弟倫理，最重要的表現就是"悌道"，即弟對於兄的順從。然而實際生活中，由於

---

① 甘肅省文物考古研究所等編：《居延新簡：甲渠候官》（上册），第 8 頁。
② （漢）班固：《漢書》卷一二《平帝紀》，第 349 頁。

繼承制度實際上偏向嫡長子，兄弟之間經常會産生矛盾，也會爲社會帶來不安定的因素。上博楚簡《多薪》篇就展現了古代兄弟之間親密無間的感情，有可能是在兄弟之間存在矛盾的情況下，一方對另一方的規勸。

　　由於在流傳過程中受到政治等多方面因素的影響，傳世文獻中體現的更多是弟對兄的倫理義務。出土文獻可補充傳世文獻的不足。例如上博楚簡《内禮》篇，雖然與《大戴禮記》中《曾子立孝》篇高度相似，但是突出了"爲人兄"者與"爲人弟"者之間的相互關係。郭店楚簡《六德》篇則主要强調了"親親"的重要性，要求"不爲君絶父"，這與入繼帝王要求追崇本生父母等做法具有一致性。

　　在繼承方面，上博楚簡《昔者君老》篇提到了君老之時太子與君之母弟朝見之事。可以看出，太子的地位高於君之母弟，在有太子的情況下，君之母弟没有繼承王位的優先權，應起到輔佐太子的作用。張家山漢簡《二年律令》中的《置後律》則指出，兄弟可以爲後襲爵，兄弟之子則如同自己的兒子，可以"代户"。根據文本分析，如果能夠襲爵的親屬全部不存，則兄弟之子也能夠襲爵。

結　論

　　中國古代君位的"兄終弟及"，是對"父死子繼"尤其是"嫡長子繼承"制度的重要補充形式。本書以歷代君王的"兄終弟及"繼承方式爲主要綫索，通過對經學文本、歷代正史、出土文獻等材料的綜合考察，得出以下結論：

　　第一，商周的"兄終弟及"不能稱爲"制度"。作爲一種常見的繼承形式，"兄終弟及"的出現往往伴隨着君主早夭、無子、戰亂等特殊原因。以兄弟身份繼位上臺，是血緣、宮廷政治、社會情緒共同作用的結果，具有特殊性。

　　第二，歷代論述兄終弟及之禮，都可以追溯到三個共同的來源。其一，《春秋》對魯文公"躋僖公"之事的記載，以及儒門經解對這一問題的闡釋。這將兄終弟及由政治問題轉化成了經學問題，重點在於兄弟昭穆的排佈。根據分析，兄弟之間應當同爲一代，昭穆相同，排佈時應當同廟異室。其二，"爲人後者爲之子"的原則。這一原則原本只是針對當時仲嬰齊的身份問題而提出，在後世經學家的闡釋中則被擴大化。其三，"三禮"中"爲人後者"爲本生降一等服喪的原則。後世討論服制、追崇問題，多由此而起。

　　第三，根據統計，以"父死子繼"方式繼承君位的帝王，在歷史上占55.56%。"兄終弟及"是對這一君位繼承方式最重要的補充。爲了鞏固政權，"皇太弟"從晉代開始出現，預立兄弟爲儲君，在一定程度上避免了君位更替時的矛盾與衝突。

　　第四，按照禮制，臣爲君需要服三年之喪，這與子爲父所服三年之喪的喪期相同。雖然歷史上的服喪制度一再改革，繼位之君違禮之事甚多，但是以兄弟身份入繼大統的皇帝，在爲先君服"三年喪"一事上都基本合禮。在爲自己的本生父母加尊號、立廟奉祀方面，"弟及"的皇帝都各盡所能，違禮稱未曾當過皇帝的父親爲"皇考"，爲其立廟稱"宗"等事頻出。在這些問題上，歷代的禮官大多引經據典，試圖將"弟及"的皇帝勸至"爲人後者爲之子"的道路上，以維持先君之統。在朝廷禮制論爭中，一部分皇帝聽從禮官勸阻，不尊私親；另一部分則堅持己見，罷免甚至廷杖朝臣，最終達到追崇本生的目的。在禮學論爭中，禮家和朝臣從不同角度對經學文本進行解釋和新詮，經學成爲政治攻訐的理論武器。縷析這些禮學闡釋，也可以看出經學的發展脈絡，尤其是由唐宋注疏之學到宋明理學、心學，再到清代的乾嘉考據之學，經學闡釋的方式、角度都差別巨大。

第五，歷代的宗廟設置方式雖然都有細微變化，但是整體來説，“兄終弟及”繼承君位時，普遍採用兄弟同昭同穆的排佈方法。雖然有些朝代曾經實行過兄弟異昭異穆的排佈方法，但是由於遷祧的需要，以及“父、祖、曾、高”四親廟必須上下相次的禮性規定，兄弟異昭異穆的錯誤總是能夠得到改正。

第六，堂兄弟繼承是“兄終弟及”的一種特殊形式。從立後的角度上看，由於“兄弟之子猶子”，立兄弟之子爲嗣是無子嗣或子嗣早夭等情況下最優的選擇之一，具有天然的合法性。這不僅能夠保證宗統傳遞，也不會造成繼位之君與先君同代的情況。但是預立兄弟之子爲後的情況並不多見，歷史上以堂兄弟身份繼位或者以侄繼叔之位的情況，多是政治集團角力權衡的產物。在這種情況下，新皇帝往往無法用“兄弟之子猶子”來確立自己的合法性。

第七，“爲人後者爲之子”這一命題，在經學史上一直遭到質疑。本書列舉了兩個較少提及的例子。其一，東晉於氏提出的“六議十疑”。於氏指出，“爲人後”和“爲人子”並不互爲充要條件，“爲人子”不必“爲人後”。這事實上反映了“統嗣二分”的思想。其二，明代王廷相的“繼體”“繼統”“繼興”三分的觀點。這與“大禮議”中張璁等人“統嗣二分”的觀點相合，實際上也反映了當時的理學思潮。當時的大儒王陽明所持觀點與此類似，更重人情。到了清代前期，理學家陸隴其等人，雖然在理論上堅持朱子之學，但也回歸文本，重新審視了張璁等人的觀點。在此之後，任啓運第一個提出了《公羊傳》“爲人後者爲之子”的邏輯漏洞。任啓運認爲，《公羊傳》的説法可以導致自相矛盾，從而造成意圖重統而尊親，尊親便會以私害公的局面。

第八，中國古代的兄弟倫理，是“五倫”之一。兄弟之間的感情以愛來維繫，基本要求是“兄友弟恭”。但是在傳世文獻中，對弟的要求比對兄的要求，明顯更多、更重、更嚴。出土文獻上博楚簡《内禮》篇，展示出儒學早期思想體系中，兄與弟之間的倫理責任是一種雙向要求，這還原了儒家文獻的本來面目，彌補了傳世文獻的不足。另外，對於“宗統”與“本生”不可並重的問題，郭店楚簡《六德》篇中“不爲君絕父”的觀點，可以與傳世文獻中“君不如父重”相參。可以認爲，先秦儒家在面對親親與尊尊的關係時，是更重視親親的。然而這二者的關係在經學發展的歷程中，逐漸向注重“尊尊”轉變。明清之際的大儒王夫之甚至要求入繼之君絕父喪，這正是“爲君絕父”，與早期儒家思想相背。

　　總而言之，"兄終弟及"是對中國古代"父死子繼"君位繼承方式的重要補充。由"兄終弟及"所引發的現實政治問題，常常表現爲激烈的禮學論爭。這不僅僅是一種禮學原則的學理之爭，更主要的是君臣之間、朝臣内部之間、禮官儒生之間的矛盾和角力。論爭雙方雖然常常援引相同或相似的經學典籍和歷史故例，但得出的結論卻大相徑庭。這些分歧和論爭的歷史過程，不僅體現了儒經闡釋學的流變脈絡，也展現出中國傳統學術（經學和禮學）與歷代現實政治之間的内在張力。

餘論　朝鮮王朝的"仁祖反正"　與君統禮訟

1623 年，以庶子承統的光海君李琿(1608—1623 年在位)，因其倒行逆施被廢黜，李倧(1595—1649)代之成爲朝鮮李氏王朝第十六任君主，廟號仁祖。針對此事，明朝的官方文獻《明實録》記載："朝鮮國王李琿爲其侄李倧所篡。"①在明人眼中，這是毋庸置疑的"篡逆"行爲。② 然而，在朝鮮的歷史敘述中，此事卻被稱爲"反正"。李倧即位時，從統序上越過其叔叔李琿，認爲自己的法統直接上承自其祖父宣祖李昖(1552—1608)，造成了"以孫繼祖"的局面③，進而引起了朝鮮宗廟祭祀上的禮制大争論。

這場争論，事關君位的合法性問題，也關乎朝鮮與明朝庭的關係問題。争論諸方都大量援引傳統儒家經典和中國歷代皇位繼承故事。對此已有部分學者加以研究④，但一般的討論多側重中朝雙邊關係和明朝的態度，對朝鮮國内史事

① 《明熹宗實録》卷三三，天啓三年(1623)四月戊子，臺灣"中央研究院"歷史語言研究所校印北平圖書館藏紅格本，1963 年，第 1739 頁。直到天啓五年(1625)，明熹宗才迫於形勢，遣使册封李倧爲朝鮮國王(《明熹宗實録》卷五六，天啓五年二月)。

② 參見楊效雷：《中朝關係史上的一次所謂"史册辯誣"——兼談僞史料産生的原因》，《東北史地》2011 年第 5 期。楊效雷在此文中列出了明清兩代史料中關於朝鮮仁祖的矛盾之處，認爲《明史》中關於朝鮮仁祖的史料是"因屈從番邦之請而産生的僞史料"。本書認同此觀點。

③ 《朝鮮王朝實録》第 34 册《仁祖實録》卷一，天啓三年(1623)三月十四日，日本學習院東洋文化研究所刊，1961 年，第 3 頁。原文是："王大妃下教書，若曰：……綾陽君〔諱〕宣祖大王之孫，定遠君〔琈〕之第一子也……可即大位，以繼宣祖之後。"

④ 例如，高明《〈朝鮮情形疏〉與明臣對"仁祖反正"之政策》(《韓國研究論叢》，2004年)以畢自嚴《朝鮮情形疏》爲核心，分析了晚明朝臣對此事的態度及當時的外交關係狀況。黃修志《清代前期朝鮮圍繞"仁祖反正"展開的書籍辯誣》和楊艷秋《〈大明會典〉〈明史〉與朝鮮辯誣——以朝鮮王朝宗系辯誣和"仁祖反正"辯誣爲中心》二文都是從"辯誣"的角度論述此事在清朝的發展。〔日〕夫馬進《明清時期中國對朝鮮外交中的"禮"和"問罪"》(《明史研究論叢》，2012 年)一文指出明朝將對"仁祖反正"的處理當成了外交上的籌碼，以册封李倧换取朝鮮更加旗幟鮮明地親明反滿。

着墨不多，對這場争論的文化内涵理解不够。在史料採信方面，過去的研究也多關注朝鮮禮學家文集中的文章，對於《朝鮮王朝實録》中豐富的禮學討論關注不够。彭林在《中國禮學在古代朝鮮的播遷》一書中指出："這是一種缺乏宗法常識的無知之論。"①我們認爲並非如此。本部分以《朝鮮王朝實録》爲綫索，結合中國傳統禮制和明朝史實，對這場禮學論戰進行重新復原和進一步分析。

一、論戰的根源：光海君的身份問題

萬曆二十年即朝鮮宣祖二十五年（1592）四月，日本關白豐臣秀吉率軍侵略朝鮮，史稱"壬辰倭亂"。② 四月丁巳（二十八日），距離首都不遠的忠州失守，平壤岌岌可危。面對倭亂，宣政殿右副承旨申磼上書請求立儲。③ 在群臣的建議之下，第二天，宣祖立李琿爲世子。④ 萬曆二十二年（1594），宣祖第一次上疏明朝，請封世子。但是，由於李琿並非長子，這次册封並没有得到大明朝廷的認可。⑤ 此後，宣祖屢次上書請封，也都因爲李琿是次子之故没有得到大明朝廷的支持。⑥ 明朝廷所慮，在於廢長立幼可能帶來社會動蕩："況倭

---

① 彭林：《中國禮學在古代朝鮮的播遷》，北京大學出版社，2005年，第243頁。

② 《朝鮮王朝實録》第27册《宣祖實録》卷二六，萬曆二十年（1592）四月十三日，第319頁。

③ 《朝鮮王朝實録》第27册《宣祖實録》卷二六，萬曆二十年（1592）四月二十八日，第319頁。原文是："人心危懼，非建儲，無以鎮服。請早定大計，爲社稷長遠之圖。"

④ 《朝鮮王朝實録》第27册《宣祖實録》卷二六，萬曆二十年（1592）四月二十九日，第319頁。

⑤ 《朝鮮王朝實録》第30册《宣祖實録》卷一八一，萬曆三十二年（1604）十一月二十五日，第379~382頁。光海君與其兄臨海君都是恭嬪金氏所生，仁嬪金氏也有三子，分別是義安君、信城君和定遠君（即仁祖之父）。由於恭嬪和仁嬪都不是嫡妃，所以此五子都是庶子。宣祖有嫡子永昌大君，但是出生較晚，下文還會再提及。彭林《中國禮學在古代朝鮮的播遷》一書中指出臨海君和光海君是孿生兄弟，此説不實。（第241頁）根據李朝宗譜《璿源録》，臨海君生於壬申年（1572），光海君生於乙亥年（1575）。

⑥ 《朝鮮王朝實録》第30册《宣祖實録》卷一八一，萬曆三十二年（1604）十一月二十五日，第379~382頁。第二次上疏是萬曆二十三年（1595），這次上疏，明朝政府仍然認爲立光海君爲儲宜緩："果其賢聲益彰，勞績允著，國勢之式微丕振，人心之推戴彌堅，則姓諱自當安遜避之分，姓諱亦無復溺愛之嫌，父子兄弟之間，大順且安。爾時乃議請封，亦未爲晚。"第三次上疏是萬曆二十四年（1596），明朝政府認爲長子臨海君並未失德，而光海君若真賢能，必更不敢僭越，最終以"但臨海君，長子也，既未有顯然可指之過，光海君，次子也，又未有赫然可見之功"拒絶。第四次上疏是萬曆三十一年（1603），同樣也被拒絶。萬曆三十二年（1604），明朝政府駁回了第五次上疏，指出："該國屢請建儲，朝廷久不與决者，正以立長，爲古今常經，不可輕議故也。"

奴窺伺未已，該國積弱未振，一朝亂常拂經，恐東國之憂，不在日本，而在蕭牆矣。"①

萬曆三十六年(1608)，宣祖李昖病薨時，諭世子光海君李琿曰："愛同氣如予在時，人有讒之，慎勿聽之。以此托於汝，須體予意。"②群臣根據前代《實錄》，提出王世子應當即刻即位。但是由於自己的身份一直沒有得到明朝的肯定，李琿不許。群臣反復勸了多次，他才決定即位。③

雖然光海君李琿始終沒有得到來自明朝的世子封號，但迫於局勢，大明朝廷還是於萬曆三十七年(1609)正式册封他爲朝鮮國王。④ 他即位之後，採取了一系列鏟除異己的措施，包括處死宣祖長子臨海君、流放宣祖嫡子永昌大君等。永昌大君是宣祖仁穆王后唯一的兒子，也是宣祖唯一的嫡子。由於永昌大君出生較晚(1606)，李琿被立爲世子時，他還沒有出生。雖然光海君已經即位，永昌大君的嫡子身份卻一直未曾被人遺忘。光海君五年(1613)，仁穆王后的父親(即永昌大君的外祖父)延興府院君金悌男，意圖擁立永昌大君爲王。光海君發現後，處死了金悌男，並將永昌大君流放至江華島，後來被江華府使殺死。⑤ 這一系列措施讓光海君坐穩了國王之位，也爲後來被"反正"留下了口實。⑥

光海君被正式册封爲王，是明朝、後金、朝鮮和日本四股勢力互相作用的

---

① 《朝鮮王朝實錄》第30册《宣祖實錄》卷一八一，萬曆三十二年(1604)十一月二十五日，第381頁。

② 《朝鮮王朝實錄》第30册《宣祖實錄》卷二二一，萬曆三十六年(1608)二月一日，第784頁。

③ 《朝鮮王朝實錄》第32册《光海君日記》卷一，萬曆三十六年(1608)二月二日，第1頁。他指出："按實錄，睿宗昇遐，儲位未定。故貞熹王后即日定策立成宗，與今日事異。"群臣則堅持説："自古帝王無不勉行此禮。蓋以宗社之重，不可以罔極之情而有所獲已也。群下之情，莫不悶迫。伏願裁抑至情，亟行大禮。"李琿仍不許。群臣又曰："大位不可一日暫曠，輿情不可一向牢拒。而臣等至再陳請，未蒙准許，臣等不勝憂悶罔極之至。伏願特念宗社之重，速擧應行之禮。"

④ 《朝鮮王朝實錄》第32册《光海君日記》卷一七，萬曆三十七年(1609)六月二日，第176頁。

⑤ 光海君即位之後的措施，參見尹鉉哲、劉吉國：《試論光海君的世子身份問題與即位初期的政策》，《延邊大學學報》(社會科學版)2012年第1期。

⑥ "仁祖反正"之時，都承旨李德泂認爲可以按照此前優待被廢的燕山君一樣，優待被廢的光海君，但是仁祖之母啓運宮表示："逆魁弑父殺兄，淫蒸父妾，戕其庶母，囚其嫡母，百惡具備，何可比於燕山?"這顯然是在光海君的所作所爲之上又添油加醋了一番。(《朝鮮王朝實錄》第34册《仁祖實錄》卷一，天啓三年(1623)三月十三日，第2頁。)

結果。起初，由日本發動的萬曆朝鮮戰爭，爲光海君成爲世子提供了時機，他的才能也在此時得到了宣祖以及明朝政府的賞識。但與此幾乎同時，萬曆皇帝也同樣面臨着立長還是立幼的"國本之争"——萬曆二十九年（1601），明神宗立長子朱常洛爲太子，三子朱常洵爲福王。有了國内的這一場曠日持久的争議，明朝政府更不可能支持朝鮮國王廢長立幼的請求。由於宣祖晚年有了嫡子，立嫡子爲世子的勢力在朝中興起，明朝政府在光海君即位之後仍然一直拖延，遲遲不對其册封。但是，此時東北亞的局勢已經發生了變化，後金的興起改變了這一地區的勢力平衡，明朝藉册封拉攏光海君，實際上也是爲了牽制後金，鞏固邊疆。

二、論戰的本質：王權合法性問題

由於光海君的即位曾經得到明朝册封，其王權合法性得到過確認，所以，在他被仁祖李倧取代後，所有的禮學争論便首先要解決仁祖君統的來源問題，即他應當以宣祖爲父，還是以宣祖爲祖。禮官、禮學家和權臣在多輪論争中，或列舉經書條文，或以宗主國明朝皇帝故事相比附，其核心都圍繞宗法制度上的"爲人後"展開。

（一）稱考之争

第一次禮學論争出現於李倧即位之初。由於群臣皆避光海君不談，稱李倧直繼宣祖，對本生父母應該如何稱呼就出現了分歧。當時一部分人認爲，應該稱王父定遠君李琈（此時加封爲定遠大院君）爲"考"；另一部分人則認爲，稱"考"並不恰當，應以叔侄相稱。

在這次禮學論争之初，雙方都援引了中國漢朝宣帝繼承昭帝的故事。論争的核心問題是"繼統"。李倧所繼之統有二，一爲君統，二爲宗統。

支持稱李琈爲考的禮官指出，漢宣帝是漢昭帝的侄孫，以孫繼祖位，正與李倧繼承宣祖之事相同。① 漢宣帝稱史皇孫爲考，名正言順，只是稱"皇考"則"名位太隆"，被程子稱爲"失禮亂倫"。所以，可以"稱考而不加皇字，稱子

---

① 《朝鮮王朝實録》第34册《仁祖實録》卷二，天啓三年（1623）五月三日，第30頁。原文是："今日之事，與漢宣帝略同，宣帝繼昭帝之後，以侄孫承從祖也。其於本生史皇孫，不得不稱考，悼考之稱，其誰曰不可？惟其立陵園，不置後，稱考而又加皇字，名位太隆，未免嫌貳，故程夫子謂之失禮亂倫，是實防征之意，非以考字爲非也。"

而不加孝字，別立支子，以主其祀。祀典封號，一依德興之例，則重宗統報本生之道，似爲兩盡矣"①。這樣做的目的，是希望做到"重宗統"（對親生父母降服）和"報本生"（承認血緣關係）的兩全。去掉"皇"字尊號只稱"考"，看似降了一等，實際上卻保存了"考"的稱號。

反對稱考的金長生，則從宗統的角度，指出帝王繼統皆是父子之道。② 他認爲，漢宣帝如稱父親爲"皇考"，則犯了"以小宗合大宗之統"的毛病。他指出，漢宣帝與李倧都是上繼祖父之統，不能以私親上繼於祖。雖然以孫繼祖之後，稱自己的父親爲考並不妨害倫理上的次序，但是如果入繼的是小宗，再尊自己的私親爲考和祖考，那麼就會亂了正統，相當於別立宗派，"爲二本，其爲害禮亂倫甚矣"。以此推之，則李倧對李琈稱考，於繼大統則是"害義之甚"。③ 金氏建議對定遠君稱叔父，就是希望轉移小宗，讓仁祖繼承大宗，名正言順。

彭林支持金長生的看法，他舉《漢書·武五子傳》中的禮官建議，認爲昭帝與宣帝有父子關係。④ 但事實上，《武五子傳》中，也記載了有司建議稱史皇孫爲"皇考"的説法。⑤ 根據《漢書·韋賢傳》"今高皇帝爲太祖，孝文皇帝爲太宗，孝景皇帝爲昭，孝武皇帝爲穆，孝昭皇帝與孝宣皇帝俱爲昭"的説法，昭帝和宣帝昭穆相同，在禮制上確認了他們是祖孫關係，而不應是父子關係。⑥

由於金長生選擇性地忽略了漢宣帝和史皇孫、李倧和定遠君實際上的父子關係不談，李倧對他的意見並不滿意。⑦

禮曹判書李廷龜發現了這個問題。他指出，若以宣祖爲父，對定遠君稱叔

---

① 《朝鮮王朝實録》第 34 册《仁祖實録》卷二，天啓三年（1623）五月三日，第 30 頁。"德興"指宣祖的生父德興大院君。

② 《朝鮮王朝實録》第 34 册《仁祖實録》卷二，天啓三年（1623）五月三日，第 30 頁。原文是："帝王之禮，莫嚴於繼統，雖兄之繼弟，至於叔父之繼姪者，皆有父子之道焉。"

③ 《朝鮮王朝實録》第 34 册《仁祖實録》卷二，天啓三年（1623）五月三日，第 30 頁。

④ 彭林：《中國禮學在古代朝鮮的播遷》，第 246 頁。

⑤ （漢）班固：《漢書》卷六三《武五子傳》，第 2748 頁。

⑥ （漢）班固：《漢書》卷七三《韋賢傳》，第 3120 頁。

⑦ 《朝鮮王朝實録》第 34 册《仁祖實録》卷二，天啓三年（1623）五月三日，第 30～31 頁。原文是："李倧答曰：'凡人有祖，然後有父；有父，然後有身。豈有有祖而無父之理乎？禮官所見，似無失禮之事矣。'"

父與稱兄都有缺憾。① 他提出應立支子主祀，而李倧在祭文中對定遠君以父子相稱。② 最終，仁祖和李廷龜商定，祭文頭辭寫作："子國王諱，謹遣臣某官某，告祭於考定遠大院君，伏以云云。"③

這次論爭並未告終。天啓三年（1623）九月十一日，弘文館副提學鄭經世等人再次進劄，論"重宗統"等事，再次指出稱大院君爲考的做法"於尊重宗統、崇奉私親之道，兩得而無所失矣"④。但是，朴知誠、李宜吉的奏議又引出了新的問題。⑤ 朴知誠稱："若稱考則當斬衰三年，雖別立廟，亦有妨於宗統之義云。"他指出，如果稱定遠大院君爲考，則當爲之服斬衰三年，而這顯然與此前群臣定下的折衷辦法相違，相當於没有降服。鄭經世認爲，這是失禮之甚。但李倧卻認爲"稱考則不可無三年之喪"，討論不悦而罷。⑥ 最終，禮曹的建議是："服則不可不降，而父母之名，亦不可廢也。"此後兩年間，雖有

---

①　《朝鮮王朝實錄》第 34 册《仁祖實錄》卷二，天啓三年（1623）五月七日，第 33 頁。原文是："殿下爲宣廟之子，則定遠於殿下，當爲兄弟，何得謂之伯叔？殿下於宣廟，有父子之道，而無父子之名；於定遠，有父子之名，而無父子之義。既不得以所生爲父，而於所後，又無稱考之地，則天倫闕矣。決不可爲也。"

②　《朝鮮王朝實錄》第 34 册《仁祖實錄》卷二，天啓三年（1623）五月七日，第 33 頁。原文是："既封大院君，立支子，以顯考書神主，而以主其祀，殿下祭文，書考而不加皇字，書子而不稱孝字，則大綱領已正矣。"

③　《朝鮮王朝實錄》第 34 册《仁祖實錄》卷二，天啓三年（1623）五月七日，第 33 頁。

④　《朝鮮王朝實錄》第 34 册《仁祖實錄》卷三，天啓三年（1623）九月十一日，第 51 頁。

⑤　朴知誠最初被稱爲"學問篤實，近日儒者，無出其右矣"（趙誠立語）。但經過議禮之後，被史臣稱爲："朴知誠，初有學問之名，及其出也，無適用之才，所見不明。議禮之際，未免執迷，雖謂之欺世可也。"見《仁祖實錄》卷一，天啓三年（1623）四月十二日。根據實錄，仁祖曾於五月十日引見金長生、朴知誠，此二人的論爭應該也是從此時開始。五月二十九日，金長生、張顯光、朴知誠被任命爲成均館司業。在議禮中，朴知誠建議追尊大院君，配享宗廟，"物議駁之"，知誠遂辭職。後被復召，知誠乞免，仍持前見。（七月一日）雖然朴知誠辭職在外，但是因爲力主追崇，仁祖仍對他有所眷顧。（崇禎五年四月三十日仁祖傳曰："司業朴知誠上來時，令本道監司給馬。"）前引彭林之文也認爲，朴知誠的奏疏"漏洞百出，不知所云"。實際上朴知誠本人的禮學修養還不錯，只是選擇材料的出發點與金長生等人不同。彭文指出朴知誠誤認爲周當八廟一事，考朴知誠《潛冶集》原文，朴支持劉歆之説，認爲文武世室不在七廟之中，周應有九廟，不存在理解錯誤（朴知誠《潛冶集》卷七，《章陵追崇疑禮辯第四》）

⑥　《朝鮮王朝實錄》第 34 册《仁祖實錄》卷七，天啓四年（1624）十月二十三日，第 152 頁。

人繼續上疏，但都被卻之不納。①

(二)喪制之争

第二次禮學論爭便由三年之喪而起。此前，朴知誡已經提出，李倧應該爲大院君服斬衰三年之喪，但是被評爲失禮。天啓六年(1626)一月十四日，李倧之母啓運宮卒，"三年之喪"的議題再次被提起。根據《儀禮·喪服》的規定，"父卒則爲母"要服三年之喪②，而"爲人後者爲其父母"只能服不杖期③。若過繼給他人爲後，那他只能爲其生父母服一年之喪。如此，對於這場喪禮的服制便有三年喪、杖期、不杖期三種不同的觀點。

李倧堅持認爲自己應該爲母親服三年之喪。但是禮曹則認爲，應該服齊衰不杖期。④ 在此輪論爭中，支持李倧的一方，主要是擁立李倧上臺的主要人物之一兵曹判書李貴。認爲不可服三年之喪的，主要有金長生、崔鳴吉、鄭經世等人。

李貴認爲，金長生將仁祖繼承宣祖比作漢宣帝繼承漢昭帝是不正確的。因爲漢昭帝是宣帝的"四寸大父"即叔祖父，宣祖卻是仁祖之祖。他們之間的親疏關係不同。出於維護李倧即位合法性的考慮，李貴故意稱大院君爲宣祖長子，指出李倧即位不存在大小宗的問題。⑤ 而金長生等人將李倧繼承宣祖擬於

---

① 前判官李咸亨於天啓五年(1625)一月十六日上疏，請求追崇大院君，被政院却之不納。十二月三日，幼學趙相禹上疏，認爲應該稱考於宣廟，亦被却之不納："稱宣祖以禰廟則可，稱之以考則不可也。"

② 《儀禮注疏》卷三三《喪服》，(清)阮元校刻《十三經注疏》本，第1101頁。

③ 《儀禮注疏》卷三三《喪服》，(清)阮元校刻《十三經注疏》本，第1106頁。

④ 《朝鮮仁祖實錄》卷一一，天啓六年(1626)一月十四日，第252頁。原文是："禮，爲人後者，爲所生父母，服齊衰，不杖期，以其壓屈於所後父母。況我主上，直承大統，上繼宣祖。今此私親之喪，宜有所壓降，依禮文，當服齊衰、不杖期。議於大臣，則皆以爲當云。"一月十五日，大司憲鄭經世、大司諫洪瑞鳳等人以《禮》"爲人後者，爲其父母期"一條復啓，指出："聖上以支孫，入承大統，踐宣廟之位，行宣廟之禮，與宣廟爲一體……親親，恩也；尊祖，義也。義之所在，恩不得不屈。"但是仁祖不以爲意。雖經再啓、三啓，仁祖亦不從。

⑤ 《朝鮮王朝實錄》第34冊《仁祖實錄》卷一一，天啓六年(1626)一月二十四日，第258~259頁。原文是："今大院君，是宣祖之長子，而殿下之父，則應爲合立之君，有何大小宗之可議，而使殿下不得以稱父乎?"實際上，定遠大院君是宣祖的第三子，光海君當初的世子之爭，對象是長子臨海君，根本未涉及定遠大院君。而且宣祖還有嫡子永昌大君，李貴也略而不談。如果一定要分大小宗的話，永昌大君才是大宗，定遠大院君無疑是小宗。

"爲人後"，是誤解了禮文的本意。

李貴點出了當時朝臣處理此問題的標準有誤。他指出："若如長生之論，稱以叔父，則議以私親之服，可也。既爲稱考、稱子，而服則不杖期，是獨於喪服一節，待以叔父也，此果合於《禮經》乎？"①於稱呼持一標準，於喪服持另一標準，這顯示出禮制的經權之變，也爲禮學之爭留下巨大空間。

雖然李貴迎合了李倧希望爲母服三年的願望，但他的措辭多有失當，令李倧不快："卿欲救正，而不知反陷君父於不孝之地。"②朝臣也指出李貴"憤辭怒氣，呶呶於大庭之會，詬辱清流，踐踏百僚，無所顧忌……言語折辱，奪是非而膠人口"③。

此後，副提學崔鳴吉、同知中樞府事鄭經世分別上疏，試圖從禮學經典中找出材料證明仁祖爲生母服三年之喪斷不可行。

崔鳴吉指出，當前的情況，正是古人所謂的"受國於祖"及"聖庶奪嫡"，不應該擬之於"爲人後"之禮。④ 以史實觀之，崔鳴吉的"聖庶奪嫡"説，在所有討論中應最接近事實。金長生也指出，李倧繼位屬於"撥亂反正"，"天命人歸，以支孫入繼宣祖之統，名正言順"，而並非如朴知誡所説是宣祖的嫡統。這與崔鳴吉的"聖庶奪嫡"説相近。⑤

鄭經世也認爲應服不杖期，他的上疏分爲六條。其一提出所謂"入承"和"出繼"其實並無區別。李倧之於宣祖，最初並不是應立之長孫，而是因爲"丕應人徯，恭行天罰"而入承，所以應該是"爲人後"無疑。其二批駁朝臣認爲降服是權變之法，指出降小宗是禮文的規定。其三駁朴知誡和崔鳴吉等人"受國於祖"之論，指出仁祖非長非嫡，是支孫入承大統，依照禮制應當降服。其四指出治喪之主人與喪主不同，應命綾原君爲喪主，不留"攝"字。其五指出成

　　① 《朝鮮王朝實録》第 34 册《仁祖實録》卷一一，天啓六年(1626)一月二十四日，第258 頁。

　　② 《朝鮮王朝實録》第 34 册《仁祖實録》卷一一，天啓六年(1626)一月二十四日，第259 頁。

　　③ 《朝鮮王朝實録》第 34 册《仁祖實録》卷一一，天啓六年(1626)一月二十四日，第259 頁。

　　④ 《朝鮮王朝實録》第 34 册《仁祖實録》卷一一，天啓六年(1626)一月二十五日，第260 頁。

　　⑤ 《朝鮮王朝實録》第 34 册《仁祖實録》卷一一，天啓六年(1626)一月二十五日，第262 頁。

殯與成服之期等都已逾制，葬期則絶不可違。其六提出"議禮之家，有同聚訟"，希望仁祖在聽訟之時能夠有所辨別。① 鄭經世此次的上疏，實際上是對此前的禮訟的一次總結。他總結了此前禮訟中主要涉及的問題，並都引用禮書，一一作出評判。

經過群臣的一番討論，仁祖是如何處理啓運宮的喪事的呢？他並没有聽取金長生等人的意見服不杖期，而是服了杖期。這引得金長生、鄭經世都上疏辭職。②

(三)廟制之争

宗禎四年(1631)，因爲宗廟的設置問題，第三次禮訟開始。按照禮制規定，宗廟中除了始祖之外，其餘爲父、祖、曾祖、高祖四親廟。由於此前已經將李倧之父大院君的稱號定爲"考"，所以是否將其列入宗廟祭祀，成爲新問題。李倧提出，既然已經決定稱宣祖爲祖，那麼禰廟就會空缺，所以他試圖説服群臣，讓其父大院君進入宗廟，補上空缺的禰廟的位置。值得注意的是，在此次争論中，依然没有任何人提及光海君的合法性問題。如果承認光海君的存在，那麼宣祖廟無疑是祖廟，不存在應視宣祖廟爲祖廟還是父廟的問題，更不存在昭穆錯位的可能。與此前的争論一樣，所有問題都基於宣祖應該是"祖"還是"父"。

朝鮮的禮臣在處理宗廟昭穆問題時，表現出了明顯的尊朱崇宋的傾向。大司憲張維指出：雖然宗廟昭穆的順序歷代意見不同，但是先儒早有折衷之義。朱子的《周廟昭穆圖》和《宋廟昭穆圖》中，都是以繼體爲序，祖孫、兄弟都與父子無異。所以，應該以宣祖廟爲第一代禰廟，其餘類推。只是"廟可以爲祖、禰，而名不可以爲父子"罷了。③ 此前，金長生也援引《朱子大全》宋朝祫祭圖，指出宋朝太祖、太宗異昭穆，帝王祭統應稱父子。④

因爲朝臣反對，李倧希望可以通過奏請明朝來獲得爲父親立廟的許可：

---

① 《朝鮮王朝實録》第34册《仁祖實録》卷一一，天啓六年(1626)二月三日，第265～266頁。

② 《朝鮮王朝實録》第34册《仁祖實録》卷一一，天啓六年(1626)二月三十日、三月十日，第274、278頁。仁祖對金長生的辭職只回答"挽留可也"。

③ 《朝鮮王朝實録》第34册《仁祖實録》卷二四，崇禎四年(1631)一月二十八日，第612～614頁。

④ 《朝鮮王朝實録》第34册《仁祖實録》卷一一，天啓六年(1626)一月二十五日，第262頁。

"廷臣若終始不從，則當奏請於天朝，若皇帝不許，則予亦無憾。"①群臣對此皆上疏反對，語詞激烈，他只以一句"勿煩"回應。② 由於朝鮮禮制皆慕華夏，明朝的意見往往被認爲是公論、定論，奏請明朝並得到支持，是李倧可以壓制朝臣的最後手段。不僅如此，在此之前，副校理崔有海曾與明朝大臣宋憲討論禮制，宋支持追崇的意見也得到了李倧的贊同。宋憲指出："貴國應有追崇之論矣……國君若無繼後之處，則非有二本之嫌，追崇，何害於義乎?"③

崇禎五年(1632)五月二日，李倧舉行追崇進冊禮，爲大院君上尊號曰"敬德仁憲靖穆章孝"，其王后尊號曰"敬懿貞靖"、謚號曰"仁獻"，並派人前往明朝爲大院君申請謚號。④ 隨後，兩人被移入章陵。五月十四日，李貴上劄請上廟號，禮曹則認爲章陵雖在四親之數，卻"未及昭穆之中"，不應議廟號之事。⑤ 但是禮曹的説法又引起了大臣的爭論。大司諫李尚吉認爲這是"防啓之辭"。大司諫金尚憲則指出李貴"雖有社稷之功，若挾功驕恣，則終爲社稷之憂也"⑥。崇禎七年(1634)七月十四日，正式上廟號曰"元宗"，追崇之禮訟告一段落。⑦

在論戰之前，李倧是庶出公子，背負"篡位"之名，而且未得到明朝政府的承認。經過論戰，他成功地將"篡位"名分扭轉爲"繼祖"名分，確立了自己作爲宣祖繼承人的合法地位，對於明朝政府的意見也漸趨淡化。可以説，這三

---

① 《朝鮮王朝實錄》第34册《仁祖實錄》卷二四，崇禎四年(1631)四月二十一日，第621頁。

② 《朝鮮王朝實錄》第34册《仁祖實錄》卷二四，崇禎四年(1631)四月二十三日，第622頁。

③ 《朝鮮王朝實錄》第34册《仁祖實錄》卷二三，崇禎三年(1630)十二月四日，第606頁。此條中稱"宋户部"，據後文記載，其名爲宋憲。宋户部的事迹在明代歷史中並無記載，李貴稱其爲"天朝有名文士"，李廷龜則不以爲然，指出"中原亦無禮學之人，而宋憲者，乃是無名之人耳"。雖然禮臣大多反對宋憲，但是李倧對於宋憲的説法較爲信服，可見其對於宗主國中國的禮學，是極爲推崇的。

④ 《朝鮮王朝實錄》第35册《仁祖實錄》卷二六，崇禎五年(1632)五月二日，第19頁。

⑤ 《朝鮮王朝實錄》第35册《仁祖實錄》卷二六，崇禎五年(1632)五月十四日，第22頁。

⑥ 《朝鮮王朝實錄》第35册《仁祖實錄》卷二六，崇禎五年(1632)五月二十二日，第23頁。

⑦ 《朝鮮王朝實錄》第35册《仁祖實錄》卷二九，崇禎七年(1634)七月十四日，第92~93頁。

場論戰對於李倧來説，是非常成功的。

　　然而值得追問的是，這三場禮訟綿延近二十年，朝臣們究竟爲什麼會義無反顧地反復進諫呢？李倧即位的合法性問題，難道不能通過其他途徑得以解決嗎？

三、論戰的禮學依據：恩義之辨與公私之別

　　如上所論，在明朝政府眼中，光海君李琿是曾得到册封的國君，李倧廢君自立，無疑就是篡位。所以，李倧論證自己即位合法性的第一步，就是要消解光海君的合法性，讓自己名正言順。隨後，李倧便將自己包裝成了宣祖唯一的繼承人。由於朝鮮尊崇中國傳統禮制，所以争論各方都援引中國古代經典和歷代皇帝繼位故事，作爲禮訟的論據。

　　被引用最多的古代經典是《儀禮》。禮學家和朝臣們大多引用《儀禮》中的喪服之制，來對當前的服喪時間、是否降服等提出己見。當然，這些引用有的切中文義，有的則略顯牽强。被引用最多的皇帝即位故事則是漢代宣帝繼承昭帝的故事，繼承時雙方的身份、對待親生父母的稱號，都是討論的重點。

　　由於"反正"故意剥奪了光海君王位的合法性，按照《公羊傳》中"爲人後者爲之子"的原則，李倧面臨着稱自己的祖父爲考的尷尬情形。即便李倧最終決定仍稱宣祖爲祖，他也無法合理地認自己的父親爲考。一是因爲"子不爵父"，即自己不能因爲地位提高了，就將死去的父親的爵位也提高；二則因爲"恩義之辨"。

　　所謂"恩義之辨"，是中國政治哲學的一項重要内容。《禮記·大傳》云："自仁率親，等而上之至於祖，名曰輕。自義率祖，順而下之至於禰，名曰重。一輕一重，其義然也。"意思是説，從恩情這個角度來看，從父親起一直往上推到遠祖，越遠越輕；而從道義的角度來看，從遠祖起一直往下推到父親，越遠越重。遠祖在恩情上輕，道義上重；而父親在恩情上重，道義上輕。國君繼承王位，合法性自其登基之祖開始確定，並逐代相傳，從這個角度來看，繼位的國君必須以所繼承的大宗爲重，這樣治理國家，才不會因爲親族血緣關係而受到影響。然而，愛父母是人的天性，自己的地位發生了變化，血緣關係卻不會因此斬斷。那麼，恩與義之間的關係，在儒家經典中是怎樣處理的呢？

　　《禮記·喪服四制》篇中提出："門内之治恩掩義，門外之治義斷恩。"郭店楚簡《六德》篇中也有"門内之治恩掩義，門外之治義斬恩"的説法。可見，在

儒家看來，在"門內"，也就是私人領域，親屬之間的恩情更爲重要，而在"門外"，即公共領域，則道義更爲重要，有尊卑，有等差。《六德》篇中提出："爲父絕君，不爲君絕父；爲昆弟絕妻，不爲妻絕昆弟；爲宗族疾朋友，不爲朋友疾宗族。"顯然，在《六德》篇的作者看來，"門內"的恩情更爲重要，私人領域應當高於公共領域。從儒家的傳世文獻中，我們也可以找到支撐這種説法的思維軌跡：《大學》的八條目，便是從私德修養推及公德實踐的路綫。在儒家看來，私德是公德的出發點，次第上是由私入公，由"齊家"到"治國平天下"。《孟子》中提出："推恩足以保四海，不推恩無以保妻子。""推恩"便是在治理國家之時灌注對家人的仁愛和情感。那麼，儒家對於私人領域的重視，是否可以作爲李倧追崇其父親的理由呢？

答案是並不可以。第一，作爲國君，李倧"門內"與"門外"的界限是模糊的。他繼承宣祖的王位，不僅僅是權力的轉移，同時也是身份的轉換。作爲宣祖之"後"，他實際上的身份已經從他親生父親的兒子和繼承人，變成了他祖父的兒子和繼承人，這樣一來，君與父合二爲一，"爲父絕君"便無法實現。第二，正如鄭經世等人所説，"義之所在，恩不得不屈"①。回到公私領域的問題上來説，無論儒家學者怎樣強調親情，"治國平天下"始終是更遠的目標，公共領域才是儒家的終極關懷所在。李倧作爲朝鮮國王，其即位能夠被稱作"反正"，也顯示出了他的政治抱負，而實現他政治抱負的前提——他即位的合法性——正是從他和宣祖之間的繼承關係中得來的。

四、結論

綜上所述，朝鮮王朝的"仁祖反正"論爭，是朝鮮王朝圍繞"篡位"事件的合法性而展開的禮制爭訟。彼時正值其宗主國明朝萬曆至崇禎時期，東北亞局勢動蕩，後金和日本興起，朝鮮成爲三方勢力籠絡的焦點。雖然朝鮮政府在對明朝和後金的態度上有所搖擺，但在禮制方面，依然以華夏傳統爲準。中國宗法制度上，"父死子繼"和"兄終弟及"歷來存在分歧，也是歷代皇權鬥爭的焦點。李倧即位之後，在尊崇生父、爲母服喪、設立宗廟等禮制環節，完全受到明朝的禮制影響；而就此引發的爭訟，則無不援引儒家經典和歷朝皇帝繼統史實。在論戰過程中，朝鮮王朝的君主和朝臣，都對中國的經典非常熟悉，且表現出尊朱的傾向。朝鮮經學家引用儒經，以維護傳統禮制；而仁祖李倧則引用

---

① 《朝鮮王朝實録》第 34 册《仁祖實録》卷一一，天啓六年（1626）一月十五日，第253頁。

儒經，以擴充自己的王權。最終，爭論的雙方互有讓步，李倧追認其父李珚爲元宗，論戰告一段落。然而他的合法性論證並没有成功，在明朝的記載中，他依然被視爲篡位者。直到清朝建立，朝鮮派使臣請求在《明史》中“辯誣”之後，這場爭論才算真正停息。通過這場曠日持久的禮學論爭，可以看到儒家經典和中國傳統禮制對朝鮮王朝的實質影響。

主要參考文獻

一、基本古籍

（漢）班固：《白虎通義》，（清）陳立疏證，吳則虞、沈嘯寰點校，北京：中華書局，1994 年。

（漢）班固：《漢書》，顏師古注，北京：中華書局，1962 年。

（漢）韓嬰：《韓詩外傳》，許維遹校釋，北京：中華書局，1980 年。

（漢）桓寬：《鹽鐵論》，王利器校注，北京：中華書局，1992 年。

（漢）劉向：《説苑》，向宗魯校正，北京：中華書局，1987 年。

（漢）司馬遷：《史記》，（南朝宋）裴駰集解、（唐）司馬貞索隱、（唐）張守節正義，顧頡剛等點校，北京：中華書局，1982 年。

（漢）王充：《論衡》，黃暉校釋、梁運華整理，北京：中華書局，1990 年。

（漢）王符：《潛夫論》，（清）汪繼培箋、彭鐸校正，北京：中華書局，1985 年。

（漢）荀悦：《漢紀》，張烈點校，北京：中華書局，2002 年。

（晉）陳壽：《三國志》，（南朝宋）裴松之注，陳乃乾校點，北京：中華書局，1982 年。

（晉）杜預：《春秋釋例》，清武英殿聚珍版叢書本。

（晉）袁宏：《後漢紀》，張烈點校，北京：中華書局，2002 年。

（南朝宋）范曄：《後漢書》，（唐）李賢等注，宋雲彬點校，北京：中華書局，1965 年。

（南朝梁）沈約：《宋書》，王仲犖點校，北京：中華書局，1974 年。

（南朝梁）蕭子顯：《南齊書》，王仲犖點校，北京：中華書局，1972 年。

（北齊）魏收：《魏書》，唐長孺點校，北京：中華書局，1974 年。

（北齊）顏之推：《顏氏家訓集解》，王利器校注，北京：中華書局，

1993 年。

（北周）庾信：《庾子山集注》，（清）倪璠注，北京：中華書局，1980 年。

（唐）姚思廉：《梁書》，北京：中華書局，1973 年。

（唐）杜佑：《通典》，王文錦、王永興、劉俊文、徐庭雲、謝方點校，北京：中華書局，1988 年。

（唐）房玄齡等：《晉書》，吳則虞、唐長孺點校，北京：中華書局，1974 年。

（唐）李百藥：《北齊書》，唐長孺、陳仲安點校，北京：中華書局，1972 年。

（唐）令狐德棻等：《周書》，唐長孺、陳仲安點校，北京：中華書局，1971 年。

（唐）李延壽：《北史》，盧仲華、王仲犖點校，北京：中華書局，1975 年。

（唐）吳兢：《貞觀政要集校》，謝保成集校，北京：中華書局，2003 年。

（唐）元稹：《元稹集》，北京：中華書局，2010 年。

（後晉）劉昫等：《舊唐書》，劉節、陳乃乾等點校，北京：中華書局，1975 年。

（宋）曾鞏：《元豐類稿》，四部叢刊景元本。

（宋）車垓：《內外服制通釋》，民國枕碧樓叢書本。

（宋）陳淳：《北溪字義》，北京：中華書局，1983 年。

（宋）陳均：《皇朝編年綱目備要》，許沛藻、金圓、顧吉辰、孫菊園點校，北京：中華書局，2006 年。

（宋）陳均：《宋九朝編年備案》，宋紹定刻本。

（宋）陳仁子編：《文選補遺》，清文淵閣四庫全書本。

（宋）程顥、（宋）程頤：《二程集》，北京：中華書局，2004 年。

（宋）黎靖德編：《朱子語類》，王星賢點校，北京：中華書局，1986 年。

（宋）李如圭：《儀禮集釋》，清武英殿聚珍版叢書本。

（宋）李燾：《續資治通鑑長編》，上海師範大學古籍整理研究所、華東師範大學古籍整理研究所點校，北京：中華書局，2004 年。

（宋）劉敞：《公是集》，清文淵閣四庫全書本。

（宋）呂祖謙編：《宋文鑑》，四部叢刊景宋刊本。

（宋）歐陽修、（宋）宋祁：《新唐書》，董家遵、華東師範大學、復旦大學歷史地理研究所等點校，北京：中華書局，1975 年。

（宋）歐陽修：《歐陽文忠公集》，四部叢刊景元本。

（宋）歐陽修：《太常因革禮》，清廣雅書局叢書本。

（宋）歐陽修：《新五代史》，（宋）徐無黨注，華東師範大學點校，北京：中華書局，1974年。

（宋）宋敏求：《唐大詔令集》，民國適園叢書刊明鈔本。

（宋）司馬光：《書儀》，清雍正刻本。

（宋）司馬光：《溫國文正公集》，四部叢刊景宋紹興本。

（宋）司馬光：《資治通鑑》，（元）胡三省音注，北京：中華書局，1956年。

（宋）王欽若：《册府元龜》，明刻初印本。

（宋）衛湜：《禮記集說》，清通志堂經解本。

（宋）魏了翁：《禮記要義》，清文淵閣四庫全書本。

（宋）謝深甫：《慶元條法事類》，續修四庫全書本。

（宋）薛居正等：《舊五代史》，陳垣、劉乃和，復旦大學中文、歷史二系及中國歷史地理研究所等點校，北京：中華書局，1976年。

（宋）楊仲良：《宋通鑑長編紀事本末》，清嘉慶宛委別藏本。

（宋）葉夢得：《石林燕語》，宇文紹奕考異，侯忠義點校，北京：中華書局，1984年。

（宋）趙汝愚編：《諸臣奏議》，宋淳祐刻元明遞修本。

（宋）鄭居中：《政和五禮新儀》，清文淵閣四庫全書本。

（宋）鄭樵：《通志》，清文淵閣四庫全書本。

（宋）朱熹：《家禮》，宋刻本。

（金）元好問：《元好問文編年校注》，狄寶心校注，北京：中華書局，2012年。

（元）敖繼公：《儀禮集說》，清通志堂經解本。

（元）陳澔：《禮記集說》，萬久富整理，南京：鳳凰出版傳媒集團，2010年。

（元）程端學：《三禮辨疑》，清文淵閣四庫全書本。

（元）龔端禮：《五服圖解》，清嘉慶宛委別藏本。

（元）馬端臨：《文獻通考》，上海師範大學古籍研究所、華東師範大學古籍研究所點校，北京：中華書局，2011年。

（元）脫脫等：《宋史》，聶崇岐、羅繼祖、鄧廣銘，上海師範學院、上海社會科學院、復旦大學點校，北京：中華書局，1985年。

（元）脱脱等：《遼史》，馮家昇、陳述點校，北京：中華書局，1974 年。

（元）脱脱等：《金史》，北京：中華書局，1975 年。

（元）鄭泳：《義門鄭氏家儀》，民國續金華叢書本。

（明）陳邦瞻：《宋史紀事本末》，河北師範學院歷史系中國古代史組點校，北京：中華書局，1997 年。

（明）陳建：《皇明通紀》，錢茂偉點校，北京：中華書局，2008 年。

（明）陳子龍輯：《明經世文編》，明崇禎平露堂刻本。

（明）范守己：《皇明肅皇外史》，清宣統津寄廬鈔本。

（明）郭正域：《皇明典禮志》，明萬曆四十一年劉汝康刻本。

（明）郝敬：《禮記通解》，明九部經解本。

（明）郝敬：《儀禮節解》，明九部經解本。

（明）何孟春：《何文簡疏議》，清文淵閣四庫全書本。

（明）胡廣：《春秋大全》，清文淵閣四庫全書本。

（明）胡廣：《禮記大全》，清文淵閣四庫全書本。

（明）胡廣：《性理大全書》，清文淵閣四庫全書本。

（明）宋濂等：《元史》，翁獨健、亦鄰真、周清澍等點校，北京：中華書局，1976 年。

（明）王守仁：《陽明先生集要》，（明）施邦曜輯評，北京：中華書局，2008 年。

（明）王廷相：《王廷相集》，北京：中華書局，1989 年。

（清）畢沅：《續資治通鑑》，北京：中華書局，1957 年。

（清）陳衍：《石遺室文集》，清刻本。

（清）戴震：《戴震文集》，趙玉新點校，北京：中華書局，1980 年。

（清）段玉裁：《經韻樓集》，上海：上海古籍出版社，2008 年。

（清）谷應泰：《明史紀事本末》，河北師範學院歷史系點校，北京：中華書局，1997 年。

（清）顧炎武：《日知錄》，黃汝成集釋，欒保群、吕宗力校點，上海：上海古籍出版社，2006 年。

（清）洪亮吉：《春秋左傳詁》，李解民點校，北京：中華書局，1987 年。

（清）黃以周：《禮書通故》，王文錦點校，北京：中華書局，2007 年。

（清）黃以周等輯注：《續資治通鑑長編拾補》，顧吉辰點校，北京：中華書局，2004 年。

（清）黃宗羲：《明儒學案》，沈芝盈點校，北京：中華書局，2008 年。

（清）黃宗羲：《宋元學案》，陳金生、梁運華點校，北京：中華書局，1986 年。

（清）焦循：《孟子正義》，沈文倬點校，北京：中華書局，1987 年。

（清）孔廣森：《春秋公羊經傳通義》，崔冠華校點，北京：北京大學出版社，2012 年。

（清）李慈銘：《越縵堂讀史劄記》，民國本。

（清）李光地：《榕村語録》，陳祖武點校，北京：中華書局，1995 年。

（清）凌曙：《公羊禮説》，黃銘點校，上海：上海古籍出版社，2015 年。

（清）劉寶楠：《論語正義》，高流水點校，北京：中華書局，1990 年。

（清）龍文彬：《明會要》，北京：中華書局，1956 年。

（清）陸隴其：《讀禮志疑》，清文淵閣四庫全書本。

（清）馬瑞辰：《毛詩傳箋通釋》，陳金生點校，北京：中華書局，1987 年。

（清）馬驌：《繹史》，王利器整理，北京：中華書局，2002 年。

（清）毛奇齡：《春秋毛氏傳》，清文淵閣四庫全書本。

（清）皮錫瑞：《今文尚書考證》，盛冬鈴、陳抗點校，北京：中華書局，1989 年。

（清）秦蕙田：《五禮通考》，清文淵閣四庫全書本。

（清）阮元校刻：《十三經注疏》，北京：中華書局，1980 年。

（清）孫希旦：《禮記集解》，沈嘯寰、王星賢點校，北京：中華書局，1989 年。

（清）孫星衍：《尚書今古文注疏》，陳抗、盛冬鈴點校，北京：中華書局，2004 年。

（清）孫詒讓：《周禮正義》，王文錦、陳玉霞點校，北京：中華書局，1987 年。

（清）萬斯同：《群書辨疑》，清嘉慶刻本。

（清）王夫之：《讀通鑑論》，舒士彦點校，北京：中華書局，1975 年。

（清）王夫之：《宋論》，舒士彦點校，北京：中華書局，1964 年。

（清）王弘撰：《山志》，何本方點校，北京：中華書局，1999 年。

（清）王先謙：《詩三家義集疏》，吳格點校，北京：中華書局，1987 年。

（清）王先謙：《荀子集解》，沈嘯寰、王星賢點校，北京：中華書局，1988 年。

（清）吳乘權等輯：《綱鑑易知録》，施意周點校，北京：中華書局，

1960 年。

（清）夏燮：《明通鑑》，沈仲九點校，北京：中華書局，2009 年。

（清）徐乾學：《讀禮通考》，清文淵閣四庫全書本。

（清）徐松：《宋會要輯稿》，劉琳等校點，上海：上海古籍出版社，2014 年。

（清）楊晨：《三國會要》，北京：中華書局，1955 年。

（清）俞樾：《茶香室叢鈔》，北京：中華書局，1995 年。

（清）張廷玉等：《明史》，鄭天挺、南開大學明清史研究室點校，北京：中華書局，1974 年。

（清）趙翼著、王樹民校證：《廿二史劄記校證》，北京：中華書局，1984 年。

（清）鐘文烝：《春秋穀梁經傳補注》，駢宇騫、郝淑慧點校，北京：中華書局，2009 年。

（清）朱彬：《禮記訓纂》，饒欽農點校，北京：中華書局，1996 年。

（清）朱大韶：《春秋傳禮徵》，楊柳青點校，上海：上海古籍出版社，2015 年。

曹元弼：《禮經學》，周洪校點，北京：北京大學出版社，2012 年。

陳偉等：《楚地出土戰國簡冊〔十四種〕》，北京：經濟科學出版社，2009 年。

程樹德：《論語集釋》，程俊英、蔣見元點校，北京：中華書局，1990 年。

方向東：《大戴禮記彙校集解》，北京：中華書局，2008 年。

甘肅省文物考古研究所等編：《居延新簡：甲渠候官》，北京：中華書局，1994 年。

馬承源主編：《上海博物館藏戰國楚竹書（二）》，上海：上海古籍出版社，2002 年。

馬承源主編：《上海博物館藏戰國楚竹書（四）》，上海：上海古籍出版社，2004 年。

馬建忠：《馬氏文通》，章錫琛校注，北京：中華書局，1988 年。

梅桐生：《春秋公羊傳全譯》，貴陽：貴州人民出版社，1998 年。

彭浩、陳偉、〔日〕工藤元男：《二年律令與奏讞書——張家山二四七號漢墓出土法律文獻釋讀》，上海：上海古籍出版社，2007 年。

楊伯峻：《春秋左傳注》，北京：中華書局，2009 年。

徐世昌等：《清儒學案》，沈芝盈、梁運華點校，北京：中華書局，

2008 年。

徐元誥：《國語集解》，北京：中華書局，2002 年。

佚名：《清史列傳》，王鍾瀚點校，北京：中華書局，1987 年。

趙爾巽等：《清史稿》，啓功、王鍾瀚、孫毓棠、羅爾綱、劉大年點校，北京：中華書局，1977 年。

二、研究著作

[日]本田成之：《中國經學史》，上海：上海書店，2001 年。

[加]卜正民：《掙扎的帝國：元與明》，潘瑋琳譯，北京：中信出版社，2016 年。

曹建墩：《先秦禮制探賾》，天津：天津人民出版社，2010 年。

陳夢家：《殷墟卜辭綜述》，北京：科學出版社，1956 年。

陳述：《契丹政治史稿》，北京：人民出版社，1963 年。

陳戍國：《中國禮制史》，長沙：湖南教育出版社，1991 年。

陳寅恪：《金明館叢稿初編》，北京：三聯書店，2001 年。

陳寅恪：《隋唐制度淵源略論稿》，北京：中華書局，1977 年。

程元敏：《先秦經學史》，臺北：臺灣"商務印書館"，2013 年。

鄧廣銘：《宋史十講》，北京：中華書局，2008 年。

丁鼎：《〈儀禮·喪服〉考論》，北京：社會科學文獻出版社，2003 年。

丁凌華：《中國喪服制度史》，上海：上海人民出版社，2000 年。

丁四新主編：《楚地簡帛文獻思想研究》，武漢：湖北教育出版社，2005 年。

范文瀾：《中國通史簡編》，北京：人民出版社，1955 年。

葛兆光：《中國思想史》，上海：復旦大學出版社，1998 年。

黃枝連：《天朝禮制體系研究(上卷)：亞洲的華夏秩序——中國與亞洲國家關係形態論》，北京：中國人民大學出版社，1992 年。

黃枝連：《天朝禮制體系研究(中卷)：東亞的禮義世界——中國封建王朝與朝鮮半島關係形態論》，北京：中國人民大學出版社，1994 年。

黃枝連：《天朝禮制體系研究(下卷)：朝鮮的儒化情境構造——朝鮮王朝與滿清王朝的關係形態論》，北京：中國人民大學出版社，1995 年。

胡厚宣：《甲骨學商史論叢初集》，石家莊：河北教育出版社，2002 年。

季旭昇主編：《上海博物館戰國楚竹書(四)讀本》，臺北：臺北萬卷樓圖書公司，2007 年。

姜廣輝：《中國經學思想史》，北京：中國社會科學出版社，2003 年。

姜義華、吳根梁、馬學新編：《港臺及海外學者論中國文化》，上海：上海人民出版社，1988 年。

李衡眉：《先秦史論集》，濟南：齊魯書社，1999 年。

李衡眉：《昭穆制度研究》，濟南：齊魯書社，1996 年。

李明仁：《中國古代君主繼承制之研究》，臺北：稻鄉出版社，2012 年。

李學勤：《東周與秦代文明》，北京：文物出版社，1984 年。

梁滿倉：《魏晉南北朝五禮制度考論》，北京：社會科學文獻出版社，2009 年。

林素英：《喪服制度的文化意義——以〈儀禮·喪服〉爲討論中心》，臺北：文津出版社，2000 年。

劉俊文主編：《日本學者研究中國史選譯（第五卷 五代宋元）》，索介然譯，北京：中華書局，1993 年。

呂思勉：《中國通史》，上海：華東師範大學出版社，1992 年。

呂思勉：《中國制度史》，北京：上海教育出版社，2005 年。

彭林：《中國古代禮儀文明》，北京：中華書局，2004 年。

瞿同祖：《中國法律與中國社會》，北京：中華書局，1981 年。

上海大學古代文明研究中心編：《上博館藏戰國楚竹書研究續編》，上海：上海書店出版社，2004 年。

宋鎮豪：《甲骨文與殷商史》新四輯，上海：上海古籍出版社，2014 年。

唐長孺：《唐長孺社會文化史論叢》，武漢：武漢大學出版社，2001 年。

萬建中：《中國歷代葬禮》，北京：北京圖書館出版社，1998 年。

王鍔：《三禮研究論著提要》，蘭州：甘肅教育出版社，2001 年。

王國維：《觀堂集林》，石家莊：河北教育出版社，2001 年。

［日］吾妻重二：《朱熹〈家禮〉實證研究》，吳震、郭海良等譯，上海：華東師範大學出版社，2012 年。

徐復觀：《學術與政治之間》，臺北：臺灣學生書局，1980 年。

徐吉軍：《中國喪葬史》，南昌：江西高校出版社，1998 年。

許子濱：《〈春秋〉〈左傳〉禮制研究》，上海：上海古籍出版社，2012 年。

楊華：《先秦禮樂文化》，武漢：湖北教育出版社，1997 年。

楊寬：《西周史》，上海：上海人民出版社，2008 年。

楊寬：《戰國史》，上海：上海人民出版社，2008 年。

楊寬：《戰國史料編年輯證》，上海：上海人民出版社，2001 年。

楊寬：《中國古代陵寢制度史研究》，上海：上海古籍出版社，1985 年。

楊天宇：《儀禮譯注》，上海：上海古籍出版社，2004 年。

楊向奎：《宗周社會與禮樂文明》，北京：人民出版社，1992 年。

楊英：《祈望和諧——周秦兩漢王朝祭禮的演進及其規律》，北京：商務印書館，2009 年。

楊志剛：《中國禮儀制度研究》，上海：華東師範大學出版社，2001 年。

章景明：《殷周廟制論稿》，臺北：學海出版社，1979 年。

張壽安：《十八世紀禮學考證的思想活力——禮教論爭與禮秩重省》，北京：北京大學出版社，2005 年。

張文昌：《制禮以教天下——唐宋禮書與國家社會》，臺北：臺大出版中心，2012 年。

張政烺：《張政烺批注〈兩周金文辭大系考釋〉》，北京：中華書局，2011 年。

鄒昌林：《中國禮文化》，北京：社會科學文獻出版社，2000 年。

三、研究論文

安繼民：《從乙丁制到昭穆制：儒道互補的歷史淵源》，《中州學刊》2009 年第 3 期。

柏貴喜：《從宗廟祭祀制度看北朝禮制建設》，《中南民族大學學報》（人文社會科學版）2003 年第 6 期。

蔡根祥：《〈上博（四）〉逸詩〈多新〉再論》，《傳統中國研究集刊》第 6 輯，上海：上海人民出版社，2009 年。

蔡明均：《禮法之規度——張璁〈正典禮第一〉疏義》，《溫州大學學報》（社會科學版）2013 年第 3 期。

陳文源、李耀國：《方獻夫與"大禮議"之爭》，《暨南學報》（哲學社會科學版）2012 年第 7 期。

陳顯泗：《從扶南和中國繼承制的比較看古代扶南的社會性質》，《史學月刊》1985 年第 3 期。

陳筱芳：《周代廟制異議》，《史學集刊》2010 年第 5 期。

丁功誼：《人情與禮制的衝突——濮議中的歐陽修》，《寧夏社會科學》2013 年第 3 期。

董珊：《讀〈上博藏戰國楚竹書（四）〉雜記》，簡帛研究網，2005 年 2 月 20 日。

董四禮：《金代皇位繼承制度試探》，《史學集刊》1995 年第 3 期。

杜正勝：《從爵制論商鞅變法所形成的社會》，《"中央研究院"歷史語言研究所集刊》第 56 輯，1985 年第 3 期。

范沛濰：《略論明代的皇位繼承》，《史學月刊》1990 年第 6 期。

房姍姍：《近 20 年來魏晉南北朝時期禮文化研究綜述》，《魯東大學學報》（哲學社會科學版）2006 年第 4 期。

［日］福田哲之：《上博四〈內豊〉附簡、上博五〈季康子問於孔子〉第十六簡的歸屬問題》，簡帛網，2006 年 3 月 7 日。

高鳳、徐衛民：《秦漢帝陵制度研究綜述（1949—2012）》，《秦漢研究》第 7 輯。

高陽：《大禮議之法理學考察》，《法治與社會》2010 年 2 月（上）。

郭善兵：《北魏皇帝宗廟祭祖制度考論》，《泰山學院學報》2008 年第 2 期。

郭善兵：《東漢皇帝宗廟禮制考論》，《華東師範大學學報》（哲學社會科學版）2004 年第 3 期。

郭善兵：《漢哀帝改制考論》，《徐州師範大學學報》（哲學社會科學版）2008 年第 6 期。

郭善兵：《漢哀帝新論》，《徐州師範大學學報》（哲學社會科學版）2010 年第 3 期。

郭善兵：《漢代皇帝宗廟祭祖制度考論》，《史學月刊》2007 年第 1 期。

郭善兵：《略論清儒對"漢學""宋學"的繼承與創新——以清儒對周天子宗廟祭祖禮制的詮釋爲中心》，《河南大學學報》（社會科學版）2008 年第 4 期。

郭善兵：《略述宋儒對周天子宗廟禮制的詮釋——以宗廟廟數、祭祀禮制爲考察中心》，《東方論壇》2006 年第 5 期。

郭善兵：《南朝皇帝宗廟禘、祫（殷）祭祖禮制考論》，《鄭州大學學報》（哲學社會科學版）2007 年第 4 期。

郭善兵：《隋代皇帝宗廟禮制考論》，《河南大學學報》（社會科學版）2007 年第 2 期。

郭善兵：《魏晉皇帝宗廟祭祖禮制考論》，《平頂山學院學報》2007 年第 1 期。

郭善兵：《西漢元帝永光年間皇帝宗廟禮制改革考論》，《煙臺師範學院學報》（哲學社會科學版）2004 年第 4 期。

郭善兵：《學與制：儒家經學與西漢國家禮制之關係——以西漢皇帝宗廟

禮制爲考察中心》，《齊魯文化與兩漢經學海峽兩岸學術研討會論文集》，2011 年。

郭艷麗：《從濮議之爭看北宋對傳統禮制的承傳與變通》，《綿陽師範學院學報》2012 年第 9 期。

黃留珠：《秦漢祭祀綜義》，《西北大學學報》（哲學社會科學版）1984 年第 4 期。

黃壽成：《北齊高演高湛兄終弟及事考釋》，《北大史學》2010 年第 1 期。

季旭昇：《〈上博二·昔者君老〉簡文探究及其與〈尚書·顧命〉的相關問題》，《中國文哲研究集刊》第 24 輯，2004 年。

季旭昇：《上博二小議（四）：〈昔者君老〉中的"母弟退送"及君老禮》，簡帛研究網，2003 年 6 月 17 日。

賈海生：《郭店竹簡〈六德〉所言喪服制度》，《傳統中國研究輯刊》第 9、10 合輯，上海：上海人民出版社，2012 年。

姜望來：《高洋所謂"殷家弟及"試釋》，《武漢大學學報》（人文科學版）2010 年第 2 期。

姜望來：《兩晉南北朝"皇太弟"考略》，《魏晉南北朝隋唐史資料》第 30 輯，上海：上海古籍出版社，2014 年。

姜望來、徐科偉：《高齊皇族促壽現象考略》，《社會科學動態》2019 年第 6 期。

焦南峰、馬永嬴：《西漢宗廟再議》，《考古與文物》2000 年第 5 期。

靳輝：《宋代官方禮制的實施情況考察——以〈宋史·禮志〉爲中心》，《河南師範大學學報》（哲學社會科學版）2011 年第 1 期。

雷百景、李雯：《西漢帝陵昭穆制度再探討》，《文博》2008 年第 2 期。

雷欣瀚：《"祖甲不義"解》，《語言文化》2015 年第 3 期。

呂佩珊：《〈上博（四）〉逸詩〈多薪〉析論》，《詩經研究叢刊》第 20 輯，北京：學苑出版社，2011 年。

李敦慶：《鄭玄、王肅學說影響下的魏晉郊祀禮制》，《湖南人文科技學院學報》2013 年第 2 期。

李衡眉、梁方健：《"一繼一及"非"魯之常"說》，《齊魯學刊》1999 年第 6 期。

李衡眉：《唐朝廟制及其昭穆次序述評》，《人文雜志》1993 年第 1 期。

李龍海：《從商祖的婚姻沿革及生活方式看商代的繼承制度》，《殷都學刊》2001 年第 3 期。

李曉璇：《大禮議非禮——清代禮學家對於"昭穆不紊"的認識》，《中國哲學史》2012 年第 4 期。

李學勤：《論殷代的親族制度》，《文史哲》1957 年第 11 期。

李毓芳：《西漢帝陵分佈的考察——兼談西漢帝陵的昭穆制度》，《文物與考古》1989 年第 3 期。

梁静：《上博楚簡〈內禮〉研究》，《文獻》2012 年第 4 期。

梁濤：《上博簡〈內禮〉與〈大戴禮記·曾子〉》，簡帛研究網，2005 年 6 月 26 日。

廖明春：《楚簡"逸詩"〈多薪〉補釋》，《文史哲》2006 年第 2 期。

林素英：《〈六德〉研讀》，《國學學刊》2014 年第 2 期。

劉舫：《古代禮學"尊尊"觀念釋義》，《雲南大學學報》(社會科學版)2012 年第 3 期。

劉惠琴：《北朝郊祀、宗廟制度的儒學化》，《西北大學學報》(哲學社會科學版)2000 年第 1 期。

劉樂賢：《楚簡〈逸詩·多薪〉補釋一則》，簡帛研究網，2005 年 2 月 20 日。

劉玉堂：《楚國宗法制度與等級構成——兼析楚國的社會性質》，《荊州師專學報》1994 年第 1 期。

劉衛鵬、岳起：《由平陵建制談西漢帝陵制度的幾個問題》，《考古與文物》2007 年第 5 期。

柳立言：《南宋政治初探——高宗陰影下的孝宗》，《"中央研究院"歷史語言研究所集刊》第 57 輯，1986 年第 3 期。

魯家亮：《讀〈武庫永始四年兵車器集簿〉所遺"置後"文獻小劄》，簡帛網，2011 年 2 月 7 日。

魯濤、王暉：《西周中期共、懿、孝、夷四王關係異同説——以〈世本〉〈史記〉爲中心的考察》，《陝西理工學院學報》(社會科學版)2016 年第 2 期。

羅輝映：《論明代"大禮議"》，《明史研究論叢》，1985 年。

馬清源：《"躋僖公"三傳闡釋考》，《北大史學》2014 年第 1 期。

南炳文：《消極與積極並存——明朝建國前後祭祀活動述論》，《求是學刊》2011 年第 1 期。

龐駿：《北齊儲君制度探論》，《許昌師專學報》2001 年第 1 期。

彭林：《朝鮮時代的禮訟與君統、宗法諸問題》，《中國文化研究》2003 年秋之卷。

錢杭：《魯國繼承制度中的"一繼一及"問題》，《史林》1990 年第 1 期。

裘錫圭：《關於商代的宗族組織與貴族和平民兩個階級的初步研究》，《文史》第 17 輯，1983 年。

裘錫圭：《甲骨卜辭中所見的逆祀》，《出土文獻研究》第 1 輯，北京：文物出版社，1985 年。

任爽：《唐代禮制論略》，《史學集刊》1998 年第 4 期。

沈睿文：《西漢帝陵陵地秩序》，《文博》2001 年第 3 期。

沈長雲：《論殷周之際的社會變革——爲王國維誕辰 120 周年及逝世 70 周年而作》，《歷史研究》1997 年第 6 期。

唐嘉弘：《論楚王的繼承制度——兼論先秦君位傳襲的演變》，《中州學刊》1990 年第 1 期。

唐俊傑：《南宋太廟研究》，《文博》1999 年第 5 期。

陶亮：《楚國君位繼承制研究》，《遼寧省博物館館刊》2006 年第 1 輯。

滕紅岩：《渤海王位繼統類型計量分析》，《佳木斯大學社會科學學報》2009 年第 8 期。

田澍：《大禮議與嘉靖朝的人事更迭》，《西北師大學報》(社會科學版)2008 年第 2 期。

田澍：《大禮議與嘉靖政治新秩序的形成》，《第七屆明史國際學術討論會論文集》，1999 年。

田澍：《大禮議與楊廷和閣權的畸變》，《西北師大學報》(社會科學版)2000 年第 1 期。

田澍：《斷裂與重塑：大禮議的政治功能》，《社會科學輯刊》2014 年第 3 期。

田澍：《明代大禮議新探》，《學習與探索》1998 年第 6 期。

田澍：《明武宗拒絕立嗣與大禮議》，《西北師大學報》(社會科學版)2003 年第 6 期。

田澍：《楊廷和與大禮議》，《學習與探索》2011 年第 5 期。

田澍：《楊廷和與武宗絕嗣危機——中國古代政治危機應對失敗的典型案例》，《西南大學學報》(社會科學版)2015 年第 2 期。

田澍：《張璁議禮思想述論——對張璁在大禮議中"迎合"世宗之説的批判》，《西北師大學報》(社會科學版)1998 年第 1 期。

田澍：《張璁與大禮議》，《社會科學戰綫》2012 年第 9 期。

涂白奎：《從卜辭看商王朝的繼統制度》，《史學月刊》2004 年第 9 期。

王才中：《司馬光與濮議》，《晉陽學刊》1988 年第 5 期。

王恩田：《〈史記〉西周世系辨誤》，《文史哲》1999 年第 1 期。

王鶴鳴：《唐代家廟研究》，《史林》2012 年第 6 期。

王鈞林：《先秦山東地區宗法研究》，《歷史研究》1992 年第 6 期。

王育濟：《"金匱之盟"真偽考》，《山東大學學報》(哲社版) 1993 年第 1 期。

王雲雲：《北宋禮學的轉向——以濮議爲中心》，《安徽大學學報》(哲學社會科學版) 2010 年第 2 期。

王雲雲：《王夫之禮學思想的特色——以"濮議"論爲中心》，《西北大學學報》(哲學社會科學版) 2011 年第 1 期。

尉博博、王向輝：《春秋魯國"一繼一及，魯之常也"辨》，《社會科學論壇》2010 年第 10 期。

吳鋭：《論"大禮議"的核心問題及其影響》，《明史研究》第 13 輯，2013 年。

吳洋：《上博(四)〈多薪〉詩旨及其〈詩經〉學意義》，《文學遺産》2013 年第 6 期。

向晉衛：《宗廟禮制與漢代政治》，《廣西社會科學》2005 年第 1 期。

謝耀亭：《郭店簡〈六德〉篇探析》，《陝西師範大學學報》(哲學社會科學版) 2012 年第 1 期。

徐潔：《金汴京太廟探微》，《黑龍江民族叢刊》2011 年第 4 期。

徐潔：《金上京太廟考述》，《北方文物》2011 年第 1 期。

徐潔：《金中都太廟之制解讀》，《學習與探索》2011 年第 1 期。

徐中舒：《殷代兄終弟及爲貴族選舉制説》，《文史雜志》第 5 卷第 5、6 期合刊，1945 年。

楊朝明：《近人商周繼承制度研究之檢討》，《管子學刊》1996 年第 2 期。

楊朝明：《魯國"一繼一及"繼承現象再考》，《東嶽論從》1996 年第 5 期。

楊華：《論〈開元禮〉對鄭玄和王肅禮學的擇從》，《中國史研究》2003 年第 1 期。

楊升南：《從殷墟卜辭的"示""宗"説到商代的宗法制度》，《中國史研究》1985 年第 9 期。

楊志剛：《漢代禮制和文化略論》，《復旦學報》(社會科學版) 1992 年第 3 期。

[韓]尹在碩：《睡虎地秦簡和張家山漢簡反映的秦漢時期後子制和家系繼

承》,《中國歷史文物》2003 年第 1 期。

俞荣根、徐燕斌:《名分之礼与王权的合法性认证》,《法學家》2007 年第 6 期。

禹平:《元帝到新莽時期的禮制變革》,《社會科學戰線》2011 年第 3 期。

張博泉:《金代禮制初論》,《北方文物》1988 年第 4 期。

張光直:《商王廟號新考》,《"中央研究院"民族學研究所集刊》第 15 期,1963 年。

張幼欣:《"兄終弟及"下的皇權更迭——論〈武宗遺詔〉中的新舊之爭》,《文化學刊》2021 年第 4 期。

張鈺翰:《北宋中期士大夫集團的分化:以濮議爲中心》,《宋史研究論叢》2013 年第 1 期。

張造群:《兩漢禮制發展之比較》,《雲南社會科學》2009 年第 6 期。

趙化成:《從商周"集中公墓制"到秦漢"獨立陵園制"的演化軌跡》,《文物》2006 年第 7 期。

趙克生:《洪武十年前後的祭禮改制初探》,《東南文化》2004 年第 5 期。

趙克生:《明嘉靖時期的宗廟祭祀改革與廟制變革的相關性——以特享、祫、禘爲中心》,《明史研究》2005 年第 1 期。

趙克生:《明世宗祭礼改制對嘉靖政治、经济的影响》,《聊城大學學報》(社會科學版)2004 年第 2 期。

趙錫元:《論商代的继承制度》,《中國史研究》1980 年第 4 期。

趙旭:《朝鮮王朝宗廟祭祀禮制研究》,《延邊大學學報》(社會科學版)2015 年第 3 期。

鄭慧生:《從商代的先公和帝王世系說到他的傳位制度》,《史學月刊》1985 年第 6 期。

周書燦:《〈殷周制度論〉新論——學術視野下的再考察》,《清華大學學報》(哲學社會科學版)2012 年第 5 期。

朱峰、杜忠潮:《論西漢帝陵位次排列中的昭穆制度》,《咸陽師範學院學報》2015 年第 1 期。

朱鳳瀚:《殷墟卜辭所見商王室宗廟制度》,《歷史研究》1990 年第 6 期。

鄒遠志:《略論兩晉兄弟相承應否爲後議題》,《求索》2008 年第 11 期。

四、學位論文

茌家峰:《金朝皇位繼承研究》,吉林大學碩士學位論文,2009 年。

戴良燕：《夏商西周宮殿建築文化研究》，廣西師範大學碩士學位論文，2006 年。

范志軍：《漢代喪禮研究》，鄭州大學博士學位論文，2006 年。

耿元驪：《五代禮制考》，東北師範大學碩士學位論文，2003 年。

韓英：《〈昔者君老〉與〈內豊〉集釋及相關問題研究》，吉林大學碩士學位論文，2008 年。

郝怡：《宋代帝室中兄終弟及服制研究》，山西師範大學碩士學位論文，2014 年。

郝宇變：《北魏宗廟祭祀制度研究》，西北大學碩士學位論文，2007 年。

胡明：《漢元帝時期的經學與政治》，鄭州大學碩士學位論文，2003 年。

雷富饒：《北朝宗廟祭祀制度研究》，蘭州大學碩士學位論文，2011 年。

李俊領：《中國近代國家祭祀的歷史考察》，山東師範大學碩士學位論文，2005 年。

李琰：《禮制興革與王莽代漢》，山西大學碩士學位論文，2011 年。

羅先文：《秦和西漢皇位繼承問題研究》，華東師範大學碩士學位論文，2004 年。

王啓發：《禮義新探》，中國社會科學院研究生院博士學位論文，2001 年。

王青：《禮樂文化嬗變中的魯國祭祀》，曲阜師範大學碩士學位論文，2005 年。

肖愛民：《北方遊牧民族兩翼制度研究——以匈奴、突厥、契丹、蒙古爲中心》，中央民族大學博士學位論文，2004 年。

閆凱：《北京太廟建築研究》，天津大學碩士學位論文，2004 年。

閻寧：《〈元史·祭祀志〉研究》，內蒙古師範大學碩士學位論文，2008 年。

楊朝明：《舊籍新識——周公事跡考證》，中國社會科學院歷史研究所博士學位論文，2000 年。

楊柳：《商王婚姻研究》，蘇州大學碩士學位論文，2012 年。

余茜：《秦漢時期帝王祭禮建築研究》，陝西師範大學碩士學位論文，2011 年。

袁斌：《明代藩王特恩繼承現象研究》，西北師範大學碩士學位論文，2010 年。

張光輝：《明初禮制建設研究——以洪武朝爲中心》，河南大學碩士學位論文，2001 年。